卓越幼师培养系列·新型活页式教材

U0656193

幼儿园区域设计与活动指导

张　哲　刘慧敏　贾素宁　主　编
栾文艳　王　聪　高广宇　副主编

电子工业出版社·
Publishing House of Electronics Industry
北京·BEIJING

内容简介

近年来，越来越多的幼儿园在课程教学过程中重视区域活动的开展。区域活动之所以被幼儿教育界广泛地接受和推广，主要是因为区域活动能更好地满足幼儿自主学习的需要，通过实际操作、亲身体验，去感知、模仿、探究，不断积累经验，逐步建构自己的理解与认知。本书共计8个模块，32个任务，主要内容包括幼儿园活动区域概述、幼儿园活动区域的设置、常规区域活动的组织与指导、幼儿园区域活动的记录与评价、主题性区域活动的组织与指导、语言区活动的组织与指导、公共区域活动的组织与指导、特色区域活动的组织与指导。

本书可作为各类院校学前教育专业教材，也是幼儿教师的有益读本。

图书在版编目（CIP）数据

幼儿园区域设计与活动指导 / 张哲，刘慧敏，贾素宁主编. -- 北京：电子工业出版社，2023.4

ISBN 978-7-121-45472-1

Ⅰ.①幼… Ⅱ.①张… ②刘… ③贾… Ⅲ.①幼儿园—环境设计—高等学校—教材 Ⅳ.①G617

中国国家版本馆CIP数据核字（2023）第071328号

责任编辑：朱怀永　　　　特约编辑：付　晶
印　　刷：中煤（北京）印务有限公司
装　　订：中煤（北京）印务有限公司
出版发行：电子工业出版社
　　　　　北京市海淀区万寿路173信箱　　邮编　100036
开　　本：787×1092　1/16　印张：21.5　字数：347.4千字
版　　次：2023年4月第1版
印　　次：2023年4月第1次印刷
定　　价：74.00元

凡所购买电子工业出版社图书有缺损问题，请向购买书店调换。若书店售缺，请与本社发行部联系，联系及邮购电话：（010）88254888，88258888。

质量投诉请发邮件至zlts@phei.com.cn，盗版侵权举报请发邮件至dbqq@phei.com.cn。

本书咨询联系方式：（010）88254608，zhy@phei.com.cn。

卓越幼师培养系列教材编委会

P 总序
Preface

　　当前，学前教育专业的改革任重道远。如何培养新时代"实践智慧型"幼儿园教师是我们共同面临的课题，解题的关键在于从教师、教材、教学的改革入手，实现"理实结合"，提高教育的针对性、职业性、实用性。坚持"以学生为中心，以成果为导向"的教改理念，改造传统的以学科逻辑结构为核心的课程体系，贯彻以解决幼儿园实际问题为核心，以跨学科思维和培养学生分析问题、解决问题能力为组织课程的主要线索及建构课程的原则，应是学前教育专业教材建设的着力点。

　　本系列教材力求打破学前教育专业传统教材普遍存在的学科体系浓厚的特征，在遵循职业教育教学规律与专业人才成长规律的基础上，结合先进职业教育理念，探索以学生为中心来设计教材。为凸显实用性与实践性，本系列教材以幼儿教师具体的职业岗位为依据，以岗位核心能力为标准，以幼儿园典型工作任务为载体组织内容，按照"岗位工作领域—工作流程—岗位技能要求—知识点与技能点"的思路开发，通过任务、情境等将知识与技能相结合，并配有丰富的数字化课程资源与拓展性活动作为辅助。此外，本系列教材凸显全面融入师德养成、岗课赛证融通、课程思政元素，以模块化结构、任务驱动形式体现卓越幼师人才培养等特色。

　　本系列教材也是当前学前教育专业新型活页式教材的典型代表之一。"师范百年"的发展已经将教师教育属性和学前教育属性充分渗透在学前教育专业的培养之中，但作为职业教育的一种，其职业教育属性的特征亟待探索和实践。建设职业教育新形态教材是职业教育类型教育特征的内在要求，本系列教材充分挖掘职业教育新型活页式教材的内涵和特征，无论是编写团队，还是体例、结构、内容，都体现出紧紧围绕学前教育专业的人才培养目标、以教材内容为中心、与教师和教法改革同向同行、校企协同创新的特点。

P 前言
reface

尊重幼儿发展的需要，尊重幼儿的个体差异，是当前学前教育界最基本的共识，而区域活动充分尊重了幼儿个体对学习内容、学习方式、学习节奏的选择。幼儿在区域活动中通过自主操作、独立思考、合作分享所养成的优良品质，为他们日后的学习奠定了坚实的基础。幼儿教师一定要充分理解区域环境创设与活动设计的重要性和必要性，能够根据不同年龄段幼儿的特点投放适宜的区域材料，掌握区域活动的指导方法。

本书由8个模块构成，前4个模块主要介绍幼儿园区域活动概述、活动区域设置、常规区域活动的组织与指导、区域活动的记录与评价；后4个模块主要介绍主题性区域活动、语言区活动、公共区域活动、特色区域活动的组织与指导。通过对本书内容的学习，使学前教育专业的学生能真正掌握幼儿园区域活动的组织、指导、评价的各项知识与技能，并在实践中灵活运用。

本书根据学前教育专业人才培养目标、岗位能力需求及专业技能要求进行设计和编写。全书立足于培养学前教育专业学生的教育理念和教学综合能力，强调"以学生为中心"，融合"教材即学材"的理念，编写时注重选取面向专业要求、适应岗位需求、符合行业要求的内容，适应学生的学习和能力提升的需要。本书具有以下三大特点：

1.理论适度够用，注重能力培养。本书结合先进的学前教育理论，将岗位能力教育始终贯穿在教学内容和教学设计中，将学前教育专业的能力目标和工作任务转化为学习情境，以情境化的任务为载体设计教学内容。相关理论内容不追求系统性，而是突出知识与技能并存，并强调以运用能力为核心。

2.编写模式创新，注重易教利学。本书采用活页式编写体例，结合学生乐于学习和使用新媒体技术的特点，在编写时适当调配内容与案例的比例，增加新媒体资源，融入多种学习版块，使教材易教利学，可读性、可操作性增强。

3.以需求为导向，注重课程针对性。根据幼儿教师的岗位需求，紧密结合幼儿教师资格考试大纲和标准，提高考点与教学重难点的对应度，做到模块有重点，任务有考点，真题解析与真题模拟有针对性、实效性。

本书为学前教育专业系列教材之一，由山东外国语职业技术大学、陕西艺术职业学院、潍坊工程学院、黑龙江农业工程职业学院、卓越云师（北京）教育技术有限公司组建编写团队共同合作开发。本书具体编写分工如下：张哲编写模块一，刘慧敏编写模块二，贾素宁编写模块三，栾文艳编写模块四，高广宇编写模块五，商传辉编写模块六，王聪编写模块七，柴广宇、张彩东编写模块八。

由于编者的能力和水平有限，书中难免存在不妥之处，希望广大读者批评和指正，以便进一步修改和完善。

编　者

2022 年 10 月

C目录
Contents

模块六　语言区活动的组织与指导

模块七　公共区域活动的组织与指导

模块一 幼儿园区域活动概述

一、岗位能力模型

幼儿园区域活动岗位能力模型见表1-1。

表1-1　幼儿园区域活动岗位能力模型

模块	岗位能力描述	《幼儿园教师专业标准（试行）》	《幼儿园教育指导纲要（试行）》
幼儿园区域活动概述	区域活动是幼儿学习的一种教育组织形式，是集体教育的补充和调整，也是实施个别教育、促进幼儿个性发展的有效途径。一名合格的幼儿教师要对幼儿园区域活动有正确的认识，要掌握区域活动的价值、类型及特点，并能对活动区域进行正确归类。幼儿教师还要能针对不同年龄阶段班级进行活动区域的设置，并能对活动区域进行基本环境布置	（十）游戏活动的支持与引导 44.提供符合幼儿兴趣需要、年龄特点和发展目标的游戏条件。 45.充分利用与合理设计游戏活动空间，提供丰富、适宜的游戏材料，支持、引发和促进幼儿发展的游戏。 46.鼓励幼儿自主选择游戏内容、伙伴和材料，支持幼儿主动地、创造性地开展游戏，充分体验游戏带来的快乐和满足。 47.引导幼儿在游戏活动中获得身体、认知、语言和社会性等多方面的发展	第三部分　组织与实施 九、科学、合理地安排和组织一日生活。 （一）时间安排应有相对的稳定性与灵活性，既有利于形成秩序，又能满足幼儿的合理需要，照顾到个体差异。 （二）教师直接指导的活动和间接指导的活动相结合，保证幼儿每天有适当的自主选择和自由活动时间。教师直接指导的集体活动要能保证幼儿的积极参与，避免时间的隐性浪费。 （三）尽量减少不必要的集体行动和过渡环节，减少和消除消极等待现象。 （四）建立良好的常规，避免不必要的管理行为，逐步引导幼儿学习自我管理

二、知识点与技能点

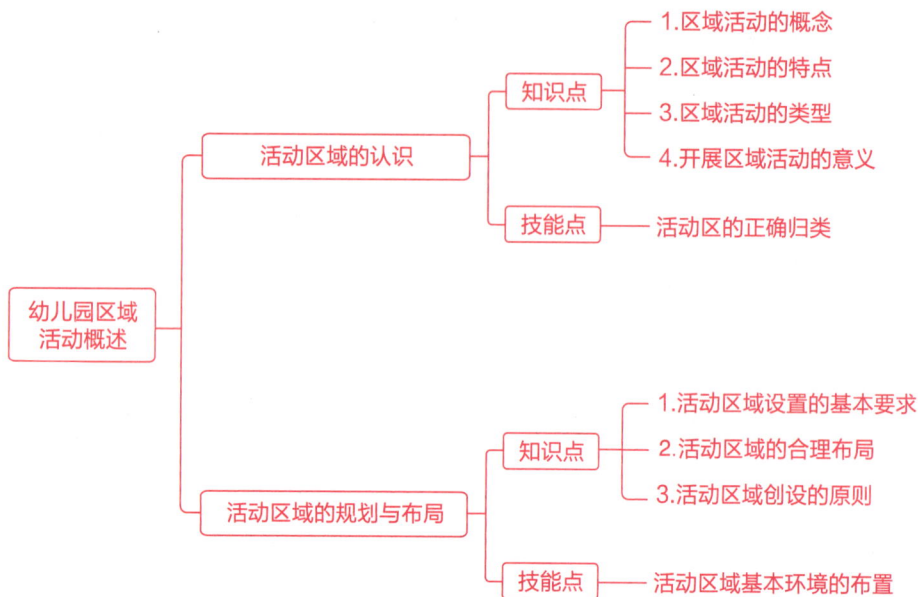

```
                                                        ┌─ 1.区域活动的概念
                                         ┌─ 知识点 ──┼─ 2.区域活动的特点
                                         │              ├─ 3.区域活动的类型
                        ┌─ 活动区域的认识 ─┤              └─ 4.开展区域活动的意义
                        │                │
                        │                └─ 技能点 ──── 活动区的正确归类
  幼儿园区域 ────────────┤
  活动概述               │
                        │                ┌─ 知识点 ──┬─ 1.活动区域设置的基本要求
                        │                │              ├─ 2.活动区域的合理布局
                        └─ 活动区域的规划与布局 ─┤              └─ 3.活动区域创设的原则
                                         │
                                         └─ 技能点 ──── 活动区域基本环境的布置
```

素养目标

1. 通过本模块的学习和训练，激发学生爱岗敬业情怀。

2. 通过本模块的学习和训练，培养学生的自主思考能力与创新意识。

任务一 PPT

三、工作任务

任务一　活动区域的认识

1.任务描述

中班的李老师刚参加工作不久，她对幼教工作怀着巨大的热情。李老师想要给班级的小朋友们多创设一些活动区域，于是她在活动室中扩大了原来的娃娃家区域，还新增加了自由集市和科学区域，这样小朋友们在开展区域活动的时候就有了更多的选择。李老师为了激发幼儿参与这两个新增区域活动的兴趣，她请家长和小朋友们一起收集了废旧材料，还在自由集市里摆放了用废旧材料制作而成的各种"小商品"。她想让幼儿在区域活动的时候能更加专注和投入。

活动区域的范围虽然扩大了，但是在正常的集体教学活动中，幼儿的活动范围却被缩小了。在集体教学活动的时候，有的小朋友时不时就会走到自由集市附近，或者往里看一看，或者拿起某样物品，李老师只能不断地提醒幼儿：现在不是区域活动时间，大家不要进去哦！

（1）根据案例，概述什么是幼儿园区域活动，开展区域活动有哪些意义？区域活动有什么特点？（完成工作表单1）

（2）案例中出现了哪些活动区域？通常幼儿园还有哪些活动区域？活动区域有哪些类型？（完成工作表单2）

2.工作表单

工作表单1~工作表单2分别见表1-2~表1-3。

表1-2　工作表单1

工作表单1	区域活动的概念和价值	姓　名		学　号	
		评分人		评　分	

1.根据案例，概述什么是幼儿园区域活动。

　　教育者以幼儿感兴趣的_____和_____为依据，将活动室的_____相对划分为不同区域，让他们_____选择活动区域，在其中通过与_____、_____、_____的充分互动进行学习和发展。我们把区域活动也称作_____。

2.开展区域活动有哪些意义？

对于幼儿的意义	对于教师的意义	对于幼儿园课程的意义
（1）促进幼儿_____	（1）有利于教师_____	（1）有利于_____
（2）促进幼儿_____	（2）有利于教师_____	（2）有利于_____
（3）促进幼儿_____	（3）有利于教师_____	（3）有利于_____
	（4）有利于教师_____	

3.区域活动有什么特点？

表 1-3　工作表单 2

工作表单2	活动区域的类型	姓　名		学　号	
		评分人		评　分	

1.案例中出现了哪些活动区域？通常幼儿园还有哪些活动区域？

案例中出现的活动区域是：

活动区域还有：

2.活动区域有哪些类型？

```
                    ┌──────────┐
                    │          │
                    └──────────┘
                         ↑
┌──────────┐        ┌──────────┐        ┌──────────┐
│          │ ←───   │ 按照区域活动 │ ───→  │          │
└──────────┘        │  的性质   │        └──────────┘
                    └──────────┘


                    ┌──────────┐
                    │          │
                    └──────────┘
                         ↑
┌──────────┐        ┌──────────┐        ┌──────────┐
│          │ ←───   │ 按照区域活动 │ ───→  │          │
└──────────┘        │  的功能   │        └──────────┘
                    └──────────┘
                         ↓
                    ┌──────────┐
                    │          │
                    └──────────┘
```

3.反思评价

（1）结合本任务所学知识，你认为区域活动与集体教学活动有哪些区别？

_____

_____

_____

（2）请你对自己在本次任务学习中的情况进行评价。

课堂活动参与度　☆　☆　☆　☆　☆

小组活动贡献度　☆　☆　☆　☆　☆

学习内容接受度　☆　☆　☆　☆　☆

4.学习支持

1）区域活动的概念

区域活动也被称为"区域游戏"，是指教师以教育目标、儿童感兴趣的活动材料和活动类型为依据，将活动室的空间相对划分为不同区域，吸引儿童自主选择，并在活动区域中通过与材料、环境、同伴的充分互动而获得学习与发展的活动。

2）区域活动的特点

①自主性：区域活动一般采用自选游戏的组织形式，注重让幼儿自选、自由地开展游戏活动，充分发挥游戏的自主性特点，无论是主题的确定、材料和玩伴的选择，还是语言的运用、动作的展示等，都是自然进行的。

②教育性：虽然区域活动具有自主性，但幼儿也不是完全自由自在、不受控制的。它具有鲜明的教育性，但这种教育性比较隐蔽，主要体现为幼儿在游戏的过程中对材料的操作上、对区域规则的遵守上，以及在与伙伴们的相互交往中产生积极的体验，通过轻松愉快的活动过程，促进其身心发展，实现游戏本身的发展价值。

③实践性：不管是哪种类型的区域活动，都要通过幼儿的具体实践才能实现其教

育性。区域活动是非常具体的活动，有角色、有动作、有语言、有材料，幼儿在活动中只有身体力行，才能发展自身的各种能力。

3）开展区域活动的意义

（1）对于幼儿的意义

· 促进幼儿关键经验的积累；

· 促进幼儿动手操作能力的发展；

· 促进幼儿创造性思维、社会性、情感的发展。

（2）对于教师的意义

· 有利于教师了解幼儿，发现幼儿之间的个体差异；

· 有利于教师及时对幼儿进行指导，因材施教；

· 有利于教师制订有效的区域计划；

· 有利于教师自身的专业成长。

（3）对于幼儿园课程的意义。

· 有利于整合教育资源；

· 有利于教育目标的实现；

· 有利于教师拓展新的课堂形式。

4）活动区域的类型

按照活动的性质，活动区域可以分为以下三种类型。

政策法规

　　《幼儿园教育指导纲要（试行）》提出"深入实施素质教育"的指导思想，并强调"以游戏为基本活动，保教并重，关注个体差异，促进每个幼儿富有个性化的发展"，同时指出要"保证幼儿每天有适当的自由选择时间和自由活动时间"。

（1）常规区域

常规区域是指在幼儿园各班级中常见的活动区域，一般不受幼儿年龄的影响，在各个年龄阶段的班级内都可见到的区域。

例如，建构区、美工区、表演区、角色区（如娃娃家、理发店、超市、医院、餐厅、邮局、银行、餐馆、小记者、小警察等）、图书区、益智区、语言区、科学区、感官操作区、沙水区和运动区等。

这些活动区域在很多幼儿园都有，在各个年龄班几乎都可以设置这样的区域，只不过具体投放的材料和开展的活动有所不同，所以称为常规区域。

（2）特色区域

特色区域是指与别的幼儿园或班级不同的、比较独特的区域。可以解释为，特色区域是人无我有、人有我精、人精我特的区域。

特色可以体现在区域活动的材料上，如某幼儿园地处农村，区域活动的主要材料是来自农村的自然物和农作物，具有乡土特色，比如麦秆、玉米穗、石臼等。也可以是经过持续的探索研究，形成独特的环境和活动。例如，某幼儿园打造园级活动区域，设置阅读区、土陶馆、建构区等，每周定期轮流对各个班级开放这些区域，既让幼儿体验更丰富的活动，又增进了班级之间的交往。

（3）主题区域

主题区域是指主题活动目标、主题活动内容在区域材料中的物化，幼儿在区域的自主活动中实现主题目标，使主题区域活动成为教学活动的一个很好的延伸。

幼儿园班级中可以设置1~2个主题区域，随时把课程教学活动中的操作材料转移到主题区域中，并不断根据主题活动目标和活动内容调整、丰富材料，满足幼儿发展的需要。主题区域不可设置太多，一般来说，如果班级设有八个区域，常规区域、特色区域、主题区域数量的参考比例为5：1：2。

按照功能，活动区域可以分为以下四种类型。

（1）表现性活动区域

表现性活动区域是指以幼儿已有经验为向导，通过投放各种开放性材料，为幼儿提供自我表现和表达机会的区域。例如，装扮区、表演区、美工区、建构区等。

（2）探索性活动区域

探索性活动区域是指教师通过各类材料的投放，使幼儿在自主探究中获取物体属性和事物关系的知识的区域。例如，益智区、科学区、沙水区、种植饲养区等。

（3）运动性活动区域

运动性活动区域是指在户外场地引发的，以动作练习为主要内容的活动区域。例如，固定器械区、可移动器械区、自由活动区等。

区域设置的依据

区域活动体系将活动区域划分为四大类型，即预备区域、基本区域、创意区域及延伸区域，同时每个区域类型下都包含着相关的子区域。

1.以幼儿基本发展需求为依据，设置预备区域及基本区域

预备区域是其他区域的前提和必要准备。基本区域是大多数幼儿园设置的区域，这些区域涵盖幼儿基本发展的各个方面，每个区域有相互独立的体系和各自显著的特点，各区域之间相互关联、互为依托，对幼儿园的教育教学起主导作用。

2.以幼儿社会性发展需求为依据，设置公共区域

公共区域的活动内容及活动材料基本相同，但在组织幼儿开展活动的过程中，教师应根据各年龄段幼儿的需要设置出不同的活动目标。设置"公共区域"时，教师应考虑区域的功能，因地制宜地分设室内公共区域及户外公共区域。公共区域活动的开展是以幼儿园为单位，活动主体是全园幼儿，区域的材料全园共享，指导教师既可以是本班教师，也可以是某个区域固定的指导教师，活动形式以轮流的方式为主，幼儿分不同时间段进入区域开展活动。幼儿在公共区域活动中，通过分工合作、交流分享等，使自身的社会性得到了发展，动手能力及交往技能获得了提高。

3.以幼儿个性化发展需求为依据，设置延伸区域

为了满足部分幼儿在主题活动中的探究欲望，以及生活中个别幼儿的特别兴趣在区域活动设置中，可创设延伸区域，以促进幼儿的个性化发展。延伸区域包括拓展区和特别研究区。

4.以幼儿的生活经验为依据，实现各区域之间的对话

幼儿的学习源于生活，幼儿的发展具有综合性、统一性的特点。教师在为幼儿提供丰富的区域内容时，应尽可能以幼儿的生活经验为基础，发现和挖掘区域之间的结合点，使区域内容相互渗透、紧密联系，形成一个相对完善的系统，从而让幼儿在区域活动中获得贴近自然的、完整的经验。

各区域之间的相互联系主要以区域材料及操作任务为媒介，形成有机整体。

（4）欣赏性活动区域

欣赏性活动区域是指主要活动方式通过用眼、用脑接受和理解，能够帮助幼儿增长见识，获得自主发展的区域。例如，阅读区、展示区等。

任务二　活动区域的规划与布局

任务二 PPT　　　"区域的规划与布局"图片展示

1.任务描述

9月刚开学，乐智幼儿园根据每个班幼儿的年龄特点，创设了孩子们喜欢的区域，每班基本上都有3 ~ 4个区域，分别是图书区、娃娃家、美术区、建构区等。我们通过观察发现，孩子们对区域游戏的兴趣很高，导致区域里出现了拥挤、争吵的现象，告状声不断，这说明这些区域已经无法满足孩子们的需要了。针对这种情况，教研组长带领我们进行了深入的分析，决定根据不同年龄段幼儿的喜好，拓展出多个不同的区域，每个班的区域由3~4个扩展为5~6个。刚开始，孩子们玩得很开心，也很投入。慢慢地，我们发现孩子们的新鲜感、兴奋感都在逐渐下降，后来我们经过讨论决定每个班根据自己的特色创设更多的区域，同时通过多种途径丰富现有区域的活动材料，在宽宽的走廊上开设混龄大区域。一楼的活动区域有天使医院、美甲秀、餐厅、娃娃剧场、科学发现室、娃娃家（会客厅），二楼的活动区域有自拍自乐、图书区、创意工坊，三楼的活动区域有童棋对弈、筑梦乐园。

（1）仔细阅读案例，请你分析活动区域设置的基本要求有哪些。（完成工作表单1）

（2）区域活动创设的原则有哪些？还需要注意哪些事项？怎样区分各个区域？（完成工作表单2）

（3）结合幼儿园实践活动，请根据你所在班级的情况设计一个区域布局图。（完成工作表单3）

2.工作表单

工作表单1~工作表单3分别见表1-4~表1-6。

表1-4 工作表单1

工作表单1	活动区域的规划布局要求	姓 名		学 号	
		评分人		评 分	

1.仔细阅读案例，请你分析活动区域设置的基本要求有哪些?

（1）适宜于幼儿的 _____。

（2）根据_____来设置。

（3）有利于激发幼儿的_____。

（4）注意_____和_____中不安全的因素。

（5）符合_____要求，排除潜在的不安全因素。

表 1-5　工作表单 2

工作表单2	活动区域的布局原则	姓　名		学　号	
		评分人		评　分	

1.区域活动创设的原则有哪些？还需要注意哪些事项？

原则：

（1）安全性原则。

（2）＿＿＿＿＿＿＿＿＿＿＿。

（3）参与性原则。

（4）＿＿＿＿＿＿＿＿＿＿＿。

（5）＿＿＿＿＿＿＿＿＿＿＿。

（6）＿＿＿＿＿＿＿＿＿＿＿。

注意问题：

（1）＿＿＿＿＿＿＿＿＿＿＿。

（2）三源＿＿＿＿＿＿＿＿＿＿＿＿＿。

（3）场地选择的安全性。

（4）室内室外。

2.怎么区分各个区域？

活动区域之间的界限分为平面和立体两种。

（1）平面：

（2）立体：

表 1–6　工作表单 3

工作表单3	活动区域布局	姓　名		学　号	
		评分人		评　分	

结合幼儿园实践活动，请根据你所在班级的情况设计一个活动区域布局图。

3.反思评价

（1）结合本任务所学知识和幼儿园实践活动，你觉得在创设班级活动区域过程中容易出现哪些问题？

（2）请你对自己在本次任务中的学习情况进行评价。

课堂活动参与度 ☆ ☆ ☆ ☆ ☆

小组活动贡献度 ☆ ☆ ☆ ☆ ☆

学习内容接受度 ☆ ☆ ☆ ☆ ☆

4.学习支持

1）活动区域设置的基本要求

（1）适合幼儿的年龄特点

幼儿3岁前，区域活动往往以单一的操作性活动为主，教师提供各种操作材料，引导幼儿进行摆弄、敲打、

政策法规

《幼儿园教育指导纲要（试行）》提出，教师是幼儿活动环境的创造者，操作时的观察者，学习时的合作者、支持者和引导者。

配对等感官练习，或提供较为逼真的娃娃家玩具，激发和引导他们开展装扮游戏。小班应该以游戏化的区域活动为主，如以生活活动、感官训练、建构、装扮与美工等为主设置区域活动。中班应该加强区域活动的目标化，区域设置上应该以装扮、建构、美工、音乐等为主，满足他们好动、参加活动积极的特点。大班应该注重活动的探究性和区域的学习功能，区域设置上应该更多重视社会性、文化、语言、科学探索、自主性等能力的培养。教师要结合教育的需要和幼儿的兴趣在区域中投放一些探索性强的材料，便于幼儿自主学习。

（2）符合教育目标的要求

在观察和了解幼儿的基础上，应力求使活动区域的内容和材料紧紧围绕教育目标，并根据教育目标确定活动区域的种类。

（3）符合幼儿的兴趣

教师可以将时间和空间的自主权交给幼儿，不做硬性规定。教师每天可以安排一些集体活动，入园后幼儿都可以自由进出各个活动区域，开展新的区域活动，以激发幼儿的兴趣，培养自主性。

2）活动区域的合理布局

合理布局，即根据各个活动区域的性质和特点来确定其空间的位置和大小，防止因安排不当而影响其他区域中幼儿的活动。

①动静分开：把热闹的活动区域与安静的活动区域分开，如将安静的阅读区与热闹的表演区分开。

②大小有别：安排各个区域的空间大小时要区别对待，如对参与人数较多、活动量较大的积木区和娃娃家，应划出较宽敞的空间；益智区以安静活动为主，可安排小一些的空间。

③有机组合：把有相似特点的活动区域相邻组合，如把阅读区和数学区组合在一起，把积木区和娃娃家组合在一起等。

④采光、取水因素：综合考虑活动室的采光照明、用水便利等因素，如阅读区和美术区应设置在光线充足的地方，以便于幼儿阅读、观察和创作；科学探索区、美工活动区应离水源近一些，便于幼儿取水。

还应注意的是，区域布局时应考虑尽可能方便教师观察活动室内的所有区角，布置活动区域环境时也不能出现教师看不到的死角，这样有助于教师随时了解活动室内的情况，观察与指导幼儿的游戏，及时处理出现的问题。

3）活动区域创设的原则

①安全性原则：幼儿园区域活动是深受幼儿喜爱的一种游戏形式，它对幼儿的情感、能力、技能和知识经验等方面的发展都具有积极的促进作用。通常，幼儿园中几个区域活动同时进行，再加上幼儿的生活经验不足、安全防范意识差，容易出现各种

安全事故。在幼儿园活动区域创设的过程中，教师要注意将软环境与硬环境相结合，融入安全教育内容。

②教育性原则：应根据幼儿园教育目标来设置区域环境，教师要以教育目标和本班幼儿的实际发展水平为依据，有目的、有计划地选择合适的内容和主题，创设合适的区域环境。

③参与性原则：环境创设的过程是幼儿与教师共同参与合作的过程。教师应将幼儿参与环境创设融入课程，以便对幼儿进行针对性的教育，真正发展幼儿分工合作、讨论、决策的能力和发现、解决问题的能力。

④整体性原则：整个活动室的空间是一个整体，教师要考虑整个活动室的布局、摆设与装饰，而不仅仅是某个区域环境的创设。另外，幼儿的发展是一个整体，区域活动的设计应涵盖幼儿发展的每个方面。

⑤共同发展原则：首先要符合幼儿的年龄特征，建构适合不同年龄段幼儿发展的区域活动；其次要注重个体差异，使不同能力的幼儿在区域活动中都能获得自信与成功。

⑥动态性原则：包括内容动态、种类和数量动态、材料提供动态。

4）区域活动的形式

（1）分组教学

教师重点在某个区域指导一组幼儿学习新内容，其余的幼儿或者在其他区域做自己喜欢的事，或者按教师预先提出的要求复习（包括应用）以前学习过的内容，然后交换。

（2）集体教学的延伸

集体教学因指导思想的不同可以分为三类：

第一，考虑到集体教学不容易满足不同幼儿的需要，故在集体教学之外，利用幼儿的其他自由活动时间，在相关的区域对那些有特殊需要的幼儿做必要的辅导。

第二，有些内容的教学（如有些主题活动）需要多种活动形式配合或补充才能完成，才能加深印象，进而促进幼儿理解和应用。

第三，有时由于教学设备的不足，做不到人手一份操作材料，教师只能在课上演示，课后把操作材料投放到有关区域，让幼儿自由操作。

（3）自由活动

幼儿可以按自己的兴趣、爱好选择活动的内容、材料和玩伴，通过游戏和自由交往获得课堂上学习不到的有关经验。

知识驿站

早期教育的成功因素

1.幼儿自主建构知识。

2.有助于幼儿进行探索性游戏的环境。

3.能帮助幼儿通过游戏获得技能的促进者（教师）。

四、课证融通

本模块对应的幼儿教师资格证考试——"保教知识与能力"模块的考试目标、内容与要求、真题见表1–7。

表 1–7　幼儿教师资格证考试——"保教知识与能力"模块的考试目标、
内容与要求、真题

内容体系
一、考试目标 考点：学前教育理论知识和应用能力。掌握教育基本理论和学前教育基本原理，理解幼儿园教育的特性，了解幼儿教育历史和幼儿园教育改革动态，并能结合幼儿教育实践进行问题分析。
二、内容与要求 游戏活动的指导：熟悉幼儿游戏类型及各类游戏的特点和主要功能。
三、真题 简答题：简述积木游戏对于幼儿发展的价值。（2022年上幼儿教师资格考试真题）

五、阅读思享

推荐理由：

本书是很多优秀幼儿教师集体的智慧结晶。在"以孩子为本"的理念下，从活动区创设的角度，讲述如何为幼儿创设一个温馨、自主、探索、体验的学习环境，开展适合、适度、适宜的幼儿区域活动，最大限度地满足幼儿全面发展的需要。

推荐阅读：

王莉.幼儿园活动区创设入门.西安：西北工业大学出版社，2013年。

模块二 幼儿园活动区域的设置

一、岗位能力模型

幼儿园活动区域的设置岗位能力模型见表2-1。

表 2-1　幼儿园活动区域的设置岗位能力模型

模块	岗位描述	《幼儿园教师专业标准（试行）》	《幼儿园工作规程》
幼儿园活动区域的设置	幼儿园活动区域具有多样性、趣味性和自由性的特点，能促进幼儿全面发展。教师要能够规划班级多种多样的幼儿活动区域，合理利用空间，充分发掘活动区的价值。还要能够创设良好的区域环境，投放符合幼儿特点且能满足幼儿发展需要的活动材料	（十）游戏活动的支持与引导 44.提供符合幼儿兴趣需要、年龄特点和发展目标的游戏条件。 45.充分利用与合理设计游戏活动空间，提供丰富、适宜的游戏材料，支持、引导和促进幼儿开展游戏。 46.鼓励幼儿自主选择游戏内容、伙伴和材料，支持幼儿主动地、创造性地开展游戏，充分体验游戏的快乐，能获得自我满足。 47.引导幼儿在游戏活动中获得身体、认知、语言和社会性等多方面的发展	第三十条　幼儿园应当将环境作为重要的教育资源，合理利用室内外环境，创设开放的、多样的区域活动空间，提供适合幼儿年龄特点的丰富的玩具、操作材料和幼儿读物，支持幼儿自主选择和主动学习，激发幼儿学习的兴趣与探究的愿望。 幼儿园应当营造尊重、接纳和关爱的氛围，建立良好的同伴和师生关系。 幼儿园应当充分利用家庭和社区的有利条件，丰富和拓展幼儿园的教育资源

二、知识点与技能点

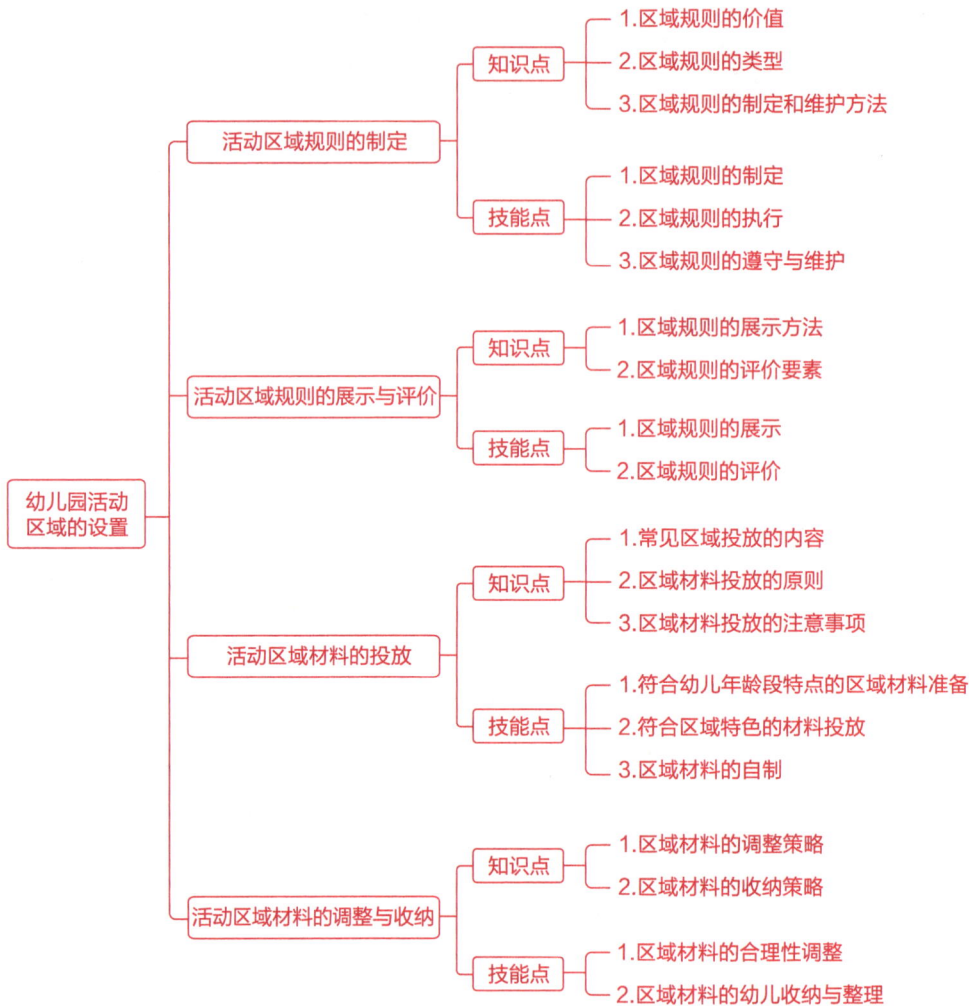

```
                                          ┌ 知识点 ┬ 1.区域规则的价值
                                          │        ├ 2.区域规则的类型
                              活动区域规则的制定 │        └ 3.区域规则的制定和维护方法
                                          │
                                          └ 技能点 ┬ 1.区域规则的制定
                                                   ├ 2.区域规则的执行
                                                   └ 3.区域规则的遵守与维护

                                          ┌ 知识点 ┬ 1.区域规则的展示方法
                                          │        └ 2.区域规则的评价要素
                           活动区域规则的展示与评价 │
                                          └ 技能点 ┬ 1.区域规则的展示
                                                   └ 2.区域规则的评价

         幼儿园活动                         ┌ 知识点 ┬ 1.常见区域投放的内容
         区域的设置                         │        ├ 2.区域材料投放的原则
                              活动区域材料的投放 │        └ 3.区域材料投放的注意事项
                                          │
                                          └ 技能点 ┬ 1.符合幼儿年龄段特点的区域材料准备
                                                   ├ 2.符合区域特色的材料投放
                                                   └ 3.区域材料的自制

                                          ┌ 知识点 ┬ 1.区域材料的调整策略
                                          │        └ 2.区域材料的收纳策略
                           活动区域材料的调整与收纳 │
                                          └ 技能点 ┬ 1.区域材料的合理性调整
                                                   └ 2.区域材料的幼儿收纳与整理
```

素质目标

1.通过本模块的学习和训练，培养学生的辩证思维能力。

2.通过本模块的学习和训练，培养学生的创新意识和创新能力。

三、工作任务

任务一 PPT

"活动区域规则的制定"图片展示

📌 任务一　活动区域规则的制定

1.任务描述

乐智幼儿园的区域活动开始了，小朋友们都非常开心，因为可以选择自己喜欢的区域开展活动了。小班幼儿非常喜欢娃娃家，每次去娃娃家的人数都较多，由于娃娃家空间有限，小朋友们经常会争抢去娃娃家的名额，还会抢夺玩具。小一班的李老师看到这种情况，就制定了进区规则，即用数字卡片代表能进入的人数，用人物围裙（每个围裙上面都有对应的角色头像）代表区域中的人物，只要围裙被拿完了，其他人就不能选择娃娃家了，除非有小朋友出来更换活动区域。经过一段时间的调整和观察，李老师发现小朋友们区域活动的质量提高了很多，基本上没有再发生过争抢的现象。

（1）案例中，李老师是如何解决娃娃家人数过多这一问题的？活动区域的规则包括哪些？（完成工作表单1）

（2）如何制定活动区域规则？你认为制定活动区域规则后应该如何去维护？（完成工作表单2）

2.工作表单

工作表单1~工作表单2分别见表2-2~表2-3。

表 2-2　工作表单 1

工作表单1	区域规则的类型	姓　名		学　号	
		评分人		评　分	

1.案例中李老师是如何解决娃娃家区域人数过多这一问题的？

李教师的解决方法：

2.活动区域的规则包括哪些？

（1）活动前：进区规则

在幼儿进区前，主要涉及的规则是 ＿＿＿＿＿＿＿＿＿＿＿＿＿＿＿＿＿＿＿＿＿＿＿。

进区规则最大的作用是 ＿＿＿＿＿＿＿＿＿＿＿＿＿＿＿＿＿＿＿＿＿＿＿＿＿。

经常使用的进区规则主要有以下几种：

① ＿＿＿＿＿＿＿＿＿＿＿＿＿＿＿＿＿＿＿＿＿＿＿＿＿＿＿＿＿＿＿＿＿。

② ＿＿＿＿＿＿＿＿＿＿＿＿＿＿＿＿＿＿＿＿＿＿＿＿＿＿＿＿＿＿＿＿＿。

③ ＿＿＿＿＿＿＿＿＿＿＿＿＿＿＿＿＿＿＿＿＿＿＿＿＿＿＿＿＿＿＿＿＿。

（2）活动中：操作规则

①操作顺序。

②操作方法。

③游戏合作。

（3）活动后：归物规则

①＿＿＿＿＿＿＿＿＿＿＿＿＿＿＿＿＿＿＿＿＿＿＿＿＿＿＿＿＿＿＿＿＿＿。

②＿＿＿＿＿＿＿＿＿＿＿＿＿＿＿＿＿＿＿＿＿＿＿＿＿＿＿＿＿＿＿＿＿＿。

③＿＿＿＿＿＿＿＿＿＿＿＿＿＿＿＿＿＿＿＿＿＿＿＿＿＿＿＿＿＿＿＿＿＿。

表 2-3　工作表单 2

工作表单2	区域规则的制定方法	姓　名		学　号	
		评分人		评　分	

1.如何制定活动区域规则？

（1）_____

明确规定的规则具有一定的强制性，例如 _____。

图书区规则：_____。

建构区规则：_____。

美工区规则：_____。

（2）幼儿在试误中逐渐形成规则

（3）让幼儿讨论商定规则

（4）在过程中调整规则

2.你认为制定活动区域规则后应该如何去维护？

（1）教师维护方式：_____。

（2）幼儿维护方式：_____。

（3）环境维护方式：_____。

（4）规则维护方式：_____。

3.反思评价

（1）结合本任务所学知识和幼儿园实践，你对活动区域规则有什么新的认识呢？

_____

_____

_____

（2）请你对自己在本次任务中的学习情况进行评价。

课堂活动参与度　　☆　☆　☆　☆　☆

小组活动贡献度　　☆　☆　☆　☆　☆

学习内容接受度　　☆　☆　☆　☆　☆

4.学习支持

1）区域规则的价值

规则在区域活动中有着独特的教育价值，可以有机地将教育者的意图渗透其中，在活动中起着组织、约束、调整幼儿活动行为和相互关系，最大限度地保证幼儿活动权利的作用。抓好活动区域规则建设，是保证区域活动有效开展的重要前提。

2）区域规则的一般要求

（1）注意区域规则的目的性与计划性

区域环境应该满足幼儿身体、认知、语言、情感与社会各方面的发展需求。每个区域应该根据幼儿的年龄特点和身心发展水平制定阶段性目标，围绕目标投放材料，并注意目标和材料的递进性和发展性。

（2）合理有序地利用空间，充分挖掘空间的实用价值

活动区域空间设置的要求是安全、实用、合理、美观。充分利用活动室地面、墙壁、窗户、走廊、转角，甚至寝室等可利用的资源，最大限度地利用活动室空间。在班级室内不仅可以开展区域活动，还可以开展集体活动、生活活动等，所以室内空间

设置应综合考虑、统筹安排，必须保障足够的游戏空间。一般而言，集体活动场地尽量设置在活动室中间，区域活动设置在活动室四周。

知识驿站

区域活动的基本步骤

探索、形成良性的区域活动基本步骤是一个长期而复杂的过程，也就是教师怎样面对一间空无一物的活动室、为幼儿提供丰富的环境与材料、科学合理地展开区域活动的过程。

1.基本设施的准备

区域活动基本设施的准备是构成区域环境的最基本的基础。

2.区域材料的提供

材料是区域环境中的关键要素。在提供区域材料时，首先教师要根据《幼儿园教育指导纲要（试行）》精神及幼儿发展需求，架构科学合理的区域体系。

3.区域活动的开展

在基本设施及区域材料创设好之后，教师就需要思考如何合理地开展区域活动。区域活动开展不仅涉及基本设施和材料，而且涉及师幼互动。

任何课程的开展都必须建立在一定的常规中，区域活动也不例外。因此，区域活动的开展首先需要建立班级良好的区域活动常规。

4.区域活动的评价

评价是区域活动实践过程中不可缺少的一部分，也是实施区域活动的最后一步。只有通过对区域活动的评价，教师才能对幼儿进行有针对性的指导，才能对材料进行合理调整。同时也只有通过评价，教师才能了解幼儿的发展情况，才能把握区域活动的实施效果，使区域活动更具时效性。

3）区域规则的制定方法

①教师明确规定：明确规则具有一定的强制性。例如，图书区规则、建构区规则、美工区规则等。

②幼儿在试误中逐渐形成规则：当幼儿在区域活动中遇到有关活动规则方面的问题时，教师不要急着将规则内容告诉幼儿，可以让幼儿在试误中逐渐建立起相应的活动规则。

③让幼儿讨论和商定规则：讨论往往是围绕在区域活动中所遇到的普遍性问题而展开的，这种问题一般会影响活动的正常进行，又是幼儿比较难以自行解决的。讨论的目的是建立相应的规则来解决当前所面临的问题。

④在过程中调整规则：幼儿的区域活动是动态进行的，活动中还会有不同的状况出现，而不同的状况可能需要不同的规则加以规范。所以，区域规则不可能一步到位，是需要逐步完善的。

4）区域规则的类型

（1）活动前：进区规则

在幼儿进入区域前，主要涉及的规则是"人数问题"。人数提示是区域活动开始之前幼儿要面临的最基本规则。进区规则最大的作用就是限定某区域的游戏人数，并提示幼儿关注同伴选择游戏和开展游戏的状况，逐渐学习为参与游戏做好计划。幼儿园经常会用到的进区规则主要有以下几种：

①巧妙地利用地面空间。

②携带标志进区。

③区域入口处的图片暗示。

（2）活动中：操作规则

操作规则的作用是在幼儿进行操作时给出提示，有的提示表示操作的顺序，有的提示表示游戏的连续性，有的提示表示该游戏的合作要求。操作提示一般不宜太复杂，以免幼儿觉得费解或产生畏难心理。教师可以加强对活动要求和活动方法的隐性提示，以增强幼儿的活动规则意识和活动的目的性。

（3）活动后：归物规则

在区域活动结束后，教师要制定适宜的归物规则对活动区进行维护，从而使区域活动发挥其教育功能。

5）区域规则的执行

（1）贵在坚持

活动区域规则的制定，只是为使区域活动有"法"可依，而要让这个"法"发挥作用，关键在于执行与坚持，否则就形同虚设。教育最好的办法就是做出榜样，无论什么时候，教师进入区域首先应该以身作则。另外，幼儿由于受年龄的制约，在活动中常常会因忘记规则而影响了自己或他人，教师要有意识地关注幼儿参与游戏的过程，在游戏中发现问题，及时纠正。

（2）及时跟进

在区域活动中，幼儿还常常会有不同的情况出现，不同的情况需要不同准则加以规范，所以活动区域规则往往不是一步到位，而是逐步完善、逐步跟进的。首先，区域规则特别是操作规则是与游戏材料伴生的，往往要根据材料的变化而变化，教师应该根据区域材料的变化，灵活地调整区域规则。其次，幼儿在成长，规则也不可能一成不变，当有的规则早已成了幼儿的自觉行为时，教师就应该及时更新规则。

（3）内化规则

教师在区域活动中的正确评价，可以帮助幼儿在游戏中形成良好的规则意识，使区域规则真正内化成幼儿的自觉行为。例如，在评价中大班的区域活动过程时，教师可以围绕区域规则的遵守情况，让幼儿开展自评、互评，开展主题讨论，明确规则或是重新修订不合理的条款。对于小班，教师应更多地给予正面引导，让幼儿逐步理解规则、遵守规则。

（4）自由与规则

《幼儿园教育指导纲要（试行）》中指出，"幼儿园教育活动应为幼儿提供自由活动的机会，支持幼儿的自主选择。"因此，在区域活动中，教师应该深刻认识到"自由"与"规则"的深刻含义。首先，区域活动并不是无规则的"自由"和"放纵"，恰当地让幼儿"有法可依"、适时"干预"是幼儿园区域活动开展的重要保障。其次，规则的设定并不代表没有自由空间。在以往的区域活动过程中，教师往往控制性较强，幼儿通常是在教师的高控制、高指导下进行的，这些是不可取的。因此，教师应注意两个极端：一是认为区域活动是幼儿的自主活动，让幼儿随意玩，只要个打起来，在一旁看看就行，教师无须干预；二是看到放任自流的结果，矫枉过度而强制介入，直接告诉幼儿应该怎么玩，缺乏引导幼儿探索和发展的信心与耐心。

6）活动区域的分隔与界限

各个活动区域应有明显的界限，保证幼儿清楚地知道每个区域的范围。活动区域之间的界限主要有平面界限、立体界限、挂饰界限三种。

①平面界限就是教师通过地面的质地、图案和不同的颜色划分的不同区域。例如，连续的几个区域可以利用不同颜色的地板作为界限，再加上一些玩具架作为分界线，幼儿在活动时就能一目了然。

②立体界限就是教师运用架子、柜子或其他物体进行隔离划分出不同的区域，形成封闭或者开放的空间，分界物的高度要适合幼儿的视线，体现动静布局。在帮助幼儿区分的同时，教师能够及时观察、调节幼儿的活动情况。

③挂饰界限就是教师运用画有各种相关活动区域的图片或装饰物进行界限划分，帮助幼儿区分不同的区域。例如，将幼儿绘制的图片、收集的自然材料和生活物品挂起来进行区域划分。

在划分活动区域时，教师要遵循动静分开、因地制宜、有机组合的原则。

7）活动区域的开放与封闭

一般来讲，表演区、角色区、运动区等活动区域，可以设计成开放式或者半开放式，既有利于拓展活动空间，也有利于不同活动区域之间幼儿的交往；美工区、阅读区、建构区、益智区、科学区等相对安静的区域需要相对封闭的空间，保证幼儿不被干扰，能专注地活动。

8）合理确定区域的种类与数量

一般来讲，幼儿的年龄不同、人数不同，活动室的大小不同，发展目标不同，区域的种类和数量也不尽相同，应该根据面积大小、空间布局、班级人数等合理确定室内区域。假设一个30人的班级，一个区域可以容纳4~6人，那么需要6~8个区域。如果多数幼儿对某些区域比较感兴趣，可以设置重复的区域，投放大致相同的材料。例如，幼儿喜欢娃娃家，可以设置两个娃娃家。

如何帮助幼儿了解可从事的活动？

1. 提供图片与标牌。

2. 使用标识。

3. 把照片作为标牌。

4. 制作一张带插图的教室平面图。

5. 制作一张带插图的一日生活计划表。

任务二 活动区域规则的展示与评价

任务二 PPT

1. 任务描述

新学期开学之前，中一班的主班教师李老师，早早地来到幼儿园进行最后的开学准备工作——布置活动区域。李老师制作了各个区域的规则卡片，卡片上面基本都是文字，偶尔出现一些图画。然后，李老师把卡片放在进入区域的隔板上面进行展示。开学之后，在开展区域活动的时候，李老师发现小朋友们经常出现在同一个区域，小朋友们无法更好地参与区域活动。

（1）案例中，李老师在制作区域规则卡片时出现了什么问题？如何制作区域规则标识？（完成工作表单1）

（2）区域规则具有什么价值？不同位置的规则标识该如何制作？如何评价区域规则标识？（完成工作表单2）

2. 工作表单

工作表单1~工作表单2分别见表2-4~表2-5。

表2-4　工作表单1

工作表单1	活动区域中的规则展示	姓　名		学　号	
		评分人		评　分	

1. 案例中，李老师在制作区域规则卡片时出现了什么问题?

李老师出现的问题:

（1）

（2）

2. 如何制作区域规则标识?

（1）标识与幼儿的年龄相匹配

小班:思维方式以_____ 为主，所以在标识的制作中

应该_____。

中班:初步形成规则意识_____。

大班:抽象逻辑思维萌芽_____。

（2）标识与区域特性相匹配

美工区:_____。

建构区:_____。

科学区:_____。

表 2-5　工作表单 2

工作表单2	区域规则的评价	姓　名		学　号	
		评分人		评　分	

1.区域规则标识具有价值?

（1）有利于 _____。

（2）有利于 _____。

（3）有利于 _____。

2.不同位置的区域规则标识该如何制作?

（1）活动柜标识: _____。

（2）操作毯标识: _____。

（3）地板标识: _____。

（4）区域隔板标识: _____。

（5）区域大环境标识: _____。

3.如何评价区域规则标识?

（1）

（2）

（3）

（4）

3.反思评价

（1）结合本任务所学知识和幼儿园实践，你觉得区域活动规则标识还可以如何设计？

_____

_____

_____

（2）请你对自己在本次任务中的学习情况进行评价。

课堂活动参与度　☆　☆　☆　☆　☆

小组活动贡献度　☆　☆　☆　☆　☆

学习内容接受度　☆　☆　☆　☆　☆

4.学习支持

在区域活动中，教师通常会设计不同的标识，用标识区分不同的区域，帮助幼儿建立区域活动的常规。这些标识会出现在活动柜、托盘、桌子、操作毯及地板上。教师将区域活动的规则巧妙地设计在各种标识中，充分发挥标识的教育作用，使幼儿在进入不同的区域后就能得到相应的刺激与暗示，理解在区域活动中要遵守的规则，潜移默化地培养幼儿的规则意识和自我管理能力。

1）活动柜标识

活动柜标识是指各个区域中活动柜表面的不同记号，这些记号以不同的方式呈现，方便幼儿在区域活动中准确地取放材料，建立良好的活动常规。

（1）标识的作用

一是有利于物品摆放有序。为了方便幼儿选择与取放区域活动材料，一般将材料以开放的形式呈现在活动柜中。这对材料的摆放方式有很高的要求，一旦材料摆放不整齐，就会使整个活动环境显得杂乱无章。如果在活动柜表面粘贴各种物品的摆放标识，既可使材料的摆放整齐有序，又可使整个环境协调美观。

二是有利于区分不同的区域。在不同的区域标注有某一共性特征的标识，可以引导幼儿在选择及取放材料时，通过标识来清楚地辨别不同的活动区域。例如，语言区用标注有不同数字的红色爱心，数学区用标注有不同数字的绿色爱心等。幼儿在完成活动后收放材料时，首先可以通过标识颜色找到相应区域，再通过数字找到材料所在的具体位置。

三是有利于建立良好的活动常规。在区域活动中，教师的指导压力比集体活动时要大，此时应发挥环境的作用，通过环境中的暗示物来引导幼儿自主地开展活动，减少教师维持常规的时间和压力，这时标识的作用不容忽视。教师合理、科学地设计活动柜表面的标识，通过标识来帮助幼儿选择材料、整齐地取放材料，既能培养幼儿独立选择活动的能力，又能养成幼儿有始有终地进行区域活动的良好习惯。

（2）标识与幼儿的年龄相匹配

教师在设计活动柜的标识时，应根据幼儿的年龄特点和学习能力，设计不同年龄段幼儿能快速辨别的标识。

在区域活动中，小班幼儿的思维方式以直观性和具体形象性为主，小班幼儿对自己感兴趣的、印象鲜明的事物比较容易记住。因此，在标识的选择中，可以选用一些来自生活中的、幼儿喜欢的、简单易记的图案作为标识。例如，教师可以购买有立体凸起的卡通贴纸来制作标识，幼儿在取放活动材料时能够很直观地感受到标识的真实性和立体感；教师也可以直接用彩笔在底板上勾画出简单的动植物、水果的轮廓，这些图案都与幼儿生活息息相关，幼儿易辨好记。

中班幼儿的规则意识已经初步形成，有了初步的概括分类能力，对自己感兴趣的事物具有较强的探究愿望。在制作中班幼儿的区域标识时，教师可以选用几何图形、20以内的阿拉伯数字、各种交通工具图案等，这些图形、数字和图案都会配以不同的颜色底板，用以区分不同的活动区域。在使用这些标识的过程中，幼儿不仅能正确认识数字、几何图形，还能学会对事物进行分类，标识中蕴含的隐性教育作用不容忽视。

随着年龄的增长，大班幼儿的抽象逻辑思维开始萌芽，他们喜欢用分类、推理等不同方式探索事物的规律，对文字也表现出了极大的兴趣。因此，大班教师应选用抽象的符号或数字作为标识。例如，可以选择一些简单而又易懂易记的汉字、单一的英文字母、20以内的数字及简单的数学符号作为标识，将标识用正规的字体打印出来，配上不同的颜色底板，分类投放到各个区域，使幼儿在活动中的各项经验得到潜移默化的提升。

（3）标识与区域特性相匹配

在设计标识时，除了应考虑幼儿的年龄特点外，教师还应考虑区域之间的不同特征，通过设计一些与本区域内容相关的标识，帮助幼儿更好地理解区域的内涵。例如，在大班的标识中，语言区可以使用简单的象形文字，数学区可以使用数字或数学符号，常规区可以使用一些安全标记或环保标记（节水、节电等）；中班科学区可以使用一些科学家头像或天气标识（台风、大雨、雷电等），美工区使用不同的色块做标识；小班科学区可以使用水果、蔬菜、动植物图片等，生活区可以使用生活中常用的衣物、鞋袜图片等。这些带有明显区域特征的标识，既能帮助幼儿以最快的方式记住各个区域，又能在班级活动区域常规培养中起到积极的作用。

除了以上几个方面，教师在为活动柜设计各种创意标识时，应当注重色彩协调、图形简洁、线条清晰；标识的唯一性也很重要，要避免重复的图案或色彩对幼儿造成干扰，让各种标识更好地为幼儿的区域活动提供帮助。

2）操作毯标识

一般选用两个相同的标识放置在操作毯的对角处，一个用于操作毯与地面摆放位置相对应，帮助幼儿独立收放操作毯；另一个引导幼儿在操作毯上正确地摆放装有操作材料的器皿。

在设计操作毯标识时，要尽量做到简洁、小巧，避免由于标识过于繁杂而对幼儿在操作毯上探索材料形成干扰，一般选用圆点、小花等图案。

区域活动中的操作毯一般是纺织品，表面粗糙，并且经常需要清洗消毒，如果用胶粘的形式摆放标识则标识不容易固定。因此，教师在固定操作毯标识时，最好采用缝制的方法，这样可以使标识不容易脱落，也方便操作毯的清洁。

政策法规

《幼儿园教育指导纲要（试行）》指出，为幼儿的探索活动创造宽松的环境，让每位幼儿都有计划参与尝试。在区域活动中，教师应该根据不同年龄幼儿的发展水平和活动需要，合理安排适宜的活动区域，为幼儿创设一个有准备的区域环境，设计独特的空间布局，从而促使幼儿在良好的区域环境中学习、探索、实践、发展。

操作毯标识应与地板上的点、线、框等标识配合使用，便于幼儿在区域活动中明确操作毯和操作材料的摆放位置及自己探索材料时的位置。

3）桌子标识

为了最大限度地使用桌面空间，保证在同一桌子上操作活动材料的幼儿不相互干扰，教师可利用各种标识来限定每张桌子的操作人数，并通过标识来规定幼儿开展活动时所处的位置。

4）地板标识

在区域环境的创设中，活动室的地面、墙面、桌面被充分利用，教师设计的每个点、每条线都具备潜在的教育功能，幼儿在这种宽松、自由的环境中能够得到和谐发展。因此，教师应充分利用活动室地板上的圈、线、点等标识，让它们在区域活动中各自充分发挥积极的作用。

（1）地板上的圈

在区域活动中，每次的预备游戏活动、小结活动都需要大家围坐在圈上完成，因此地板上圈的大小一般视班上幼儿的人数而定，幼儿人数较多的班级可以分为外圈和内圈。圈的形状视活动室面积、空间结构而定，一般可以选择圆形或椭圆形。地板上所贴线圈的颜色要与活动室地板颜色相协调，不能给幼儿带来太过强烈的视觉冲击。

（2）地板上的线

在活动室的地板上会出现一些长短不一、宽窄不同、颜色各异的线，这些线主要是用来规范区域活动中地毯摆放的位置、提醒幼儿玩水区与水源的距离、暗示幼儿阅读区鞋子的摆放位置等。这些线的长度、宽度、颜色要与活动室地板整体布局相统一，真正起到帮助幼儿与周围环境直接互动的作用。

（3）地板上的点

在活动室地板上的圈上或线上，教师会巧妙地用一些细小的卡通图案、花草虫鱼、几何图形来分隔设置这些线条或圆圈。通常，教师会按照班级的幼儿人数将地板上的圆圈等分为若干点，每个点上粘贴一个相应的标识，一个标识代表一个幼儿的位置。在带有线条的地板上，教师按照进入该活动区域的人数，同样用一个标识进行区分。这样不仅能通过标识引导幼儿合理地利用空间，还能通过标识引导幼儿逐步建立良好的活动常规。

✎ 任务三 活动区域材料的投放

任务三PPT　　"活动区域材料投放"图片展示

1.任务描述

区域活动开始了，大班小朋友毛毛去了自己最喜欢的区域——科学区。今天上午老师刚带领小朋友一起做了"沉浮实验"，毛毛对这个实验很感兴趣，想去再观察一下其他物品的沉浮情况。到了科学区，毛毛先完成了老师在实验活动过程中做过的海绵、石头等物品的沉浮实验，但是当毛毛想尝试用其他物品做实验的时候，发现科学区没有合适的物品可以用来做实验了，毛毛就觉得不好玩了，他离开了科学区，转身去了建构区。

（1）案例中毛毛为什么很快就离开了科学区？请自选两个常见区域并投放适宜的材料。（完成工作表单1）

（2）区域材料的投放原则有哪些？你认为区域材料投放时应该注意哪些事项？（完成工作表单2）

（3）区域材料有哪些类型？如果你是老师，你会如何设计区域材料？（完成工作表单3）

2.工作表单

工作表单1~工作表单3分别见表2-6~表2-8。

表2-6 工作表单1

工作表单1	区域材料的投放问题	姓 名		学 号	
		评分人		评 分	

1.案例中毛毛为什么很快就离开了科学区?

原因:

（1）

（2）

2.请自选两个常见区域,然后在这两个区域中投放适宜的活动材料,并说明投放理由。

（1）_____区

材料:_____。

理由:_____。

（2）_____区

材料:_____。

理由:_____。

表 2-7　工作表单 2

工作表单2	区域材料的投放原则	姓　名		学　号	
		评分人		评　分	

1.结合案例，小组讨论区域材料的投放原则有哪些？

投放原则

2.你认为区域材料投放中应该注意哪些事项？

（1）丰富的材料≠越多越好

（2）有价的材料≠越美越好

（3）推广的材料≠人人适宜

（4）投放了材料≠解放教师

表2-8　工作表单3

工作表单3	区域材料的类型	姓　名		学　号	
		评分人		评　分	

1.区域材料有哪些类型？

区域材料的类型

功能 ｛ □ □ □

性质 ｛ □ □ □

结构 ｛ □ □

2.如果你是老师，你会如何设计区域材料？

（1）＿＿＿＿＿＿＿＿＿。

（2）材料解读。

（3）＿＿＿＿＿＿＿＿＿。

（4）＿＿＿＿＿＿＿＿＿。

（5）错误控制。

（6）＿＿＿＿＿＿＿＿＿。

（7）＿＿＿＿＿＿＿＿＿。

3.反思评价

（1）结合本任务所学知识和幼儿园实践，你认为不同年龄段幼儿的相同区域的材料可以一样吗？请阐述你的观点。

（2）请你对自己在本次任务中的学习情况进行评价。

课堂活动参与度   ☆   ☆   ☆   ☆   ☆

小组活动贡献度   ☆   ☆   ☆   ☆   ☆

学习内容接受度   ☆   ☆   ☆   ☆   ☆

4.学习支持

1）常见区域材料的投放

（1）角色区

①娃娃家：主要材料有家具、玩具娃娃、娃娃用品、厨房用具、各种食物、家用电器等。

②医院：主要材料有白大褂、医生帽、护士帽等，应适当投放半成品材料。

③超市：主要材料有各种食品和用品的包装盒、收银机、钱币（卡片）等。

④银行：主要材料有各种面值的钱币（卡片）、取款单、存折等。

（2）建构区

积木的种类繁多，在幼儿园一般适合提供木制的本色实心积木、木制的彩色空心积木、塑料的彩色积木等。对于小班幼儿，适合提供体积中等、颜色鲜艳、重量较轻，以三角形、长方形、圆形等为主的形状简单的空心积木。对于中班幼儿可以丰富积木的种类、形状，增加积木的重量。对于大班幼儿，适合提供木制的本色实心积木，其形状可以达到三十余种，数量可以达到一百多块，能充分满足大班幼儿的构造需求。

（3）沙水区

①玩沙工具：小桶、勺子、铲子、模具等。

②玩水工具：小桶、勺子、瓶子、水车、喷壶等。

（4）图书区

①故事书。小班幼儿阅读的图书要画面简单、颜色鲜艳，以家庭生活、幼儿园生活、小动物等内容为主，情节不宜复杂，篇幅不宜太长。中班幼儿可以阅读一些有关日常生活的图书，图书的篇幅可以有所增加。大班幼儿可以阅读配有简单文字的图书，图书内容的科学性可以有所增加。

②知识书。例如，《幼儿十万个为什么》《热带鱼图片大全》等。

③杂志、画报。例如，《看图说话》《幼儿智力世界》等。

④自制图书。结合平时的生活和教育教学活动经验，幼儿绘制图书。

⑤视听材料。如果条件允许的话，可以为幼儿提供视听材料。

（5）音乐表演区

各种小乐器、录音磁带、录音机、服饰、道具。

（6）美工区

丰富的绘画及手工材料：纸、笔、油画棒、颜料、剪刀、粘贴棒、橡皮泥、牙签、抹布等。

（7）科学区

①科技角：科技小制作材料、科学小实验仪器等。

②自然角：植物、小动物、气象日志等。

名人名言

教育对象是在利用教师提供的材料中进行学习的，教师提供的材料，必须尊重幼儿在心理发展上的不同速率。

——布鲁纳

（8）益智区

益智区常见材料有数学材料、构图造型材料、棋类、牌类等。

2）区域材料投放的原则

（1）材料的安全性和艺术性

①安全性：为幼儿提供活动材料时，应选择无毒、无味、对幼儿无伤害隐患的制作原料，制作前应进行彻底的清洁消毒。

②艺术性：活动材料要注意色彩搭配、造型和便于操作，以激发幼儿对活动材料的兴趣，使幼儿积极参与到活动中，这样也有利于区域活动的顺利开展。

（2）材料的针对性和计划性

①针对性：幼儿的年龄特点决定了幼儿的身心发展水平，因此活动区域中应根据不同年龄段幼儿的身心特点投放不同层次的活动材料，做到有的放矢，具有针对性。

②计划性：同样是建构区，结合小班幼儿善于模仿的心理特点和小肌肉群不够发达的生理特点，可为他们提供体积大小便于取放、类别相同的建构材料；而大班幼儿动手能力强、思维敏捷，在提供建构材料时，则要注重精密性和多样性，以满足他们的探究和自主发展的需求。

（3）材料的目标性和探究性

①目标性：幼儿的发展目标与区域活动材料的教育功能是一致的。因此，投放区域活动材料一定要有目的性，不能盲目。尤其是主题性活动区域，更应以班级当前主题活动中幼儿的培养目标为依据，有针对性地选择、投放那些与主题相关的操作材料，并且充分挖掘材料在不同区域内的多种教育功能。

②探究性：材料的探究性能引发幼儿动手、动脑，支持幼儿与活动环境的积极互动，引导幼儿根据自己的兴趣爱好对客观事物进行动手操作和动脑思考。探究是幼儿在思考的基础上进行操作，是幼儿动脑思考和动手操作交织进行的活动。在区域活动中，幼儿开动脑筋思考，动手操作各种材料就是一种探究活动。

（4）材料的层次性和动态性

①层次性：材料投放的层次性是指教师在选择、投放操作材料时，能够预先进行思考，做好规划和设计，并根据预定的目标按照由浅入深、从易到难的顺序，分解出若干个能够与幼儿的认知发展相吻合的操作层次，使材料"细化"。

②动态性：提供的材料不能一成不变，而应根据教育目标和幼儿的发展需求，定期或不定期地进行调整、补充。材料的动态性还体现在各年龄段及平行班之间的互动上，各班教师应及时沟通、交流幼儿区域活动的情况，做到材料互补、资源共享，让

材料真正地为活动提供服务。

（5）材料的丰富性和趣味性

①丰富性：区域材料的丰富性主要包括品种多样、形式多样、功能多样。

·品种多样：就是种类要多。例如，娃娃家材料有娃娃、家具、衣物等，图书角材料有故事书、识物书等。

·形式多样：就是材料的形式要多种多样。例如，成品材料有现成的玩教具，半成品材料有厚纸片、穿洞的纸片等。

·功能多样：实际就是一物多玩，我们要在挖掘材料的功能上多下功夫。

②趣味性：有趣的材料能够激发幼儿参与活动的兴趣，提高目标的达成度，过难或过于简单的材料，都不利于幼儿活动兴趣和发展水平的提高。我们在投放区域活动材料时，一定要明确教育对象年龄及身心发展的特点。

3）区域材料投放的注意事项

（1）丰富的材料≠越多越好

区域材料应该是丰富多样的，但丰富的材料并不等于越多越好。其实，多则滥，滥则泛，幼儿的注意力具有不稳定性，过多、过杂的材料尽管能吸引幼儿投入活动，但也容易造成幼儿注意力分散。

（2）有价的材料≠越美越好

精美的材料能吸引幼儿，激发幼儿参与活动的兴趣，这一点无可非议。然而，我们更应注意材料是否具有促进幼儿学习和探究的价值，绝不能仅看其外表。

（3）推广的材料≠人人适宜

教师在投放材料时，都十分注重学习他人的成功经验，也会利用自己先前积累的经验，但这些经验并不一定处处灵验、人人适宜。我们应将投放依据重点放在幼儿身上，依据本班幼儿的年龄和身心发展特点，做出准确、科学的选择。

知识驿站

信任环境

1.知道可以选择什么。

2.自由探索教室。

3.辨识出熟悉的材料。

4.看到令人兴奋的材料。

5.对材料感兴趣。

6.能自主选择。

7.有时间深度参与活动。

（4）投放了材料≠解放教师

有些老师说："孩子手中有玩的，打闹现象明显减少，我们也轻松多了。"投放材料后，教师真的可以袖手旁观了吗？答案是否定的。因为开设活动区域和投放材料的目的并不是解放教师、减少幼儿打闹，而是为幼儿提供更大的个性发展空间。这其实对教师提出了更高的素质教育要求。

任务四　活动区域材料的调整与收纳

1.任务描述

任务四 PPT

区域活动开始了，小朋友们高兴地去自己喜欢的区域进行活动。正当小朋友们沉浸在活动中的时候，李老师突然听到两个小朋友的哭声，连忙上前询问。原来这两个小朋友都喜欢在建构区搭建城堡，虽然他们搭建了不同特色的城堡，但是用到了同一块积木，于是就争抢起来。等李老师耐心地解决完他们的问题，区域活动结束的时间到了。许多小朋友听到代表区域活动结束的音乐响起就一哄而散，丢下手中的活动材料便离开自己所在的区域，各个活动区域都是一片混乱的景象。

（1）案例中区域活动出现了哪些问题？如果你是老师，你会如何解决案例中遇到的问题？（完成工作表单1）

（2）结合案例，说一说区域材料的调整策略有哪些，教师调整材料的时机是什么时候？（完成工作表单2）

（3）区域材料收纳整理的工具有哪些？如何培养幼儿的收纳整理能力？（完成工作表单3）

2.工作表单

工作表单1~工作表单3分别见表2-9~表2-11。

表2-9 工作表单1

工作表单1	区域活动的问题	姓 名		学 号	
		评分人		评 分	

1.案例中区域活动出现了哪些问题?

问题:

（1）

（2）

2.如果你是老师，你会如何解决案例中遇到的问题?

我解决问题的方法是先找出问题的原因是 _____，再根据原因找到相应的解决措施。

（1）游戏材料：

（2）建立规则：

（3）培养品质：

表2-10　工作表单2

工作表单2	区域材料的调整与更换	姓　名		学　号	
		评分人		评　分	

1.结合案例，说一说区域材料的调整策略有哪些。

（1）个别调整

（2）局部调整

（3）分批调整

2.教师调整材料的时机是什么时候？

（1）幼儿 _____。

（2）幼儿 _____。

（3）幼儿兴趣点的改变。

（4）_____。

（5）_____。

表 2-11　工作表单 3

工作表单3	区域材料的收纳整理	姓　名		学　号	
		评分人		评　分	

1.区域材料收纳整理的工具有哪些?

2.如何培养幼儿的收纳整理能力?

（1）＿＿＿＿＿＿＿＿齐动，明确要求，展示物品整理成果。

（2）教师讲解方法：整理有顺序，摆放到位。

①收纳的时间：

②收纳的顺序：

③收纳的工具：

④收纳的方式：

⑤收纳的地点：

（3）多种手段，强化习惯。

①言传身教：

树立＿＿＿＿＿＿＿＿：教师、某个英雄人物等都可以成为幼儿学习模仿的对象。

及时＿＿＿＿＿＿＿＿：教师有针对性的评价。

②趣味练习：

③家园共育：

3.反思评价

（1）结合本任务所学知识和幼儿园实践，请你说一说在区域活动中材料归纳整理的重要性。

_____

_____

_____

（2）请你对自己在本次任务中的学习情况进行评价。

课堂活动参与度 ☆ ☆ ☆ ☆ ☆

小组活动贡献度 ☆ ☆ ☆ ☆ ☆

学习内容接受度 ☆ ☆ ☆ ☆ ☆

4.学习支持

1）区域材料的调整策略

（1）随机性个别调整

随机性个别调整是指教师根据个别幼儿的发展需求及个别材料的情况进行随机调整。在随机性个别调整中，教师首先要观察并找到调整的原因。例如，个别幼儿的发展水平发生了变化、个别幼儿产生了新需求、个别材料失去了吸引力等。其次，教师要根据找到的原因进行个性化材料规划，开发和设计出适宜的材料进行投放。例如，虽然是处于小班阶段，但某幼儿的数的概念发展得特别好，能够理解并掌握8以内的数的概念，而现有的材料已无法满足他的发展需求，这时教师可相应地调整个别材料。既可以在材料数量上增加到8个，也可以在材料内容上为他特别设计促进他的数概念进一步发展的材料。在日常的区域活动中，教师需要时时检查，及时进行查漏补缺，如随时补齐铅笔、纸张等学习用品，及时检查物品安全卫生等。

（2）季节性局部调整

所谓季节性局部调整，是指教师应根据季节的变化及季节性主题活动的开展，相应地调整区域材料。在区域材料调整中，教师应根据每个季节的特点，有针对性地对材料进行反思——班级幼儿可能会因为这种季节的变化而产生哪些集体性的新需求？针对这种情况，教师可相应地投放一些季节性的材料。例如，春季是万物复苏的季节，也正是各种各样的花儿开放的季节，教师可结合季节在艺术区创设"大自然的奏鸣曲"的材料，主要是让幼儿在区域活动中练习制作花朵和蜗牛，掌握剪刀的使用方法及锻炼双手的协调能力。很多幼儿园依据季节开展相应的主题活动，而教师也应根据这种季节性主题活动增添部分主题性区域材料。

（3）阶段性分批调整

阶段性分批调整是指教师应根据班级多数幼儿的发展变化，对局部材料及区域设置在某个阶段进行分批调整。当班级幼儿的整体发展水平发生了变化，或班级产生了新的主题时，都可以采用阶段性分批调整策略。

在第一学期末至第二学期初的衔接阶段，班级的区域及材料一般要进行较大的调整。调整内容包括两个方面：一方面是区域设置的调整。例如，由小班升到中班时，可适当减少生活区、感官区等区域，同时可适当增加语言区、科学区等区域。另一方面是区域材料的调整，主要是增加材料的难度及丰富性。例如，在小班阶段，生活区投放的材料的主要目的是培养幼儿的自我服务能力；到了中班，教师应该以培养幼儿为他人服务的能力为主；到了大班，教师应该围绕幼小衔接展开活动，为上小学做准备。

以上阐述的三种区域材料调整策略，不仅可以单独使用，也可以交叉使用。在实际的区域活动中，教师需要综合灵活地运用各种策略。

政策法规

《3~6岁儿童学习与发展指南》中明确指出，每个幼儿在沿着相似进程发展的过程中，各自的发展速度和到达某一水平的时间不完全相同。要充分理解和尊重幼儿发展进程中的个别差异，支持和引导他们从原有水平向更高水平发展。

2）区域材料收纳的策略

（1）树立辩证的、整洁有序的观念

班级活动区域的整洁有序是建立在幼儿活泼好动、喜欢探索、乐于操作基础上的，所以，教师一定要理解整洁有序是一个相对的概念，它应在有助于幼儿发展的前提下保持整洁有序。同时相较于整洁有序，更重要的应该是注重培养幼儿整理收纳的能力。

（2）需要合理规划和利用空间

班级空间的合理规划和使用是整洁的前提。两室配套的班级和三室配套的班级是不一样的，面积大的班级和面积小的班级也是不一样的，所以教师需要根据班级的实际情况规划班级的所有空间，让幼儿的学习、游戏、生活都能从容有序地开展，让班级所有的物品都能有序地摆放在最适宜的位置，以方便幼儿取用。

（3）提供合理适宜的收纳橱柜

小、中、大班幼儿的身高差异很大，自我管理的能力差异也很大，班级的人数也不完全相同，每个区域里的材料无论是外形还是大小、长短、高矮都不同，需要呈现的方式也不同，区域里的材料也不是同时需要的。园所需要为每个班级、每个区域量身定做区域材料收纳的橱柜，有高、有矮，分层设计，橱柜可以是3层，也可以是4~5层，每层的层高是不同的。橱柜有开放的，也有封闭的。开放的橱柜有利于幼儿自主整理材料；封闭的橱柜有利于教师收纳暂时不用的区域材料和多余的原始材料。

（4）不同区域的收纳方法不同

每个区域里的材料不同，收纳方法也不同。一般来讲，建构区中的积木最好按形状分类有序摆放；插塑材料比较简单，同类的放在一个筐子里就可以了。益智区和科学区的材料对于有序摆放要求较高，弄丢一个小部件，可能一筐材料都没法使用了，所以应该按照每种活动的需要把材料分别装到筐子里或盒子里，再摆放在橱柜的合理位置。娃娃家一类的角色区，虽然材料多、杂、碎，但实际上比较好整理，即使弄乱了、装错了，也不会影响幼儿第二次操作。为了让娃娃家这样的角色区的材料看起来整洁有序，最好的办法就是把材料分类装筐。例如，按餐具、炊具、食物、装饰物等分类，服装、丝巾、帽子等可以挂在墙上或衣架上。

（5）适宜的标识帮助幼儿自主整理材料

为了帮助幼儿学习自主整理材料，做到物归原处，教师可采用一些简单的标识来帮助幼儿记忆材料筐在橱柜中的位置。标识要与幼儿的年龄相匹配，小班最好使用材料筐的照片或图片作为标识，而中、大班就灵活多了，可以多用一些数字符号作为标识。

名人名言

习惯养得好，终生受其益，习惯养不好，终生受其累。

——著名教育家陈鹤琴

四、课证融通

本模块对应的幼儿教师资格证考试——"保教知识与能力"模块的考试目标、内容与要求、真题见表2-12。

表2-12　幼儿教师资格证考试——"保教知识与能力"模块的考试目标、内容与要求、真题

内容体系
一、考试目标 考点：组织实施教育活动的知识和能力。理解幼儿园游戏的意义、作用与指导方法，能根据幼儿园教育目标和幼儿实际组织和实施教育活动。 二、内容与要求 学前教育原理。 考点：理解幼儿园以游戏为基本活动的依据。
三、真题 单项选择题： 教师要根据幼儿的个体差异进行教育，下列现象不属于幼儿个体差异的是（　　　）。（2017年下幼儿教师资格考试原题） A.某幼儿往常吃饭很慢，今天为了得到老师的表扬，吃得很快 B.有的幼儿吃饭快，有的幼儿吃饭慢 C.某幼儿动手能力很强，但语言能力弱于同龄儿童 D.男孩通常比女孩表现出更多的身体攻击性行为

五、阅读思享

推荐理由：

区角活动是目前幼儿园教育的重要形式之一，全书基于新课程理念，以及《3~6岁儿童学习与发展指南》等新政策精神，围绕如何进行区角的环境设计及布置、如何结合游戏情境设计与有效实施活动、如何进行材料的投放、如何将区角活动有效融入幼儿在园一日生活等主题而编写。书中涉及的幼儿园区角齐全，内容翔实，有助于学习者对幼儿园区域活动进行深入了解。

推荐阅读：

全晓燕.幼儿园区域活动设计与指导.上海：华东师范大学出版社，2016年。

模块三 常规区域活动的组织与指导

一、岗位能力模型

常规区域活动的组织与指导岗位能力模型见表3-1。

表3-1　常规区域活动的组织与指导岗位能力模型

模块	岗位能力描述	《幼儿园教育指导纲要（试行）》	《幼儿园工作规程》
常规区域活动的组织与指导	幼儿园区域活动是建立在动手操作基础上的学习，改变了以往教师讲授、幼儿听讲的模式，这种寓教于乐、寓教于学的形式符合幼儿的认知特点，也有利于幼儿的发展。幼儿进行区域活动并不是简单的玩乐，是幼儿学习与发展的重要途径之一。因此，需要教师具备一定的观察和指导能力，及时发现问题并解决问题，达到寓教于乐的目的	十、教师应成为幼儿学习活动的支持者、合作者、引导者。 （一）以关怀、接纳、尊重的态度与幼儿交往。耐心倾听，努力理解幼儿的想法与感受，支持、鼓励他们大胆探索与表达。 （二）善于发现幼儿感兴趣的事物、游戏和偶发事件中所隐含的教育价值，把握时机，积极引导。 （三）关注幼儿在活动中的表现与反应，敏感地察觉他们的需要，及时以适当的方式应答，形成合作探究式的师生互动。 （四）尊重幼儿在发展水平、能力、经验、学习方式等方面的个体差异，因人施教，努力使每个幼儿都能获得满足和成功。 （五）关注幼儿的特殊需要，包括各种发展潜能和不同发展障碍，与家庭密切配合，共同促进幼儿健康成长	第二十九条　幼儿园应当将游戏作为对幼儿进行全面发展教育的重要形式。 幼儿园应当因地制宜创设游戏条件，提供丰富、适宜的游戏材料，保证充足的游戏时间，开展多种游戏。 幼儿园应当根据幼儿的年龄特点指导游戏，鼓励和支持幼儿根据自身的兴趣、需要和经验水平，自主选择游戏内容、游戏材料和伙伴，使幼儿在游戏过程中获得积极的情绪情感，促进幼儿能力和个性的全面发展

二、知识点与技能点

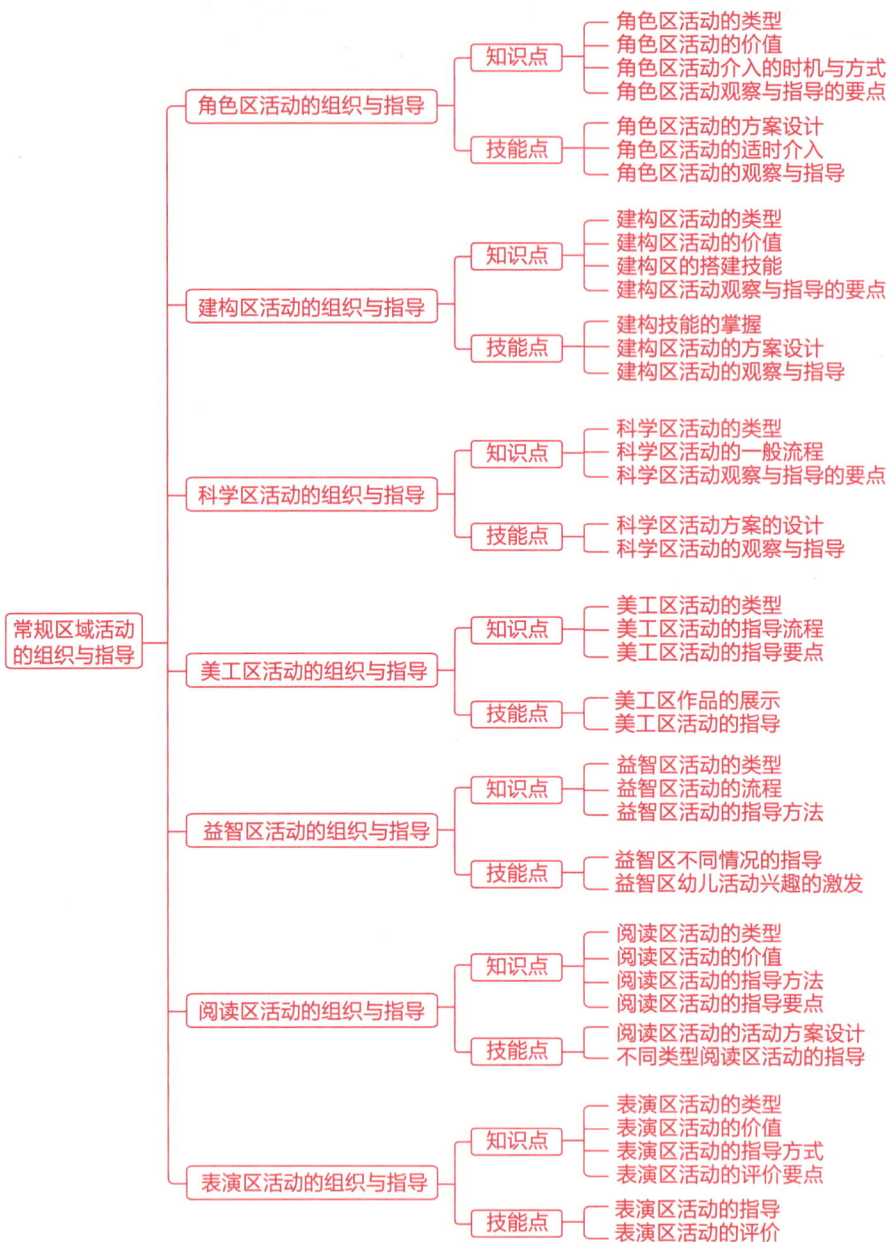

常规区域活动的组织与指导

角色区活动的组织与指导
- 知识点
  - 角色区活动的类型
  - 角色区活动的价值
  - 角色区活动介入的时机与方式
  - 角色区活动观察与指导的要点
- 技能点
  - 角色区活动的方案设计
  - 角色区活动的适时介入
  - 角色区活动的观察与指导

建构区活动的组织与指导
- 知识点
  - 建构区活动的类型
  - 建构区活动的价值
  - 建构区的搭建技能
  - 建构区活动观察与指导的要点
- 技能点
  - 建构技能的掌握
  - 建构区活动的方案设计
  - 建构区活动的观察与指导

科学区活动的组织与指导
- 知识点
  - 科学区活动的类型
  - 科学区活动的一般流程
  - 科学区活动观察与指导的要点
- 技能点
  - 科学区活动方案的设计
  - 科学区活动的观察与指导

美工区活动的组织与指导
- 知识点
  - 美工区活动的类型
  - 美工区活动的指导流程
  - 美工区活动的指导要点
- 技能点
  - 美工区作品的展示
  - 美工区活动的指导

益智区活动的组织与指导
- 知识点
  - 益智区活动的类型
  - 益智区活动的流程
  - 益智区活动的指导方法
- 技能点
  - 益智区不同情况的指导
  - 益智区幼儿活动兴趣的激发

阅读区活动的组织与指导
- 知识点
  - 阅读区活动的类型
  - 阅读区活动的价值
  - 阅读区活动的指导方法
  - 阅读区活动的指导要点
- 技能点
  - 阅读区活动的活动方案设计
  - 不同类型阅读区活动的指导

表演区活动的组织与指导
- 知识点
  - 表演区活动的类型
  - 表演区活动的价值
  - 表演区活动的指导方式
  - 表演区活动的评价要点
- 技能点
  - 表演区活动的指导
  - 表演区活动的评价

素质目标

1. 通过对本项目的学习和训练，培养学生"育人为本"的儿童观。

2. 通过对本项目的学习和训练，引导学生树立正确的教师观。

三、工作任务

任务一 PPT

"角色扮演游戏"
图片展示

任务一　角色区活动的组织与指导

1.任务描述

中一班的区域活动时间到了，今天小朋友们特别高兴，因为"开心小超市"开业啦！"收银员"和"导购员"都在忙碌着，这时"顾客"月月跑过来跟刘老师说："刘老师，我想去银行取点钱，可银行没有工作人员，我没法取钱。"刘老师连忙过去了解情况，这才知道原来孩子们都不愿意当"银行工作人员"。因为"银行工作人员"的工作太枯燥了，总是一个人坐在那里，不像"导购员"和"顾客"一样能到处走动。刘老师看到这个情况也有点着急了，就临时指派了性格文静的彤彤去做"银行工作人员"。

（1）结合案例，请讨论角色区活动（游戏）有哪些类型？案例中的区域活动属于哪一种类型？该区域活动包含哪些要素？分析角色区活动的特点。（完成工作表单1）

（2）刘老师此时是否需要指导幼儿活动？幼儿进行角色活动时，教师该如何介入？你认同案例中的刘老师指导角色区活动时介入的方式吗？为什么？（完成工作表单2）

（3）案例中的活动区域出现了什么问题？刘老师该如何解决这个问题？（完成工作表单3）

2.工作表单

工作表单1~工作表单3分别见表3-2~表3-4。

表3-2　工作表单1

工作表单1	幼儿角色区活动的类型和特点	姓　名		学　号	
		评分人		评　分	

1.结合案例，请讨论角色区活动有哪些类型？案例中的区域活动属于哪一种类型？该区域活动包含有哪些要素？

角色区活动类型：_____、_____、_____。

案例中的活动区属于_____。

该区游活动的要素包括人物、_____、材料、_____、内在规则。

2.分析角色区活动的特点。

（1）生活性：

（2）虚构性：

幼儿在整个角色区活动过程中始终处于假想状态，模拟着他们所了解的生活中的角色与情节，是他们假想出来的，甚至是在现实生活中不可能发生的情节。体现在三个方面：_____，以物代物，_____。

（3）自主性和创造性：

幼儿在角色区活动中能按照_____的意愿选择和扮演角色，自主活动，并充分发挥____进行创造。

（4）交往性：

幼儿在各种社会情境中与其他幼儿_____，激发社会行为。

表 3-3　工作表单 2

工作表单2	角色区活动的介入时机	姓　名		学　号	
		评分人		评　分	

1.刘老师此时是否需要指导幼儿活动？

□需要　　　　　□不需要

原因：_____ ，_____。

属于角色区活动：_____。

2.幼儿进行角色区活动时，教师该如何介入？你认同案例中的刘老师指导角色区活动时介入的方式吗？为什么？

（1）当幼儿游戏_____时

当幼儿不知道自己该做什么游戏、如何去游戏时，教师的介入是引导幼儿开始游戏的关键。

（2）当必要的游戏_____受到威胁时

当必要的游戏秩序受到威胁时，教师可用游戏口吻自然制止幼儿的干扰行为，并提出活动建议。

（3）当幼儿对游戏_____或准备放弃时

这时教师的介入可以帮助幼儿拓展游戏内容，提高游戏技能，进一步激发幼儿游戏的兴趣。

（4）在游戏_____或_____发生困难时

在这种情况下，教师可以作为游戏同伴介入游戏并为幼儿进行示范，或者让幼儿相互启发，相互影响。

我_____案例中的刘老师指导角色区活动时介入的方式，因为 _____

_____。

表 3-4 工作表单 3

工作表单3	角色区活动的指导	姓　名		学　号	
		评分人		评　分	

1.案例中的活动区域出现了什么问题?

案例中,活动区域出现的问题是＿＿＿＿＿＿＿＿＿＿＿＿＿。

2.刘老师该如何解决这个问题?

(1)游戏前

①丰富幼儿的＿＿＿＿＿＿＿＿＿＿:＿＿＿＿＿＿＿＿＿＿＿＿＿。

②提供适合的场地和材料:＿＿＿＿＿＿＿＿＿＿＿＿＿＿＿＿＿。

③提供充足的游戏时间:幼儿进行角色游戏所需时间每次不能少于＿＿＿＿分钟。

(2)游戏中

①鼓励和协助幼儿按照＿＿＿＿＿＿的意愿提出游戏的＿＿＿＿＿＿。

②指导幼儿选择和分配角色,角色＿＿＿＿＿＿,若难以解决,＿＿＿＿＿引导幼儿选择。

③指导幼儿丰富＿＿＿＿＿＿＿＿,提高游戏水平。

④加强角色之间的内在联系,增强游戏的＿＿＿＿＿,明确人员分工。

⑤引导幼儿遵守游戏规则,爱护＿＿＿＿＿＿＿＿,＿＿＿＿＿＿＿＿。

(3)游戏后

①＿＿＿＿＿＿地结束游戏,培养幼儿对游戏的＿＿＿＿＿＿＿。

使用＿＿＿＿＿＿＿告知游戏结束。

②引导幼儿收拾＿＿＿＿＿＿＿和＿＿＿＿＿＿＿＿,培养幼儿良好的习惯。

③＿＿＿＿＿＿＿游戏,丰富游戏经验,提升游戏水平。

3.反思评价

（1）通过本任务的学习，在角色区活动指导方面，你学到了什么？

（2）请你对自己在本任务学习中的情况进行评价。

课堂活动参与度 ☆ ☆ ☆ ☆ ☆

小组活动贡献度 ☆ ☆ ☆ ☆ ☆

学习内容接受度 ☆ ☆ ☆ ☆ ☆

4.学习支持

1）角色区活动的类型

在幼儿园中，幼儿按照自己的意愿、兴趣、经验、能力扮演角色，通过模仿和想象，独立自主地、创造性地反映现实生活及对成人社会进行幻想的游戏被称为角色类游戏（角色区活动）。此类游戏可分为自我体验、家庭扮演和社会扮演三大类。

自我体验类：以关注自身情感为中心内容的游戏被称为自我体验类角色游戏。例如，知物角、知心角。

家庭扮演类：以家庭生活为中心内容的游戏被称为家庭扮演类角色游戏，其内容主要是扮演发生在娃娃家或故事、童话情境中的动物或人物。

社会扮演类：以社会生活为中心内容的游戏被称为社会扮演类角色游戏，其内容主要围绕医院、餐厅、美容、美发、交通、学校、旅游等展开。幼儿在社会扮演类角色游戏中相互交流已有的社会生活经验，有利于培养幼儿与同伴之间的合作和友好相处的意识。

2）角色区活动的价值

①满足幼儿参与社会生活的愿望，帮助他们积累社会生活的经验。

②为幼儿提供角色交往的机会，促进他们社会化进程和交往能力的发展。

③促进幼儿语言表达能力的发展。

④促使幼儿自主解决冲突和矛盾，提高其独立解决问题的能力。

⑤鼓励幼儿创造性地使用材料和开展游戏，发展他们的想象力和创造力。

温馨提示

儿童有机会通过游戏来探索家庭和工作场所中的社会角色。

3）教师观察的内容

①游戏的主题情节如何。在创设游戏环境和提供材料的基础上，是否有新的主题和情节出现？教师为幼儿提供多种多样的、能够诱导幼儿进行主题游戏的活动材料，以便幼儿进行创造性活动。

②幼儿的角色意识如何。教师要在幼儿彼此熟悉或者对扮演的角色有较多的经验时进行游戏观察，观察幼儿角色意识的强弱程度。

③角色游戏中主题是否稳定。幼儿的行为具有不可预测性和多变性，教师要随时观察幼儿的角色行为是否在游戏主题内、是否偏离了主题。

④幼儿在角色扮演中的积极性是否稳定。教师在观察时要辅之谈话和指导，幼儿在角色游戏中不可能一直保持超高的积极性，教师要及时发现并解决问题。

⑤在社会性交往方面，教师要观察幼儿是否主动沟通，是否能独立扮演角色，是否用角色语言和他人进行交往，是否与他人合作解决问题。

4）不同年龄段幼儿角色区活动的观察与指导

不同年龄段幼儿角色区活动的观察与指导见表3-5。

表3-5　不同年龄段幼儿角色区活动的观察与指导

年龄	年龄特点	观察重点	指导要点
小班	游戏前没有明确的主题，主题单一，情节简单；角色扮演离不开形象的游戏材料；角色意识差；游戏行为易受同伴影响；喜欢重复角色的典型动作；喜欢独自游戏或平行游戏	游戏内容是否前后重复，游戏主题是否单一，游戏情节是否简单	根据幼儿的生活经验为其提供种类少、数量多且形状相似的成型玩具，避免他们为争抢玩具而发生纠纷，满足其平行游戏的需要；以平行游戏法指导游戏，也可以以游戏中的角色身份加入游戏，在与幼儿游戏的过程中达到指导的目的；注意规则意识的培养，让幼儿在游戏中逐渐学会独立

续表

年龄	年龄特点	观察重点	指导要点
中班	角色游戏的目的性和计划性增强；游戏主题扩展但不稳定，有较强的角色意识，扮演能力提高；社会水平提高，处于联合游戏阶段，有了与他人交往的愿望，但还不具备交往的技能，常与同伴发生纠纷	游戏主题是否稳定，有没有与他人交往的愿望，是否具备交往的技能，发生纠纷的情节和原因	重点是引导幼儿解决游戏冲突。根据幼儿的需要提供丰富的游戏材料，鼓励幼儿参与多种主题或相同主题的游戏；注意观察幼儿游戏的情节及发生纠纷的原因，以平行游戏或合作游戏的方式进行指导；通过游戏讲评引导幼儿分享游戏经验，以丰富游戏主题和内容；指导幼儿学会并掌握交往的技能及规范，促进幼儿与同伴交往，使幼儿学会在游戏中解决简单问题
大班	游戏主题新颖、稳定，内容丰富，能主动反映多种生活经验和较为复杂的人际关系；处于合作游戏阶段，喜欢与同伴一起游戏，能按自己的愿望主动选择并有计划地游戏；在游戏中解决问题的能力得到提高。	游戏主题能否反映生活经验和人际关系，是否能按照自己的意愿并有计划地游戏，解决问题的能力是否得到提高	教师应根据幼儿游戏的特点，引导幼儿一起准备游戏材料和场地，多用语言指导游戏，在游戏中培养幼儿的独立性；观察幼儿参与游戏的意图，给幼儿提供开展游戏的机会和必要帮助；鼓励幼儿在游戏中的点滴创造，通过讲评让幼儿相互学习、拓展思路，不断提高角色游戏水平

聚焦职场

当幼儿因角色问题出现争执时，教师可以这样做

· 请幼儿描述争执的问题和起因。可以提示幼儿："请一个一个地说，这样既能让大家听清楚自己的想法，也可以了解其他人的想法。你尊重别人，别人才会尊重你。"

· 请幼儿尝试自己解决问题。可以问问发生争执的幼儿有没有解决的方法，如果没有，可以请其他小朋友说一说。

· 帮助幼儿选择一种双方都能接受的解决办法。

· 帮助幼儿理解他人的感受，懂得体贴、关爱和礼让。

✦ 任务二　建构区活动的组织与指导

任务二PPT　　　"建构区活动"图片
　　　　　　　　　　展示

1.任务描述

区域活动开始了，赫赫和翰源非常开心地进入了建构区。开始的时候，赫赫思考了一会儿，然后就很快地开始拼摆积木，就在赫赫马上要完成他的搭建作品时，他和一旁的翰源同时相中了一块三角形积木。这个时候赫赫大喊："你干什么？这是我的积木，我的城堡需要它！"翰源着急地说："我的城堡也需要它！"为了一块三角形积木，他们两个互不相让。李老师看到之后，就上前询问情况，然后李老师说："你们刚才都在搭建自己的城堡，我现在是白雪公主，需要一个更大的城堡，你们的城堡都太小了，你们想一想可以怎么办呢？"他们说可以合作搭建一个大城堡。然后，他们俩就把所有的积木堆在了一起，先是运用平铺的方法将长方体铺在底层，一层层地叠高，之后进行围合，搭起了一个大大的城堡。他们的城堡受到了很多小朋友的夸赞，两人脸上都露出了开心的笑容。

（1）结合案例，分析建构区活动的类型，并指出案例中的活动属于哪种类型。（完成工作表单1）

（2）请用简单图形表示建构区活动中幼儿需要掌握的技能。案例中李老师采用的指导方法是什么？你觉得还可以采用哪些指导方法解决案例中的问题？具体说一说你的解决方案。（完成工作表单2）

（3）请以小组为单位讨论建构区活动的指导流程。（完成工作表单3）

2.工作表单

工作表单1~工作表单3分别见表3-6~表3-8。

表 3-6　工作表单 1

工作表单1	建构区活动的类型	姓　名		学　号	
		评分人		评　分	

1.仔细阅读材料，分析建构区活动的类型。

以建构物造型划分 {
- ☐
- ☐
}

以建构区活动创造程度划分 {
- ☐
- ☐
- ☐
}

2.案例中的建构区活动属于哪种类型？游戏水平如何？

案例中的建构区活动属于：＿＿＿＿＿＿＿＿。

游戏水平：☐合作游戏　　☐单独游戏　　☐平行游戏

表3-7　工作表单2

工作表单2	建构区活动的技能指导	姓　名		学　号	
		评分人		评　分	

1.请用简单图形表示建构区活动中幼儿需要掌握的技能。

（1）排列（平铺）　　　　　（2）组合

（3）接插（垒高）　　　　　（4）镶嵌（架空）

（5）黏合　　　　　　　　　（6）旋转

2.案例中李老师采用的指导方法是什么？你觉得还可以采用哪些指导方法解决案例中的问题？具体说一说你的解决方案。

案例中李老师采用的指导方法：＿＿＿＿＿＿＿＿。

还可以采用的指导方法：

①间接指导：范样比较法、＿＿＿＿＿＿＿＿、图示引领法、＿＿＿＿＿＿＿＿＿＿。

②直接指导：示范法、＿＿＿＿＿＿、＿＿＿＿＿＿＿、语言引导法。

你的解决方案：＿＿＿＿＿＿＿＿＿＿＿＿＿＿＿＿＿＿＿＿＿＿＿＿

＿＿＿＿＿＿＿＿＿＿＿＿＿＿＿＿＿＿＿＿＿＿＿＿＿＿。

表 3-8 工作表单 3

工作表单3	建构区活动的指导流程	姓　名		学　号	
		评分人		评　分	

请以小组为单位讨论建构区的指导流程。

（1）确定建构内容：建构内容可以由_____提出，也可以由幼儿提出，较多的是通过交流后确定。

（2）调查与参观：是指围绕建构游戏的内容，师幼共同探究、收集信息的过程，拓展_____，为下一步的游戏奠定基础。

（3）讨论与计划：在确定游戏内容之后，教师可组织幼儿就游戏展开讨论，制订计划。这个环节可使幼儿后期的行为更具有_____、_____。

（4）创意与建构：教师要给予一定的_____保证，提供必要的物质条件，鼓励幼儿创造性地开展游戏。同时，教师的有效介入对于保持幼儿游戏的兴趣具有推动性作用。

（5）分享与交流：这是整个建构活动的必要组成部分。分享与交流包括分享_____两部分。

案例中体现的建构区活动的指导流程是：_____。

具体体现是：_____。

3.反思评价

（1）通过本任务的学习，你觉得是否需要教师在固定的时间段内教授幼儿学习建构技能？为什么？

（2）请你对自己在本任务学习中的情况进行评价。

课堂活动参与度　☆　☆　☆　☆　☆

小组活动贡献度　☆　☆　☆　☆　☆

学习内容接受度　☆　☆　☆　☆　☆

4.学习支持

1）建构区活动的类型

建构区活动（游戏）按照建构物造型和建构游戏创造程度可分为不同的类型。

关键概念

建构游戏，也称结构游戏，是指幼儿按照自己的兴趣和需要利用不同的材料，进行建筑和构造的一种游戏。

（1）以建构物造型划分

按照建构物造型，建构区活动可以分为两种：一是单一建构物游戏，二是组合建构物游戏。

①单一建构物：建构物在功能上、艺术风格上比较单一，如房子、火车、小桥等；或进行一些单一技能的建构游戏内容，如垒高、平铺等。这种类型的建构游戏主要适合小班幼儿。

②组合建构物：建构物无论在总体设计上、功能上、艺术风格上都是综合多元的，可组成一个完整的建构物群，各个建构物之间有机协调、互为补充，成为统一的

综合体。这种综合可以是造型上的综合，包括一字形、环形、由中心向四边放射形等；也可以是功能上的综合，如房屋与桥梁组合等。这种类型建构游戏主要适合中班和大班幼儿。

（2）以建构游戏创造程度划分

按照创造程度，建构游戏可以分为自由建构、模拟建构和主题建构。

①自由建构：幼儿根据自己的兴趣和经验，自由建构，无须提前商讨、确定建构主题，也不用设计图纸、制订计划。

②模拟建构：让幼儿观察平面图或实际物体结构，从中学习建构技能，进行游戏建构。模拟建构主要分为对建构作品的模拟，对建构图纸的模拟，对实物、模型的模拟，对照片、图画的模拟。

③主题建构：主题建构活动适合在中、大班开展。建构主题来源于幼儿对周围生活环境的观察和丰富的社会生活经验，可以直接来自幼儿的区域活动，也可以来自近期的主题活动。

2）建构区活动的价值

在建构区中，幼儿的建构游戏不但渗透着很多物理、数学、几何的概念和原理，而且一切的建构活动都以丰富的想象和创造性思维为基础。另外，幼儿在搭建之前要制订搭建计划，他们要通过运用各种形状、颜色、大小的建构材料进行变换和调整，这也有助于提高幼儿解决问题的能力和培养他们的审美意识。幼儿在建构游戏中还需要与同伴交流和互动，这也能很好地提高他们的语言表达能力和团队合作能力。综上所述，建构区活动的价值有以下几个方面。

（1）能促进幼儿认知的发展

幼儿进行建构游戏时，将日常生活中或者图片中见到的事物，借助建构材料进行重现或创造性重建，这既是幼儿抽象思维发展的基础，也是幼儿观察能力、想象力、创造力发展的基础。

（2）能帮助幼儿获得数学方面的知识

积木是建构游戏中常用的材料，它有多种形状、颜色，幼儿在使用积木进行搭建时，会涉及空间、排列等方面的经验，也有助于幼儿数学知识经验的获得，如积累丰富的数、数量、图形的知识。

（3）能促进幼儿语言表达能力的发展

在建构游戏中，幼儿需要与其他幼儿交流、沟通，当完成了自己的建构作品时，幼儿会很乐意向同伴或者老师进行介绍；在搭建游戏中遇到困难时，幼儿会自己想办法解决或向他人寻求帮助。所示，通过建构游戏可使都会让幼儿有更多机会运用语言进行表达、交流，增强语言表达能力。

（4）能促进幼儿社会性的发展

在建构游戏中，当建构材料不能满足所有幼儿需要时，就会出现矛盾，需要协调，或者用其他材料代替，需要与他人进行沟通、协调；随着幼儿年龄的增大，建构技能的提高，建构作品复杂性的增加，他们会逐渐认识到一个人难以完成较复杂的"作品"，需要几个人一起合作搭建，在这一过程中发展了幼儿的人际交往能力、互助合作能力。另外，在人际交往中，幼儿可以认识和理解他人的情绪，体验与他人合作而带来的成功和快乐。

（5）提高幼儿解决问题的能力

当幼儿进行一些大型的主题建构时，需要多名幼儿一起商量如搭建什么作品、选用哪些材料、谁负责搭建什么、怎样分工合作等问题。

（6）能培养幼儿的艺术审美意识

建构游戏是融科学与艺术为一体的操作过程，不但要保证所建构的物体结构稳定，同时还要讲究建筑物的美，包括色彩搭配、造型、装饰等方面。

（7）能促进幼儿身体动作的发展

幼儿建构一件作品，需要搬运、拿取建构材料，需要小心翼翼地放好一块积木，使得幼儿的大、小肌肉、手眼协调都得到了很好的锻炼与发展。

解读幼儿建构游戏，教师需要注意的问题

·从关注技能技巧到关注幼儿的建构过程及幼儿游戏时的内心情感体验和独特的思维方式。

·从横向比较到注重幼儿自身的纵向发展，从欣赏的角度去寻求幼儿构建游戏及其行为背后有价值的教育契机。例如，当幼儿将刚搭好的楼房推倒时，教师要先了解幼儿的心理和动机，再进行适宜的指导，而不是一味地批评；当幼儿为搭建了一座高楼而感到自豪时，教师也要及时地予以鼓励和赞赏，与幼儿一起总结搭建所用的方法，并引导幼儿继续尝试新的方法将楼搭得更高、更有新意。

3）建构区的搭建技能

2~3岁幼儿在接触积木一个月之后，就能垒高和平铺。垒高要比平铺更难，因为垒高有一定的空间感，操作起来稍有难度。

①围合：围合是指至少用三四块积木形成一个包围圈，把一块空间完全地包围在里面。

②加宽：在原有的搭建结构上重复运用该技能使之变宽。

③架空：架空是指用一块积木盖在相互之间有一定距离的两块积木上，从而把它们连接起来。

④插接：插接就是将一块积木的一端插入另一块积木中，使之连接在一起，成为一个整体。

⑤镶嵌：镶嵌就是把一个物体嵌入另一物体内。

⑥排列：排列是指建构材料按一定的规律摆放在一起。

⑦模式：模式是对一组事物中各个元素之间的结构关系的认识。在积木建构时，间隔、拼图排列、对称等结构都是依据一定的模式进行的。简单的模式如间隔，幼儿3岁时就能掌握，而一些复杂的模式如对称，则要到4岁甚至5岁才会使用。

⑧表征：4~5岁幼儿开始利用建构物开展象征性游戏，建构的目的性、计划性提高。

⑨为游戏而建构：幼儿的建构活动通常是受游戏的影响，如他们会为了玩超市游戏而建构一个"超市"。在建构过程中，幼儿极力追求建构作品贴近真实生活。

4）不同年龄段幼儿建构区活动的指导要点与达成目标

不同年龄段幼儿建构区活动的指导要点与达成目标见表3-9。

表3-9　不同年龄段幼儿建构区活动的观察与指导

年龄	年龄特点	指导要点	达成目标
小班	材料选用盲目而简单；建构技能简单；易中断，坚持性差；无主题建构计划	引导幼儿认识建构材料，引发活动兴趣；为幼儿安排游戏场地和足够数量的建构材料；在建构游戏中指导幼儿学习建构技能，鼓励其尝试独立建构简单物体；引导幼儿理解和明确建构的目的，发挥其想象力，使主题逐渐稳定；建立游戏规则；教会幼儿最简单的整理和保管玩具的方法，让其参与部分整理工作，培养其爱护玩具的习惯；提供小型木质积木、大型轻质积木和小动物玩具、交通工具模型、平面板、小筐等辅助材料	喜欢参加建构活动，体验建构活动的乐趣；初步感受不同建构材料的特征；学会简单的搭建和插接技能，并根据自己的喜好和需要选择适宜的材料搭建简单的、单一结构的造型
中班	能按建构物体的特性来选择材料；建构技能以"架空"为主；与同伴交流，坚持性增强；有建构主题，易变化	设法丰富幼儿的生活经验，为建构活动打下基础；培养幼儿设计建构方案，学会有目的地选材及识读平面结构图；着重指导幼儿掌握建构技能并运用其建构各种物体；组织幼儿评议建构活动，鼓励其独立、主动地发表意见；提供大型积木、中小型积木和人偶、小动物与交通工具模型、废旧材料、橡皮泥等各种建构材料及辅助材料	愿意较持久地参与搭建活动，在搭建中增强主体意识；在建构过程中，能综合运用多种技能，有目的、有计划地选择和利用建构材料构造作品；能与同伴合作，掌握一定的交往合作技巧，围绕同一主题共同游戏
大班	建构的目的性、计划性和持久性增强；能合作选取丰富多样的材料；建构技能日趋成熟；能根据游戏情景的需要，不断产生新的建构主题；希望自己的作品有新意，追求建构作品的逼真和完美	培养幼儿独立建构的能力，要求其按计划、有顺序地进行建构；让幼儿围绕一个主题进行建构时，学习表现物体的细节和特征，能准确表现游戏的构思和内容，会使用建构材料和辅助材料；引导幼儿在欣赏自己和同伴作品的过程中，逐渐发展自我评价和评价他人的能力；鼓励幼儿进行集体建构活动，共同设计方案，确定计划，分工合作，开展大型建构游戏；提供大型积木、中小型积木、平面板和更多形状的辅助材料	愿意进行创造性的建构活动，敢于大胆表达个人的意见和想法；能综合运用基本技能建构物体，物体结构更精细、整齐、匀称、复杂；尝试不同材料的连接方法，能比较巧妙地运用力学的设计概念；学会分组，小组间能分工合作，协商解决问题

书籍推荐

- 《亨利盖了一座小木屋》
- 《祖母的绿色老房子》
- 《泥房子》
- 《这是我们的房子》

- 《如果让我建造一座房子》
- 《玩乐女士》
- 《杰克建造的房子》

任务三　科学区活动的组织与指导

任务三 PPT

1.任务描述

区域活动开始了，多多走进科学区，经过观察，他选择了"炫彩陀螺"的活动材料。

多多首先看了看示意图，将黑白相间的陀螺放到陀螺托上，然后开始旋转陀螺，刚开始陀螺旋转的速度很快，渐渐地，多多脸上露出惊讶的表情，他兴奋地和旁边的小朋友说："快看呀，现在和之前的颜色不一样，它们混在一起了！"

接着，多多从托盘中拿起一个圆形陀螺，陀螺面上印有三种颜色的（蓝色、黄色和红色）图案，他将此陀螺放到陀螺托上，开始旋转，陀螺不断变换着颜色。

多多见到这种奇特的现象，他眼睛里放射出了兴奋的光芒。这时他将目光投向托盘中的材料，他拿起了白色的圆形纸片，又拿起了蓝色的油画棒，将圆形纸片的边缘涂上蓝色，然后为纸片涂上黄色。涂色工作完成后他开始旋转陀螺，当陀螺停止后，他看着李老师说："李老师，陀螺上有四种颜色。"李老师说："四种颜色的陀螺旋转起来是什么颜色呢？"李教师说完，多多又旋转了一次陀螺，他拍了拍旁边的小朋友，让他的伙伴观看这种神奇的现象。

（1）结合案例，请讨论科学区活动的类型有哪些？案例中的科学区活动属于哪一类型？你觉得科学区活动对于幼儿的价值是什么？（完成工作表单1）

（2）如果你是班级教师，你会如何给幼儿推介科学区活动材料？科学区活动材料投放应该注意哪些事项？（完成工作表单2）

（3）小组交流讨论，科学区活动组织的流程是什么？作为教师该如何激发幼儿参与科学区活动的兴趣？（完成工作表单3）

2.工作表单

工作表单1~工作表单3分别见表3-10~表3-12。

表3-10　工作表单1

工作表单1	科学区域活动的内容和类型	姓　名		学　号	
		评分人		评　分	

1.结合案例，请讨论科学区活动的类型有哪些？案例中的科学区活动属于哪一类型？

（1）自然角：＿＿＿＿＿＿＿＿植物＿＿＿＿＿＿＿＿＿＿、＿＿＿＿＿＿＿＿＿。

（2）科技角：＿＿＿＿＿＿＿、＿＿＿＿＿＿＿＿＿、＿＿＿＿＿＿＿＿＿、＿＿＿＿＿＿＿＿＿、
＿＿＿＿＿＿＿＿＿、＿＿＿＿＿＿＿＿＿。

案例中的科学区活动属于：

2.你觉得科学区活动对于幼儿的价值是什么？

（1）保护幼儿与生俱来的好奇心和＿＿＿＿＿＿＿。

（2）培养幼儿对＿＿＿＿＿＿＿的兴趣和热爱科学的情感。

（3）亲历科学探究的过程，实践和巩固在集体性科学教育活动中学到的科学方法。

（4）通过与探究材料的相互作用，建构一些科学＿＿＿＿＿＿＿和＿＿＿＿＿＿＿。

（5）提高幼儿的科学素养，促进幼儿的＿＿＿＿＿＿＿、学习能力和＿＿＿＿＿＿＿品质的
发展。

案例中体现了科学区活动的＿＿＿＿＿＿＿＿＿＿＿＿＿＿＿＿＿＿＿＿＿＿＿价值。

表 3-11　工作表单 2

工作表单2	科学区材料的推介与投放	姓　名		学　号	
		评分人		评　分	

1.如果你是班级教师，你会如何给幼儿推介科学区活动材料？

介绍方法：

（1）讲解与演示：教师在区域活动之前边_____材料操作方法边_____操作步骤，提示幼儿注意事项。

（2）讲一半遮一半：教师在区域活动之前演示或讲解活动材料的操作方法，但只讲_____一种方法，其余的由幼儿自主探究，教师的讲解或演示仅仅起到_____的作用。

（3）请_____示范：在呈现某些活动材料后请幼儿观察思考，如果有的幼儿有自己的想法，可以请他为大家演示材料的用法，这也是一种示范。

（4）步骤图示：教师可以把某些活动材料的操作方法用图示的形式展现（如将图贴在科学区墙面上），请幼儿自己遵照_____或要求进行操作。

（5）任务引领的_____发现：投放活动材料之后，教师可以向幼儿提出任务，鼓励幼儿自己去尝试、去发现。

案例中的李老师使用的活动材料推介与投放的方法是：_____。

2.科学区活动材料投放应该注意哪些事项？

（1）活动材料物化着幼儿发展的_____和_____。

（2）能引起幼儿探索的_____，_____。

（3）活动材料易促进_____和_____的相互作用。

（4）活动材料数量充足，至少能满足_____人操作活动的需要。

（5）活动材料可以随时_____和_____，有多种组合可能。

（6）活动材料安全、_____、_____无害、_____。

表3-12　工作表单3

工作表单3	科学区活动的流程与幼儿兴趣	姓　名		学　号	
		评分人		评　分	

1.小组交流讨论，科学区活动组织的流程是什么？

（1）认识活动材料或新玩法，了解活动要求。

选择＿＿＿＿＿＿＿＿，明确＿＿＿＿＿＿＿＿＿＿。

活动观察、操作和＿＿＿＿＿＿＿＿＿＿。

（2）＿＿＿＿＿＿＿＿＿＿材料。

（3）＿＿＿＿＿＿＿＿＿＿交流。

2.作为教师该如何激发幼儿参与科学区活动的兴趣？

（1）玩具和活动材料对幼儿有很强的吸引力，教师应该根据幼儿＿＿＿＿＿＿＿＿＿＿。

（2）区域活动前重点＿＿＿＿＿＿＿＿，会吸引更多的幼儿选择科学区。

（3）教师＿＿＿＿＿＿＿＿，可能会吸引幼儿选择科学区并持续地进行探究活动。

（4）可以在科学区投放一份全班幼儿名单，每次幼儿进科学区活动，就在自己的名字旁画对勾或贴上小粘贴，这样既能吸引幼儿选择科学区，又有助于教师了解全班幼儿的选区情况。

3.反思评价

（1）通过本任务的学习，你认为科学区活动前需要介绍活动材料吗？请说明自己的观点。

（2）请你对自己在本任务学习中的情况进行评价。

课堂活动参与度　☆　☆　☆　☆　☆

小组活动贡献度　☆　☆　☆　☆　☆

学习内容接受度　☆　☆　☆　☆　☆

4.学习支持

1）科学区活动的类型

幼儿园科学区一般分为两个部分：一部分是布置在阳台、窗台或者向阳的位置，以种植、饲养为主要内容的自然角；另一部分是布置在班级活动室内，以实验操作等探究活动为主要内容的探索发现区。

（1）观察和种植植物

种植：可以在室内或阳台上种植常见的花卉或绿叶植物，如绿萝、云竹等，让幼儿观察、比较植物的外形特征，了解其生长过程，参与照料植物。

播种：选择幼儿比较熟悉的种子在适合的季节播种，如玉米、花生、黄豆等。在适合的容器里种几粒种子，让幼儿观察种子的发芽过程，等到幼苗长到10厘米左右的时候就可以移植到户外种植园。

泡养植物：用水泡养大蒜、葱头、白菜心、萝卜头、土豆块、红薯块、黄豆、绿豆等，观察其发芽与生长的过程，或者用水泡养富贵竹、柳条等；也可以用营养液泡养植物，让幼儿简单了解营养液的作用；还可以进行土养植物与水泡养植物的对比实验和观察。

植物的实验与观察：无论是在室内还是室外生长的植物，都会成为幼儿关注的对象，教师可以有目的地组织幼儿进行观察和记录。

（2）观察和饲养动物

饲养小鱼、蚕、蚂蚁、蝌蚪等小动物，请幼儿参与管理。给小动物清扫窝笼、喂食等，并观察小动物的外形特征、生活习性及生长发育全过程。

（3）进行探究性实验

幼儿有好奇心，喜欢摆弄物品，有强烈的探究欲望，所以针对各种物品和现象的实验操作是他们最喜欢的活动。幼儿园科学区的实验活动涉及水和沙、空气与风、声音、电和磁、光与影、平衡和力等内容，如纸的吸水性的对比实验、颜色的变化实验、摩擦力与运动速度的对比实验、小灯泡的实验等。

（4）布置展览

实物展览：树叶展览、粮食展览、水果展览、种子展览等。

标本展览：昆虫标本展、家禽标本展、鸟类标本展等。

图片展览：花卉图片展、野生动物图片展、树木图片展、海洋生物图片展、旅游图片展等。

知识驿站

※幼儿有多种机会和利用活动材料，通过五种感官观察、探索科学现象。

※幼儿有多种机会和利用活动材料学习科学领域的关键内容和原理。例如，生物与非生物之间的差别（如植物与石头之间的差别），不同有机体的生命周期（如植物、蝴蝶、人类等）等。

2）科学区活动的一般流程

科学区活动是一种相对自由、自主的活动形式，一般不强调固定程序，但幼儿从选区、进区、操作材料直至最后活动结束，还是有一个相对稳定的流程。

（1）认识新材料或新玩法，了解活动要求

当科学区投放新材料时，教师应该在活动前向幼儿简单说明材料的名称和使用方法，尤其是注意事项和安全操作要求。如果在教学活动中已经使用过此材料了，幼儿对材料比较熟悉，就不需要进行材料推介，但可以在活动前或者活动后的交流环节组织幼儿交流新玩法和面对新挑战的解决方法。

（2）选择活动材料，明确活动内容

科学区的材料一般都有较确定的操作步骤和方法，幼儿进入区域之后会自主选择自己喜欢的材料进行操作。有些幼儿进入科学区后可能会表现得犹豫不决，这属于正常现象，教师需要耐心观察，根据具体情况决定是否需要给予幼儿帮助和引导。

（3）观察、操作与实验过程

这个过程的关键是操作的动作所引发的结果能否引起幼儿持续的探究兴趣、给予幼儿发现的喜悦和满足感。教师需要根据情况进行适当的指导。

（4）整理材料

区域活动结束时，科学区的材料必须按要求物归原处，对于小班幼儿，教师可以协助或带领他们一起整理材料，而中、大班幼儿应能够自觉、自主地做好材料整理工作。

（5）记录与交流

教师应该在科学区投放纸和笔，鼓励幼儿随时记录自己观察到的植物生长状况、动物的变化或者实验操作的过程和结果。

3）不同年龄段幼儿科学区活动的观察与指导

不同年龄段幼儿科学区活动的观察与指导见表3-13。

表 3-13　不同年龄段幼儿科学区活动的观察与指导

年龄	观察指导	活动指导
小班	小班科学观察活动的目标是学习"个别观察"，感知动植物的主要特征。在确定内容时应选择一些幼儿常见、具有代表性、特征明显、形态美观的事物，培养幼儿观察的全面性和细致性。 　　小班幼儿进行观察时，教师要引导幼儿运用多种感官按一定的顺序观察事物，要引导幼儿说出动植物的名称、典型的外部特征、生长环境、生活习性、饲养和护理的方式及某一动植物的用途等，还要耐心地教育幼儿爱护动植物	在小班，科学区活动以发展幼儿的感知觉为主要目标。幼儿运用多种感官感知、比较、辨别各种常见的事物，教师可引导幼儿运用看看、摸摸、闻闻等方法感知自然物和材料的外形、特征等，并引起他们参加科学活动的兴趣。例如，在感知味觉的活动中，教师为幼儿提供酸、甜、苦、咸等各种味道的食物。为了鼓励幼儿大胆尝试，教师可以先做示范，尝一尝食物，并做出相应的表情，让幼儿猜猜教师吃的食物是什么味道的。这样，幼儿的兴趣就被调动起来了，他们会觉得很有趣，也乐于尝试
中班	中班科学观察活动的目标是学习"比较观察"，了解动植物的多样性。在确定内容时应选择一些属于同一大类、不同小类的事物，如观察不同种类的蝴蝶，培养幼儿观察的目的性、准确性和敏捷性。 　　中班幼儿进行观察时，教师要引导幼儿对每个事物进行全面细致的观察，找到该物体的典型特征，再对观察对象进行比较，找出它们之间的不同和相同点。要指导幼儿运用符号、图画等方式记录观察的结果，让幼儿养成在观察过程中进行记录的习惯。在观察活动完成后，可将幼儿的观察记录进行展示，让幼儿通过相互学习来获得发展	中班幼儿对科学活动已有了一定的兴趣，幼儿的动手操作能力也有所提高，能使用一些简单的工具和材料进行小实验、小制作，能用符号或绘画等形式表达、记录实验的结果，并尝试将发现的科学原理运用到生活中。如物体的沉浮、磁铁的特性、物体的弹性等。教师在活动中多为幼儿提供探究的机会和条件，鼓励幼儿的探索行为，引导他们进行观察、记录、比较，鼓励他们讲述自己的发现。因此，教师的指导重点应放在鼓励幼儿进行探究和利用多种方式表达操作的结果上

续表

年龄	观察指导	活动指导
大班	大班科学观察活动的目标是学习"系统观察"，感知动植物的生长变化与环境之间的关系。在确定内容时应选择一些生长发育过程中形体结构、生活方式、生长环境等方面有明显变化的动植物，如蝌蚪、蚕、水稻苗等，让幼儿综合运用各种观察方法，全面提高幼儿的观察能力。 　　指导大班幼儿进行观察时，教师要在选择的观察对象发生显著变化时组织幼儿进行观察，要引导幼儿综合运用各种观察方法，既要对观察对象进行全面细致的观察，充分感知观察对象的各个属性，又要引导幼儿进行比较和概括，找出观察对象的变化。在大班自然角观察活动中可加入一些简单的验证性的实验，让幼儿探究影响观察对象变化的因素，了解动植物的生长与环境因素的关系。还要采用多种多样的记录方式帮助幼儿积累科学经验	大班的科学活动应以幼儿自己的探索为主。如通过对动物的观察，教师可引导幼儿将动物按出生的方式进行分类，统计并记录分类结果；通过户外活动、散步等机会，教师可引导幼儿观察各种植物，再查看图片和有关书籍，仔细观察、探索树的构成。如树根、树干、树枝、树叶等，鼓励幼儿收集各种树叶、果实，用放大镜观察它们的外形、颜色、脉络等方面的不同，引导幼儿进一步了解落叶树与常绿树的不同特征，并进行比较分类、记录。大班幼儿对科学活动有着浓厚的兴趣，对于操作的材料有摸一摸、动一动的渴望。教师应引导幼儿进行自由探索，鼓励他们大胆的尝试，在宽松的心理环境中自发的思考，发挥想象，做到"眼到、心到、手到"，让每位幼儿有更大的发展空间，从而都能在原有水平上有所提高，有所进步

聚焦职场

激发幼儿对自然角活动的关注

☆"我的发现""我的问题"交流活动。

☆观察和记录交流和展示活动。

☆与植物有关的实验活动。

☆每人一株植物，自己栽种，自己管理，贴好名字。

☆室内自然角植物移植户外的活动。

任务四　美工区活动的组织与指导

任务四 PPT

1.任务描述

　　老师在美工区投放了新材料。兜兜毫不犹豫地选择了美工区，她快速地穿好围裙，放好垫板，拿出新材料。然后，她细心地观察流程图，先用刮画笔画花瓶，几乎用了她学过的所有线条形式——波浪线、锯齿线、网格线、电话线、螺旋线，花纹丰富，变化多样。这时优优看到了兜兜刮画的花瓶后，在她耳边说："我也想画个花瓶。"兜兜说："好啊，你根据流程图做吧！"兜兜说完继续制作花瓣。她拿出一小块彩泥，均匀地分成了几小块，揉成一个个小圆球，再压扁，用手捏成花瓣，粘贴到刮好的花瓶上方。这时优优贴着她的耳朵说："你可以帮助我做一朵花吗？"兜兜说："好啊，一定要把彩泥分均匀才行，先做花瓣，最后画花茎，这样会更好看！"兜兜耐心地为优优讲解，又帮助优优做了两朵花，然后才继续制作自己的作品。她均匀地粘贴完花朵，又拿出刮画笔画出了花茎。完成作品后，兜兜和优优把材料放回到对应的材料筐里，然后把材料筐整齐地摆放回柜子里。到了总结环节，李老师拿出她们的作品，问小朋友："兜兜和优优今天在美工区完成了非常棒的作品，大家来看一下，你们觉得这两幅作品有哪里不一样吗？"小朋友们开始交流讨论，有的说兜兜刮画的花瓶很漂亮，有的说优优捏的花瓣很好看……

　　（1）结合案例，请讨论美工区活动的类型有哪些？案例中的美工区活动属于哪一类型？你觉得美工区活动对于幼儿的价值是什么？（完成工作表单1）

　　（2）教师应如何进行美工区活动的指导？（完成工作表单2）

　　（3）美工区活动中作品欣赏的方法有哪些？（完成工作表单3）

2.工作表单

工作表单1~工作表单3分别见表3-14~表3-16。

表 3-14　工作表单 1

工作表单1	美工区活动的类型和价值	姓　名		学　号	
		评分人		评　分	

1.结合案例，请讨论美工区活动的类型有哪些？案例中的美工区活动属于哪一类型？

（1）_____活动。

（2）_____活动。

（3）_____活动。

案例中的美工区活动属于 _____ 。

2.你觉得美工区活动对于幼儿的价值是什么？

（1）学习观察和感受周围事物，并用美工材料表达个人_____和_____。

（2）为幼儿提供接触_____的机会，使幼儿了解各种材料的特性，学习利用工具进行造型活动。

（3）发展_____、创造力和不拘一格的表现力，体验成功；

（4）训练_____肌肉，手眼协调，发展创作、解决问题的能力。

表 3-15 工作表单 2

工作表单2	美工区活动指导	姓　名		学　号	
		评分人		评　分	

教师应如何进行美工区活动的指导?

绘画前:

（1）根据活动内容与幼儿兴趣，投放＿＿＿＿＿＿＿、马克笔、彩铅、＿＿＿＿＿＿＿等美工区基本材料。

（2）投放几幅世界名画，让幼儿＿＿＿＿＿＿＿＿。

（3）投放幼儿＿＿＿＿＿＿＿＿＿＿，让幼儿进行＿＿＿＿＿＿＿＿＿＿＿。

绘画过程中出现问题时:
鼓励幼儿＿＿＿＿＿＿＿＿＿＿＿＿＿＿＿＿＿＿＿＿＿＿＿。

＿＿＿＿＿＿＿＿＿＿＿＿＿＿＿＿＿＿＿＿＿＿＿＿。

绘画后:
＿＿＿＿＿＿＿＿＿＿材料，＿＿＿＿＿＿＿＿＿＿展示作品，＿＿＿＿＿＿＿＿＿、

＿＿＿＿＿＿＿＿＿评价欣赏作品。

表3-16 工作表单3

工作表单3	美工区活动中作品欣赏的方法	姓 名		学 号	
		评分人		评 分	

美工区活动中作品欣赏的方法有哪些?

（1）美工区活动之前，设置作品展示桌，幼儿与_____分享自己的作品。

（2）允许幼儿将美工区活动中制作的作品带回家与_____一起分享。

（3）班级内或_____上特设美术作品展示区，高度为_____米以下，只要幼儿喜欢，可以随时摆放或者悬挂自己的作品。

（4）幼儿作品_____，成为班级共同欣赏、阅读的材料。

3.反思评价

（1）通过本任务的学习，对于教师在幼儿进行绘画时总是强调"不许说话"这一行为，谈谈你的看法。

（2）请你对自己在本任务学习中的情况进行评价。

课堂活动参与度 　☆　☆　☆　☆　☆

小组活动贡献度 　☆　☆　☆　☆　☆

学习内容接受度 　☆　☆　☆　☆　☆

4.学习支持

1）美工区活动的类型

根据材料和活动内容的不同，美工区活动可分为绘画、手工、欣赏三种类型。

①绘画活动：幼儿园的绘画活动从绘画种类上讲，包括线描画、水墨画、水粉画、水彩画、版画、油画、蜡笔画、写生画等多种形式。此外，一些更适合幼儿的绘画形式也逐渐被运用到幼儿园的美工区活动中，如自然材料作画、油水分离画、泼画、滴画、拓印画、吸附画等。从绘画内容讲，包括人物画、物品画、情景画、图案装饰画等。

②手工活动：幼儿园的手工活动包括平面手工活动和立体手工活动两类。平面手工活动包括剪纸、拼贴、撕贴、刺绣、扎染等多种，立体手工活动包括泥工、雕塑、编织、折纸、浮雕、设计搭建等。

③欣赏活动：欣赏活动分为名画欣赏、工艺品欣赏、风景欣赏、建筑物欣赏及同伴作品欣赏，一般包括对被欣赏对象的认知、欣赏、模仿、评价等活动。对于幼儿来讲，一些深受他们喜爱的小物件的收藏，也不失为一种很好的自发性欣赏活动，常见

的小物件有贝壳、树叶、商标、明信片、动漫人物画、糖纸等。需要说明的是，以上美工区各类活动并不是单一存在的，手工活动中常常含有绘画的内容，欣赏活动更需要绘画、手工等形式的参与，绘画、手工活动中也不常包含欣赏环节。

2）美工区活动的指导流程

①计划和预约活动：此环节是指幼儿在活动开展前的准备和计划，教师在这一环节应关注幼儿的内心活动，尊重和支持其选择意愿和兴趣。

②认识新材料：此环节是指进区前幼儿对新材料、制作内容的认识。幼儿利用一些零碎的时间自由进区，充分运用各种感官感知物品的线条、色彩、造型及材料的特征。

③选择、准备工具和活动材料：这是幼儿进区后首先要完成的一件事，即根据活动内容自主取用活动材料。

④自主创作：自主创作是美工区活动的核心环节，是幼儿在一段较完整的时间内，按照自己的意愿独立或自由组合地从事美术活动的过程。幼儿自主创作的过程，也是教师观察和指导幼儿、实现教育目的过程。

⑤整理材料：材料的整理是指幼儿在区域活动结束或者自己的创作结束时，将所用材料归位放置的过程。教师可以通过设置一些归位标记，帮助幼儿有序地整理材料。

⑥展示作品，分享与交流：此环节是指美工区活动进行了一段时间或即将结束时，幼儿自发地或者在教师的组织下展示、欣赏作品，分享创作经验的过程。

教师在组织美工区活动时的注意事项

（1）能否细致观察幼儿创作时的语言、表情、动作等，并乐于倾听幼儿对其作品的解释，了解其艺术表现的想法和感受。

（2）能否在充分观察的基础上进行指导，不轻易提供范画，不要求幼儿按统一的标准创作。

（3）能否运用专业的眼光解读和科学地评价幼儿的作品，而不是简单地用"像不像""好不好"等标准来评价。

（4）能否根据幼儿的表现及时调整材料及指导策略，进行有效的反思。

（3）不同年龄段幼儿美工区活动的指导

不同年龄段幼儿美工区活动的指导见表3-17。

表3-17 不同年龄段幼儿美工区活动的指导

年龄	指导要点
小班	小班幼儿的肌肉尚未发育成熟，因此他们的美工区活动多围绕感知及运用色彩进行。教师不应苛求他们做到画面整洁、涂色均匀，这样会使他们缩手缩脚，不敢大胆地绘画与创作。教师应引导幼儿初步掌握油画棒、水彩笔等绘画工具和材料的基本使用方法，提醒幼儿将物品尽量画得大些，让幼儿根据自己的意愿大胆地选择材料、大胆创作，教师不要过多的包办，在活动过程中应注意提示幼儿按标识放各种材料。在美工区活动时，教师可引导幼儿使用各种材料进行作画，如指导幼儿用手指点画、纸团印画、手印画等方法提高对色彩的兴趣，从活动中寻求快乐；还可以引导幼儿用自然物品的切片，如蔬菜切面、水果切面等沾染颜色进行拓印画的创作。因为小班幼儿自我控制力和约束力较弱，在活动中不容易保持桌面和衣物整洁等，所以每次活动前，教师要有针对性地提出具体要求，在活动中给予必要的提示和帮助
中班	中班幼儿已经掌握了一定的使用美术工具、材料的方法和表现的技巧，教师可引导幼儿在小班的基础上学习蜡笔水粉画，如用彩色水笔画出主要物品，用蜡笔涂背景颜色等；注意涂背景时蜡笔的使用方法，引导幼儿朝一个方向涂，涂色要均匀；帮助幼儿学习正确的握笔、绘画姿势，形成良好的绘画习惯，如身体要坐直、手不要离笔尖太近等。在活动中，教师应着重引导幼儿发现并使用工具、材料的方法，减少直接指导，积极鼓励他们发挥想象力，创作出与众不同的作品。如让幼儿大胆尝试用滚珠画、印染画、吹画、刷画、拓描画等不同形式感知和体验色彩的丰富与变化的乐趣。在美术创作中，教师要珍视幼儿的想象力和创造力，尽量减少教师示范画，鼓励幼儿利用各种废旧材料制作、装饰环境，引导幼儿根据材料的质地、形状等进行分类摆放并制作标识，培养幼儿养成物归原处的良好习惯
大班	大班幼儿的操作能力、表现能力、创造能力都有了较大的提高。教师可引导幼儿学习欣赏并感受作品中形象的造型美，色彩的色调，情感的表现性，构图的对称、均衡与和谐美，在欣赏的同时还可引导幼儿根据自己的理解和感受进行大胆的想象、创作。教师可以为幼儿创设环境，提供铺在地上的纸或塑料布，方便幼儿调色和利用各种色彩进行绘画，引导幼儿尝试配置同种颜色、类似色、对比色，指导幼儿利用纸版画、水墨画、刮画等方式提高运用色彩的技巧，从活动中体验色彩的丰富和配色的快乐。同时，教师可引导幼儿根据提供的废旧材料，有目的地选择、利用、制作立体的美术作品，让幼儿体验尽可能多的美术表现形式，如撕、剪、贴等，提示幼儿在使用各类工具的同时注意安全，增强幼儿自我保护的意识

书籍推荐

- 《画了一匹蓝马的画家》。
- 《我是乔治娅》。
- 《透过乔治娅的眼睛》。
- 《你最喜欢什么颜色》。

任务五　益智区活动的组织与指导

任务五 PPT　　　"益智区游戏"案例
　　　　　　　　　　　　分享

1.任务描述

在大一班的益智区里，老师投放了一种自制的棋类材料——三子棋。三子棋由棋盘和若干棋子组成，棋盘上有三条横线和三条竖线，可以两个人一起玩。活动开始之前，老师鼓励大家去探索新材料的玩法。区域活动时间，蓓蓓看了看益智区的材料，说："我不想玩这个。"转身进了阅读区。辉辉、熠熠选择了老师自制的"三子棋"，东东在一旁玩魔尺。东东玩魔尺已经非常熟练了，他一边飞快地用魔尺变换各种造型，一边用眼睛盯着下棋的辉辉和熠熠。辉辉和熠熠的棋子走得很慢，他们你一步我一步，却都不能把三个棋子连成一条直线。东东忍不住伸手，一会儿替辉辉下一步棋，一会儿又替熠熠下一步棋，而辉辉和熠熠似乎也没有自己的主见，东东说怎么走就怎么走。不一会儿工夫，东东就帮着辉辉将三个蓝色的棋子连成了一条直线。玩了一会儿，熠熠觉得东东太吵了，就不想玩了。

（1）案例中的益智区活动（游戏）属于哪一种类型？案例中的活动侧重于发展幼儿的哪些能力？案例中是如何体现的？益智区活动还可以促进幼儿哪些能力的发展？（完成工作表单1）

（2）案例中益智区出现了哪些问题？教师需要介入吗？请说明理由，如果需要教师进行介入指导，请说明指导方式。（完成工作表单2）

2.工作表单

工作表单1~工作表单2分别见表3-18~表3-19。

表3-18 工作表单1

工作表单1	益智区活动的价值	姓　名		学　号	
		评分人		评　分	

1.案例中的益智区活动属于哪一种类型呢？

　　游戏类型是_____。此类游戏属于规则游戏，一般需要2名或2名以上的幼儿参与，往往会有输有赢，因此对于幼儿_____、_____、_____、_____等社会性发展有着重要的作用。

2.案例中的游戏活动侧重于发展幼儿的哪些能力？在案例中是如何体现的？

　　（1）促进幼儿观察力、注意力的发展；案例中体现在_____。

　　（2）促进幼儿_____的发展；案例中体现在_____。

　　（3）促进幼儿_____的发展；案例中体现在_____。

3.益智区活动还可以促进幼儿哪些能力的发展？

　　（1）以训练儿童的各种感官，促进儿童各种_____觉的发展。例如，感官游戏。

　　（2）促进幼儿创造力，_____的发展。例如，_____。

　　（3）促进幼儿_____的发展。例如，民间益智游戏。

　　（4）培养幼儿的规则意识。例如，_____。

表3-19　工作表单2

工作表单2	益智区活动的指导	姓　名		学　号	
		评分人		评　分	

案例中益智区出现了哪些问题？老师需要介入吗？请说明理由，如果需要教师进行介入指导，请说明指导方式。

辉辉和熠熠：＿＿＿＿＿＿＿＿＿＿＿＿＿＿＿＿＿。

是否需要指导：□是　　□否

指导原因：＿＿＿＿＿＿＿＿＿＿＿＿＿＿。

指导方式：

向幼儿传授正确的游戏玩法和规则，常见的方式如下。

（1）讲解与示范，＿＿＿＿＿＿＿和＿＿＿＿＿＿＿讲解都可以。

（2）环境影响，＿＿＿＿＿＿＿＿＿＿。

（3）观察其他幼儿游戏过程。

（4）＿＿＿＿＿＿介入模仿，＿＿＿＿＿＿＿互相指导。

东东：＿＿＿＿＿＿＿＿＿＿＿＿＿＿＿＿＿＿＿。

是否需要指导：□是　　　　□否

指导原因：＿＿＿＿＿＿＿＿，他的发展水平还处于主动与身体接触来表达情感的阶段。

指导方式：

首先要询问东东的＿＿＿＿＿＿＿＿，＿＿＿＿＿＿加入"三子棋"游戏。

（1）不加入：引导东东集中注意力在＿＿＿＿＿＿＿＿，如果现有游戏无法吸引他，可以提高原先游戏的＿＿＿＿＿＿＿。

（2）加入：向幼儿传授加入游戏的方法。

①友好地提出加入游戏的请求，教师可以在旁示范，＿＿＿＿＿＿。

②使用简单的技巧。例如，＿＿＿＿＿＿。

③积极地找到其他同龄人，邀请他们参与＿＿＿＿＿＿。

蓓蓓：＿＿＿＿＿＿＿＿＿＿＿＿。

是否需要指导：□是　　　□否

原因：＿＿＿＿＿＿＿＿＿＿＿。

指导方式：

原因	措施
材料：＿＿＿＿＿＿，适宜性，＿＿＿＿＿＿＿，＿＿＿＿＿	投放＿＿＿＿＿＿＿的材料
环境：＿＿＿＿＿＿＿的影响	教师和＿＿＿＿＿＿一起玩，采取＿＿＿＿＿＿＿＿的方式激发兴趣
不了解游戏规则和玩法	＿＿＿＿＿＿＿＿＿＿
个人的＿＿＿＿＿＿＿＿在益智区受过挫折	不需要强制的＿＿＿＿＿＿＿＿，体会游戏的快乐

3.反思评价

（1）通过本任务学习，对于幼儿不喜欢益智区活动问题，你觉得原因是什么？如果你是老师，你会如何指导？

（2）请你对自己在本任务学习中的情况进行评价。

课堂活动参与度　☆　☆　☆　☆　☆

小组活动贡献度　☆　☆　☆　☆　☆

学习内容接受度　☆　☆　☆　☆　☆

4.学习支持

1）益智区活动的类型

益智区活动的内容丰富、类型较多，除纸牌和棋类游戏，一般还包括以下几种类型。

民间益智游戏：是指那些经过代代传承与发展，现在仍广泛流行的发源于民间的益智游戏。这类游戏一般就地取材、易学易懂，对于幼儿的个性发展和良好意志品质的形成及幼儿智力、社会性等方面的发展都有着不可忽视的作用。适合幼儿的民间益智游戏种类非常丰富，常见的有翻绳、七巧板、挑棍儿等，还有一些民间棋类游戏如五子棋等也深受幼儿欢迎。

感官游戏：是指通过对幼儿的"视、听、嗅、味、触"等感觉器官进行刺激，以促进其发展的游戏。感官游戏对于年龄较小的托、小班幼儿尤为重要。

比较异同游戏：是指通过观察、比较来判断两个或两个以上物品的相同点与不同点的游戏。这类游戏能够锻炼幼儿细致的观察能力与敏锐的判断力，提升其思维品质，促使其养成认真、细致、严谨的良好习惯，也是幼儿进行分类游戏的基础。

分类游戏：是指把相同的或具有某一共同特征（属性）的物品归并在一起，按物品的一种特征分类的游戏。小班幼儿即可进行；中、大班幼儿可以尝试按物品两种以上的特征进行层级分类或多角度分类。

记忆游戏：是指锻炼幼儿通过快速观察、回忆、再现等方式进行记忆力培养的游戏，也是思维游戏的一种。

智力玩具游戏：是指通过一些智力玩具，如魔方、魔尺等，以游戏的形式锻炼幼儿的手、眼、脑，增强其逻辑分析能力和思维敏捷性的游戏活动。

迷宫游戏：是指锻炼幼儿观察能力和空间知觉的游戏，能够有效促进其形象思维的形成。一般有平面迷宫、立体迷宫、封闭式迷宫、敞开式迷宫等，难度随迷宫的复杂程度而增加。

拼图游戏：一般有封闭式拼图和开放式拼图两种形式。封闭式拼图是指将一个图案或完整的物体图像分割后，打乱顺序，再重新拼出原图，如汽车拼图、动物拼图、场景拼图等；开放式拼图一般是指利用一组几何图形、积木等创造性地拼出不同的图案与形体的拼图游戏。

数学游戏：是益智区中非常重要的一类游戏，往往结合集体教学中的目标及幼儿的经验水平来设计，如数字排序游戏、数量比较游戏、数字与数量对应的游戏、分合游戏、加减游戏等。

2）益智区活动的流程

（1）了解材料的操作方法和游戏规则

益智区投放原有的材料，可以直接让幼儿自主选择材料进行活动；如果投放了新材料，教师就要根据材料的类型来确定推介方式，如直接投放、简单推介、讲解规则、示范操作方法等。幼儿只有了解新材料的操作方法和游戏规则，才能自如地进入益智区进行活动。

（2）选择材料开始活动

幼儿自主选择材料的过程也是教师观察了解幼儿的一个好机会。在幼儿操作过程中，教师要关注幼儿的习惯和活动的状态，发现问题、分析原因并给予有针对性的指导，以帮助幼儿形成良好的学习品质。例如在遵守规则方面，教师可以采用正面鼓励、环境暗示、同伴影响、适当惩戒等方法进行；对于合作方面出现的问题，教师不妨从创造合作机会、引导合作方法、鼓励合作行为等几方面予以指导。

（3）收拾整理材料

益智区的材料整理有其特殊性，有的需要摆放得整齐、有序，如各种数学类材料、棋类材料等；有些材料要打乱顺序摆放，为后面操作的幼儿做好准备，如拼图、接龙、配对、排序等类型的材料。

（4）分享与交流

教师可以从幼儿对材料的兴趣、操作中的新发现和新创意、对于规则的理解、合作中的问题及幼儿的习惯养成、能力提升等方面选择主题，有重点地引导幼儿进行分享与交流。

知识驿站

益智区幼儿行为的观察要求

（1）幼儿是否积极主动地参与益智区活动。

（2）幼儿能否自主地、有目的地选择材料，是否喜欢选择相对具有挑战性的材料。

（3）幼儿能否有始有终地、专注地进行活动，遇到困难能否反复尝试，不轻易放弃。

（4）操作中，幼儿是否喜欢探索更有创意的玩法并尝试运用多种方式解决问题。

（5）幼儿是否能按照规则操作和游戏，并积极参与规则的制定。

（6）幼儿是否具备基本的合作意识与能力。

3）益智区活动的具体指导方法

益智区活动中以幼儿主动探索、操作为主，但教师适当地介入和指导也十分必要，主要的指导方法如下。

①等待观察法，即教师仔细观察并耐心等待幼儿进行操作，使幼儿在自主学习过程中得到自我提高。该方法对综合能力较强的幼儿尤为合适。

②适时介入法，即教师要灵活把握介入幼儿活动的时机和程度，在幼儿探索的问题难以深入或缺少材料、发生问题纠纷时，教师适时、适度地介入指导，可给予幼儿及时的支持与帮助，以引导幼儿进一步探索。

③情境创设法，这里所说的情境并非仅指教师精心布置的某些物质环境，还包括由教师一句简单的话语或一个充满关心的动作所构成的、能激发幼儿探索热情的人文环境。当幼儿在活动中兴趣减弱时，教师可以假设问题，激发幼儿的兴趣，引导幼儿继续探索。

④互动指导法，即教师以活动者的身份参与活动，运用积极的思维，吸引并指导幼儿参与活动、发现问题、探索方法、解决问题。

⑤直接参与法，即教师直接参与幼儿的活动，尤其对于能力较弱的幼儿，教师能给予这些幼儿具体而直接的帮助，使他们能掌握操作内容，巩固已有经验，弥补了集体教学活动中的不足。

（4）不同年龄段幼儿益智区活动的指导

不同年龄段幼儿益智区活动的指导见表3-20。

表3-20　不同年龄段幼儿益智区活动的指导

年龄	指导要点
小班	小班益智区活动以整体感知、辨别、简单的配对、排序、分类、拼摆，以及小肌肉的活动操作为主。如教师可引导幼儿拧下或打开各种瓶子（盒子）的瓶盖（盒盖），打乱后摆放，让幼儿给瓶盖（盒盖）配对，拧（盖）在相应的瓶子（盒子）上；可引导幼儿观察物品、图形的外部特征，并进行大小排序、图形分类等游戏；可引导幼儿用简单的动物、水果、蔬菜等图片或基本几何图形进行拼图。幼儿是在操作材料并与环境的互动中获取直接经验的，一些能力强的幼儿，他们对操作物的兴趣较浓，能保持较长时间的注意力。教师要让幼儿充分操作，在他们遇到困难时，不要急于讲解和说明，以免幼儿丧失了自我学习的最佳时机
中班	中班幼儿在整体感知、辨别和简单的排序、分类、拼摆及小肌肉操作的基础上，可对物品或图片的细节进行较细致的观察和感知，教师应注意培养幼儿观察、感知的准确性、灵活性和逻辑思维能力。在尊重幼儿年龄特点的基础上，还应注重幼儿的个体差异，提供丰富的、有层次的材料，满足不同幼儿的需要，帮助他们运用已有经验并在已有经验和新经验之间建立联系。教师的指导应留有余地，尽量让幼儿自己学习、探索、发现
大班	大班幼儿有意注意和持续观察的时间比中班幼儿更长，在活动中要指导幼儿对事物的细节进行观察，对事物的发展过程进行感知，以提高他们对事物因果关系的判断，对事物变化规律的理解和推理。益智区的材料种类较多，教师不要同时为幼儿提供过多的操作材料，要适时地注意材料的调整，按照其学习目标有计划、循序渐进地投放材料。当幼儿掌握材料的基本玩法时，教师可引导幼儿想出更多、更新的玩法，以保持他们对材料的兴趣。例如，拼图游戏中，教师可尝试对幼儿的拼图速度提出要求，引导幼儿发现将图形一片片摆正、平铺，先找出边缘的小片再拼中间的方法较快；迷宫游戏中，教师可鼓励幼儿观察迷宫，开始时用手指沿线路走，熟练后用眼睛目测走，引导幼儿尝试使用各种文字、符号自制迷宫，与同伴一起玩耍

知识驿站

学前儿童的数学概念

学前儿童需要学习的四个基本数学概念如下。

（1）分类：将具有共同特征的物品归为一类的能力。

（2）排序：按照大小、质地、颜色等将物品排列到一起的能力，可以是升序的排列方式，也可以是降序的排列方式。

（3）模式：识别和创造一个序列的能力，这个序列中的物品、词语、声音或者颜色按照一定的顺序反复出现。

（4）感知和理解数：命名数字和按固定的顺序计数的能力，并应用这种能力一次只数一个物品，最后说出总数。

任务六　阅读区活动的组织与指导

任务六 PPT　　绘本分享《啊哈！幼儿园》

1. 任务描述

乐智幼儿园中三班的区域活动开始了，小朋友们都非常开心地选择自己喜欢的区域开始活动了。李老师发现阅读区一直比较冷清，即使有小朋友去阅读区，也是随便翻几下，然后就走了。后来李老师了解到，原来是小朋友们都觉得阅读区不好玩，所以都不喜欢去阅读区。李老师和班级其他两位老师一起重新设计了阅读区的环境，为小朋友们营造了阅读的氛围。李老师还向小朋友们征集了他们最想看的图书名单，然后按照名单为小朋友们购买了新书。李老师还在阅读区开设了自制图书专区和修补图书专区，小朋友们可以选用各种材料进行自制图书，也可以修补坏掉的图书。老师们还会不定期地在图书区和小朋友们一起看书。甚至有的小朋友还会从家里带自己的图书来阅读区，然后和小伙伴们一起分享。除此之外，小朋友还可以根据图书内容在音乐表演区排练和表演小节目。现在的阅读区可是中三班的热门区域了呢！

（1）结合案例，请小组讨论中三班的阅读区出现了什么问题？请思考开展阅读区

99

活动对于促进幼儿发展的作用。（完成工作表单1）

（2）结合案例，请小组讨论阅读区活动的指导要点包括哪些？案例中教师是如何解决阅读区出现的问题的？（完成工作表单2）

（3）案例中李老师使用的阅读方法是什么？阅读区活动中还有哪些阅读方法？（完成工作表单3）

2.工作表单

工作表单1~工作表单3分别见表3-21~表3-23。

表3-21　工作表单1

工作表单1	阅读区设计	姓　名		学　号	
		评分人		评　分	
1.结合案例，请小组讨论中三班阅读区出现了什么问题？					
中三班阅读区出现的问题是_____。					
2.请思考开展阅读区活动对于促进幼儿发展的作用。					
（1）练习听、_____、读、_____的基本技能。 （2）培养_____，形成良好的_____。 （3）培养幼儿的_____和_____。 （4）学习运用语言表达_____、_____和观点。 （5）促进幼儿之间_____、相互影响、相互学习、相互了解。					

表 3-22 工作表单 2

工作表单2	阅读区活动指导要点	姓 名		学 号	
		评分人		评 分	

结合案例，请小组讨论阅读区活动的指导要点包括哪些？请将李老师解决阅读区问题所使用的指导要点序号填写在横线上。

（1）＿＿＿＿＿＿＿新书＿＿＿＿＿＿＿。

（2）制定＿＿＿＿＿＿＿规则和＿＿＿＿＿＿＿规则。

（3）＿＿＿＿＿＿＿与各类活动＿＿＿＿＿＿＿。

（4）及时肯定、大胆表扬幼儿。

（5）＿＿＿＿＿＿＿＿的功能与价值。

（6）观察并评价幼儿读写能力的发展。

（7）＿＿＿＿＿＿＿＿阅读成果的精彩活动。

案例中李老师解决阅读区问题所使用的指导要点有＿＿＿＿＿＿＿＿＿＿＿＿＿＿。

表3-23　工作表单3

工作表单3	阅读区活动中的阅读方法	姓　名		学　号	
		评分人		评　分	

案例中李老师使用的阅读方法是什么？阅读区活动中还有哪些阅读方法？

（1）案例中李老师使用的阅读方法是_____。

（2）阅读区活动中的阅读方法还有以下几种：

3.反思评价

（1）通过本任务的学习，请你结合入园实践情况，谈一谈阅读区活动组织的注意事项。

（2）请你对自己在本任务学习中的情况进行评价。

课堂活动参与度　☆　☆　☆　☆　☆

小组活动贡献度　☆　☆　☆　☆　☆

学习内容接受度　☆　☆　☆　☆　☆

4.学习支持

1）阅读区活动的类型

阅读区是提供适宜的阅读材料供幼儿进行自主阅读活动的场所。最适合学前儿童阅读的材料是图画书，通过阅读活动，幼儿可以感受图书带来的美好与愉悦，缓解不良的情绪和压力，培养良好的阅读兴趣和阅读习惯，同时，还可以提高幼儿的阅读理解能力，并获得积极的人生态度和良好的品格。幼儿在阅读区可以进行图书阅读、自制图书、图书修补等活动。

①图书阅读：根据幼儿的阅读兴趣和阅读水平，提供色彩鲜艳、形象生动、富有情趣、源于生活的各类图书，为幼儿提供宝贵的精神财富。适合幼儿阅读的图书种类主要有故事类、诗歌类等。图画书的呈现方式也是多种多样，有平面式、立体式、插入式等方式，应方便幼儿取放和阅读。

②自制图书：针对中、大班的幼儿，教师可以提供美工材料、一些废旧的图书或彩页，让幼儿自主选择角色和背景，自制属于自己的图书，并自编故事并进行分享。

③图书修补：班级图书区里的图书，因为阅读的幼儿较多，容易被损坏。因此，教师可以在图书区提供胶棒、双面胶等材料，并教授幼儿修补图书的操作方法，同时让幼儿知道要爱惜图书。

2）阅读区活动的价值

①促进幼儿能力的发展，包括语言理解与表达能力、观察能力、逻辑思维能力、想象能力、探究能力、审美能力等。

②营造和谐、融洽的关系，包括幼幼关系、师幼关系等。

③培养幼儿阅读兴趣。图文并茂能调动幼儿阅读积极性，激发阅读兴趣。

④促进幼儿社会化发展。幼儿在阅读活动中会产生移情现象，幼儿会随着书中主人公的情感变化而变化，丰富其情感体验。

⑤健全人格品质：模仿和学习故事中人物的优秀品德。

3）阅读活动的指导方法

（1）针对不同阅读材料进行指导

针对以图画为主的阅读材料，教师主要引导幼儿理解画面内容，使不同年龄段的幼儿能用自己的语言将其表述出来。对于单幅画面的阅读，大班教师要引导和鼓励幼儿将画面语言转化为口头语言，并且语句要完整、通顺连贯；对于多幅画的阅读，教师要引导幼儿按从左到右、从上到下、从前往后按顺序仔细观察；对于儿歌的阅读，必须先帮助幼儿理解歌词。大班末期的幼儿对识字开始感兴趣，教师可结合相关活动主题，投放一些有拼音的儿歌，满足幼儿自己看图、识字并轻声念儿歌的愿望。在这一过程中，对于教师的指导语言应有一定的要求，语言亲切、音量适中、富有感染力，教师要提炼出阅读中的重难点，帮幼儿理解重难点，适当提出问题，培养幼儿细致观察的能力。

（2）针对不同时间段进行阅读指导，将阅读活动渗透到一日生活中

开展阅读活动要充分利用各个时间段，根据幼儿园的特点，因地制宜，为幼儿营造良好的阅读氛围。例如，教师利用早晨时间段，幼儿陆续来园、人数由少到多的情况，可以重点指导某几个环节，设置疑问，引导幼儿细致观察。在阅读区活动中，教师应注意以引导者的身份出现，不要干扰幼儿的思维。

另外，教师可以利用过渡环节开展"每日一讲""故事会""新书推荐"等阅读活

动，如教师讲、幼儿讲、听录音讲故事、师生分角色合作讲故事等，还可以鼓励幼儿将自己在阅读活动中的收获表演出来，这是一个对故事内容进行迁移的过程，教师可对其进行小结。如果是寄宿园，教师利用晚上时间有选择地给幼儿播放一些制作精良的动画片、儿童片。只要内容制作精良，都能激发幼儿的兴趣。

（3）使幼儿有充分的时间、空间和交流对象，自由表述感兴趣的话题

阅读活动对促进幼儿发展有很重要的价值。如果教师在阅读区忽视幼儿自主性体验，幼儿就会感到不自在，这样就会使阅读区逐渐被冷落。因此，在阅读活动中一定使幼儿有充分的时间，而且还要有交流对象，使其能自由表述感兴趣的话题。只有这样，才能真正地促进幼儿发展。

> **知识驿站**
>
> 阅读的要点
>
> · 书是如何起作用的？
>
> · 故事是怎样进行的？
>
> · 什么时候翻页？
>
> · 文字是如何传达信息的？
>
> · 插图是如何帮助人们理解文字的？

4）不同年龄段幼儿阅读区活动的指导

不同年龄段幼儿阅读区活动的指导见表3-24。

表3-24 不同年龄段幼儿阅读区活动的指导

年龄	指导要点
小班	小班以培养幼儿早期阅读兴趣和能力为主。小班幼儿阅读的图书要画面简单、颜色鲜艳；以家庭生活、幼儿园生活、小动物等内容为主；情节不宜复杂，篇幅不宜太长。对于小班幼儿，教师多采用直接指导的方法，通过语言示范、启发提问、具体讲解等方式，培养他们的阅读能力和语言表述能力。指导幼儿从前往后一页一页地理解单幅画面的内容，并能用一段话归纳图书的主要内容，鼓励幼儿在语言游戏中能大胆讲述、学会倾听，培养他们爱听故事、爱看图书、会安静阅读的良好习惯和对语言活动的兴趣
中班	中班要以发展幼儿的语言能力和增加幼儿的生活经验为主。中班幼儿可以阅读一些有关日常生活和人物方面的图书。图书的篇幅可以有所增加。对中班幼儿，要求能用较完整的句子比较连贯地讲述图书内容，能独立阅读感兴趣的图书，理解画面的内容，能有礼貌地倾听别人讲话。指导幼儿了解图书下方页码的作用，能在一个问题的引导下理解相关联的2~3个单幅画面或一个单页多幅画面的主要内容，能为图书命名

续表

年龄	指导要点
大班	大班要指导幼儿掌握正确的阅读方法，培养良好的阅读习惯，为小学做好学前准备。大班幼儿则可以阅读配有简单文字的图书，图书内容的科学性可有所增加，可以提供较多的知识性图书和寓言故事类图书。在教师的帮助下，将一本情节复杂、内容丰富的图书按情节的发展分成几个部分，能用一句话归纳图书内容，并预测故事情节的发展。能认真倾听他人讲话，能连贯地讲述事情的发展过程和几幅图片的内容，能与同伴共同创编诗歌，对书中的文字感兴趣

知识驿站

读写能力萌发的先决条件

- "充满文字"的环境。
- 反复阅读可预测的图画书和押韵的图书。
- 幼儿可以自由选择图书和阅读活动。
- 幼儿有富裕的阅读时间，从而让书变得有意义。
- 每天为个别幼儿和幼儿小组阅读一定容量的文章。

任务七　表演区活动的组织与指导

任务七 PPT

1.任务描述

　　中一班的小朋友们都很喜欢这个刚刚创设不久的表演区。整个表演区约七八平方米，场地比较宽敞。这天，区域活动一开始，一个男孩很快来到售票处，他担任了"售票员"的角色；还有六七个幼儿涌进了旁边的化妆间开始打扮自己。其中几个女孩子很有主意，有的给自己戴上一串由毛条制作的"花环"，有的戴上蝴蝶头饰，很快就把自己打扮好了。彬彬则挑选了一件漂亮的红色马甲，头上戴了一个米老鼠的发箍和几个粉色的小发卡，表情严肃地坐在椅子上候场。见到几个小朋友们装扮得差不多了，珠珠自觉地担任起了主持人的角色。"你要表演什么节目？""我要讲故事，唱歌也行。"报完节目，珠珠就开心地坐在一边与其他人说话，并不管"演员"在表演什么。而上台的小朋友自顾自地小声讲着故事，倒也自得其乐。接下来几个上台的小朋友的表现几乎都是这样的，声音不大，其他小朋友听不清楚，而每个候场的小朋友又都规规矩矩地坐在那里。"售票员"卖了一会儿票，觉得无聊，就离开了自己的岗位，到旁边的美工区去活动了。

（1）结合案例，请小组讨论幼儿园表演区活动（游戏）都有哪些类型？表演区活动的设计流程有哪些？（完成工作表单1）

（2）根据案例中表演区活动的情况，你觉得此时是否需要教师进行相应指导？如若需要，你觉得教师应该如何指导幼儿进行表演？（完成工作表单2）

2.工作表单

工作表单1~工作表单2分别见表3-25~表3-26。

表3-25　工作表单1

工作表单1	表演区的流程设计	姓　名		学　号	
		评分人		评　分	

1.结合案例，请小组讨论幼儿园表演区活动都有哪些类型？

A. _____　　B. _____　　C. _____

案例中属于哪一类型？

2.表演区活动的设计流程有哪些？

（1）_____。

（2）理解作品内容和情节，把握形象的主要特点。

（3）_____。

（4）自主分配和轮换角色。

（5）_____。

（6）分享、交流和评价。

（7）_____。

表 3-26 工作表单 2

工作表单2	表演区的观察与指导	姓 名		学 号	
		评分人		评 分	

根据案例中表演区活动的情况，你觉得此时是否需要教师进行相应指导？如若需要，你觉得教师应该如何指导幼儿进行表演？

（1）是否需要指导：□是　　□否

（2）指导方式：

①教师要成为幼儿表演的耐心＿＿＿＿＿＿＿＿，适当的时候＿＿＿＿＿＿＿＿＿＿。

②帮助幼儿储备＿＿＿＿＿＿＿＿。例如，儿歌、律动、故事等。

③教师和幼儿一起丰富＿＿＿＿＿＿＿＿，增强表演区的吸引力。

④教师引导幼儿将＿＿＿＿＿＿＿＿＿＿。

⑤帮助幼儿积累＿＿＿＿＿＿＿＿＿＿。

⑥每次区域活动结束时，展开＿＿＿＿＿＿＿＿＿＿＿。

3.反思评价

（1）通过本任务的学习，你认为表演区活动还需要注意什么？

（2）请你对自己在本任务学习中的情况进行评价。

课堂活动参与度　☆　☆　☆　☆　☆

小组活动贡献度　☆　☆　☆　☆　☆

学习内容接受度　☆　☆　☆　☆　☆

4.学习支持

1）表演区活动的类型

表演区的活动内容总体上可以分为三大类别，即语言类、音乐类和简单的形象装扮。根据活动内容的不同，语言类表演活动可分为童话剧表演、故事表演、歌谣表演、播报表演等多种体裁；根据表演形式的不同，语言类表演还可分为小剧场表演、故事盒表演、沙盘表演、木偶表演、歌谣表演、电视播报等多种类型；音乐类表演可分为歌舞表演、节奏乐表演、韵律表演等；形象装扮则主要是指幼儿自主进行的化妆、换装、造型设计等活动。

2）表演区活动的价值

①学习用动作来表现音乐，按照音乐的内容、节拍进行有趣的游戏情节，提高对音乐的理解和感受能力。

②在演唱和表演的过程中，培养幼儿辨别声音高低、强弱、快慢变化，以及倾听、跟随节奏指令的能力。

③发展动作，使动作准确、优美、富有节奏感和表现力。

④加深幼儿对文学作品的理解和记忆，养成正确的态度和良好的行为习惯，发展幼儿的想象力和创造力。

⑤培养幼儿积极乐观的情绪，陶冶情操，以利于幼儿感受力、理解力、表现力、审美力、创造力的发展。

3）表演区活动的指导方式

①教师要成为幼儿表演的耐心观察者和欣赏者，在适当的时候参与幼儿表演。

②帮助幼儿储备丰富的表演内容。例如，儿歌、律动、故事等。

③教师和幼儿一起丰富表演区材料，增强表演区的吸引力。

④教师引导幼儿将表演与课程活动相结合。

⑤帮助幼儿积累表演经验。

⑥每次区域活动结束时，展开讨论和交流。

4）表演区活动的评价要点

表演区活动的评价要点见表3-27。

书籍推荐

有关消防员的图画书：

·《超级恐龙系列：恐龙救援队》。

·《消防员拥抱母亲》。

·《消防站》。

·《明戈小姐与消防演习》。

表 3-27　表演区活动的评价要点

评价内容	评价要点
环境方面	1.区域空间（是否满足幼儿进行表演的需要）
	2.区域整体氛围
	3.区域材料
	4.环境墙面

评价内容	评价要点
幼儿方面	1.对表演活动是否有浓厚兴趣 2.对作品的理解和记忆能力 3.进行表演、表现的能力 4.游戏过程中的交往行为 5.表演结束后的体验
区域的教师	1.对幼儿的观察 2.介入指导 3.是否多元评价 4.对指导过程的反思

知识驿站

成功的幼儿领导者角色

· 知道他人的感受。

· 践行相互谦让的领导风格。

· 接受别人的意见。

· 有自己的新想法。

· 必要时做出妥协。

· 不强势控制。

· 玩得开心

四、课证融通

本模块对应的幼儿教师资格证考试——"保教知识与能力"模块的考试目标、内容与要求、真题见表3-28。

表3-28　幼儿教师资格证考试——"保教知识与能力"模块的考试目标、内容与要求、真题

内容体系
一、考试目标 　指导与组织实施教育活动的知识和能力。理解幼儿园游戏（活动）的意义、作用与指导方法，能根据幼儿园教育目标、幼儿实际情况组织和实施教育活动。 　二、考试内容模块与要求 　游戏活动的指导： 　（1）熟悉幼儿游戏的类型及各类游戏的特点和主要功能。 　（2）了解各年龄阶段幼儿的游戏特点，并能提供相应材料支持幼儿开展游戏活动，根据需要进行必要的指导。
三、真题 　单项选择题： 　小班幼儿观察植物时，下列哪个目标最符合他们的发展水平？（　　　）（2018年下幼儿教师资格考试真题） 　A.能感知植物是多种多样的——小 　B.会观察和记录植物生长变化的过程——中 　C.能察觉植物外形特征与生存环境的关系——大 　D.能发现不同种类植物之间的差异——中

五、阅读思享

推荐理由：

本书首先针对科学区详细介绍了如何创设区域环境、设计与投放区域材料，接下来通过大量实例示范了如何利用材料引导幼儿开展区域活动，然后通过案例分析提出了关于幼儿教师支持幼儿主动学习的建议，最后阐述了教师应如何观察、记录和评价幼儿在区域活动中的表现，评价材料的合理性与不足，并有针对性地调整材料，为幼儿的后续发展做好准备。本书采用全彩印刷，图文并茂，具有较强的可读性和实践指导性，可作为广大幼儿教师创设区域环境、引导幼儿开展区域活动的指导书。

推荐阅读：

王微丽，霍力岩.幼儿园科学区材料设计与评价.北京：中国轻工业出版社，2018年。

模块四 幼儿园区域活动的记录与评价

一、岗位能力模型

幼儿园区域活动的记录与评价岗位能力模型见表4-1。

表 4-1　幼儿园区域活动的记录与评价岗位能力模型

模块	岗位能力描述	《幼儿园教育指导纲要（试行）》	《幼儿园教师专业标准（试行）》
幼儿园区域活动的记录与评价	观察和评价在整个幼儿园教育中占有着重要的地位，教师可以通过观察、记录和分析来了解幼儿内心的想法和每个幼儿之间的个体差别，从而为教师在其后对环境和自己态度进行调节来适应幼儿的成长奠定基础，所以在幼儿园的区域活动中，教师要对观察记录和评价给予足够的重视	八、对幼儿发展状况的评估，注意： （一）明确评价的目的是了解幼儿的发展情况和发展需要，以便提供更加适宜的帮助和指导。 （二）全面了解幼儿的发展状况，防止片面性，尤其要避免只重知识和技能、忽略情感、社会性和实际能力的倾向。 （三）在日常活动与教育教学过程中采用自然的方法进行。平时观察所获得的具有典型意义的幼儿行为表现和所积累的各种作品等，是评价的重要依据。 （四）承认和关注幼儿的个体差异，避免用统一的标准评价不同的幼儿，在幼儿面前慎用横向比较。 （五）以发展的眼光看待幼儿，既要了解幼儿的现有水平，更要关注其发展的速度、特点和倾向等	52.关注幼儿日常表现，及时发现和赏识每个幼儿的点滴进步，注重激发和保护幼儿的积极性、自信心。 53.有效运用观察、谈话、家园联系、作品分析等多种方式，客观地、全面地了解和评价幼儿。 54.有效运用评价结果，指导下一步教育活动的开展

二、知识点与技能点

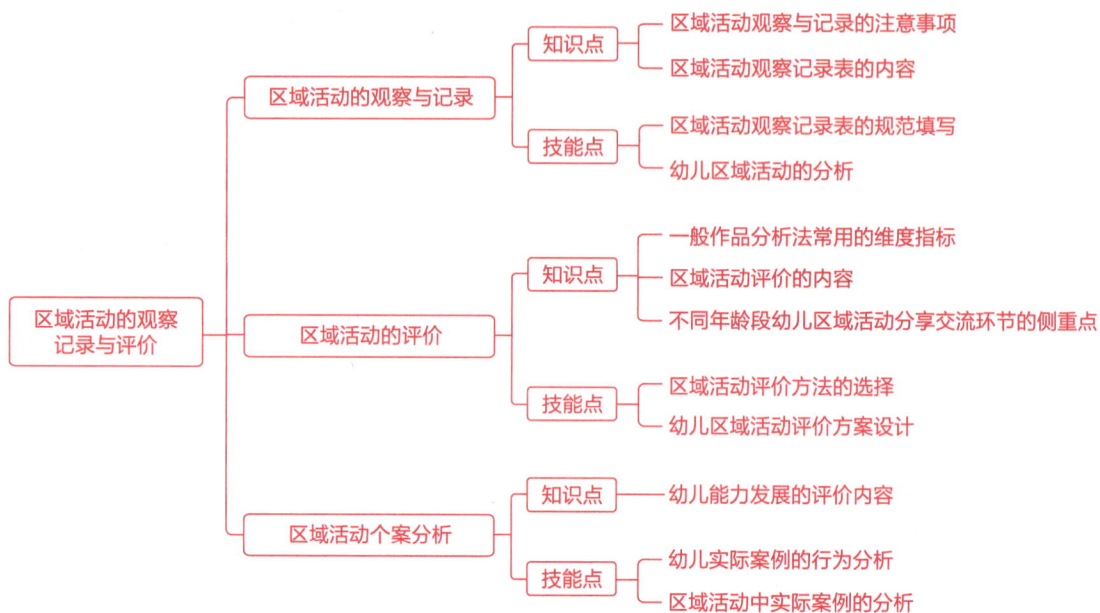

```
区域活动的观察
记录与评价
├── 区域活动的观察与记录
│   ├── 知识点
│   │   ├── 区域活动观察与记录的注意事项
│   │   └── 区域活动观察记录表的内容
│   └── 技能点
│       ├── 区域活动观察记录表的规范填写
│       └── 幼儿区域活动的分析
├── 区域活动的评价
│   ├── 知识点
│   │   ├── 一般作品分析法常用的维度指标
│   │   ├── 区域活动评价的内容
│   │   └── 不同年龄段幼儿区域活动分享交流环节的侧重点
│   └── 技能点
│       ├── 区域活动评价方法的选择
│       └── 幼儿区域活动评价方案设计
└── 区域活动个案分析
    ├── 知识点
    │   └── 幼儿能力发展的评价内容
    └── 技能点
        ├── 幼儿实际案例的行为分析
        └── 区域活动中实际案例的分析
```

素质目标

1.通过本项目的学习和训练，培养学生"四有好老师"的意识。

2.通过本项目的学习和训练，使学生树立专业思想。

三、工作任务

任务一 PPT

任务一　区域活动的观察与记录

1.任务描述

每个月的月底就到了赵老师最头疼的时候，因为每位教师都要提交区域活动观察记录表给教研组长。幼儿园的观察记录表需要填写的项目内容非常多，有观察对象的基本信息、观察对象区域活动行为记录、幼儿区域活动行为分析、教师介入区域活动的策略及改进措施等。赵老师总是拖到最后一天才急匆匆地开始补写落下的观察记录表，她总是把网上搜到的信息稍做改动就填写到表格里；如果搜不到相关信息，她就开始胡乱编写。她的观察对象总是表现特别突出的那几个小朋友，在"行为分析"一栏，她就结合对幼儿的平时印象进行分析，也没有什么理论根据。由于时间紧迫而且她又着急交表格，赵老师的字迹看起来很潦草。但是这次赵老师终于不用头疼了，因为班里来了两名实习教师，她就把观察记录表交给两个实习生去填写。

教研组长检查记录表时，发现了代写的情况，狠狠地批评了赵老师。在仔细询问之下，才知道真正的原因是赵老师不知道如何正确填写区域活动观察记录表。于是幼儿园组织了系统培训，详细讲解每一项内容的填写规范。经过一段时间的学习，赵老师不但能正确填写区域活动观察记录表（见表4-2），还能指导实习生规范填写了。

（1）仔细阅读案例，赵老师填写的区域活动观察记录表存在哪些问题？（完成工作表单1）

（2）小组讨论区域活动观察记录的内容有哪些？（完成工作表单2）

（3）如果你是赵老师，你认为表4-2中实习教师填写的内容是否合理？说说你的理由，如果不合适，请进行调整。（完成工作表单3）

表4-2 区域活动观察记录表

班级		中三班		观察教师		小美老师	
观察对象	涵涵、萱萱		年龄	5岁	性别		女
所在区域	益智区			观察日期	5月8日		
观察情况 记录	涵涵和萱萱来到了益智区玩游戏——蜗牛之家。她们把数字贴在蜗牛的"房子上",然后再贴上蜗牛的图片。我一看,数量没有对应,我猜测她们可能没有理解游戏规则。在我给她们示范并详细讲解了游戏规则后,涵涵和萱萱先把所有的蜗牛送到了相应的"房子"里,接着萱萱开始数蜗牛的数量,"1、2、3",数完之后,她贴上了三个点,看起来非常高兴。涵涵也学着萱萱的做法,开始数其他的蜗牛数量,"1、2、3、4、5",并找到了数字5贴在了"房子"上,全部做完之后,涵涵又从头数了一遍,确定正确后,回头看看我,问我对不对						
评价与 分析	两位幼儿在益智区活动中的表现不错,教师指导方法有效						
教师指导 策略	通过观察可以看出,两个幼儿的悟性很高,同时教师的示范及时解决了幼儿的问题						
改进措施 及反思	指导并鼓励幼儿自己完成游戏,可以在课堂上渗透数学知识,引导幼儿分享,为其他幼儿提供学习经验						

2.工作表单

工作表单1~工作表单3分别见表4-3~表4-5。

表4-3 工作表单1

工作表单1	区域活动记录注意事项	姓 名		学 号	
		评分人		评 分	
仔细阅读案例，赵老师填写的区域活动观察记录表存在哪些问题？					

①观察记录表的来源是＿＿＿＿＿＿或者＿＿＿＿＿＿；

②观察记录内容＿＿＿＿＿＿；

③观察对象＿＿＿＿＿＿；

④观察记录分析缺乏＿＿＿＿＿＿；

⑤表格书写＿＿＿＿＿＿ 。

表4-4　工作表单2

工作表单2	区域活动观察记录表的内容	姓　名		学　号	
		评分人		评　分	

小组讨论区域活动观察记录表的内容有哪些？

区域活动观察记录表

班级			观察教师	
观察对象		年龄		性别	
所在区域			观察日期	

观察情况记录	1.按照事件或行为发生的＿＿＿＿＿＿进行记录； 2.观察记录的内容注重＿＿＿＿＿＿、＿＿＿＿＿＿、＿＿＿＿＿＿； 3.事件的记录＿＿＿＿＿＿突出	
评价与分析	分析角度	分析来源
	1.＿＿＿＿＿的年龄特点和身心发展规律； 2.游戏的特点； 3.幼儿的＿＿＿＿、＿＿＿＿、＿＿＿＿＿； 4.＿＿＿＿＿＿的前因后果； 5.区域活动对幼儿蕴含的发展价值	1.标准文件：＿＿＿＿＿＿等； 2.理论知识：＿＿＿＿＿＿、＿＿＿＿、＿＿＿＿＿等； 3.幼儿成长环境； 4.＿＿＿＿＿＿对比，＿＿＿＿＿对比
教师指导策略	写清楚教师＿＿＿＿＿＿，＿＿＿＿＿＿，＿＿＿＿＿＿，重点描写＿＿＿＿＿＿的过程	

表 4-5　工作表单 3

| 工作表单3 | 区域活动评价方法 | 姓　名 | | 学　号 | |
| | | 评分人 | | 评　分 | |

如果你是赵老师，你认为表4-2中实习教师填写的内容合理吗？说说你的理由，并在下面空白表格中进行调整。

区域活动观察记录表

班级			观察教师		
观察对象		年龄		性别	
所在区域			观察日期		
观察情况记录					
评价与分析					
教师指导策略					
改进措施及反思					

3.反思评价

（1）通过本任务的学习，你认为怎样才能规范填写区域活动观察记录表？

_____

_____

_____

（2）请你对自己在任务学习中的情况进行分析。

课堂活动参与度 ☆ ☆ ☆ ☆ ☆

小组活动贡献度 ☆ ☆ ☆ ☆ ☆

学习内容接受度 ☆ ☆ ☆ ☆ ☆

4.学习支持

（1）实时的自然观察

在制订好当天的区域活动计划后，幼儿根据意愿自主选择区域活动材料，这时教师扮演的首先是观察者的角色，其次才是幼儿的支持者和引导者。也就是说，教师在完全自然的状态下，观察幼儿在区域活动中的情况，如兴趣爱好、区域活动常规、动作发展、情绪反应等。这种自然的观察，可以帮助教师细致地了解幼儿通过自己的努力可以取得什么成果，确定在什么时机给他们提供适当的建议和及时的帮助，何时引导幼儿从而使教师能够更好地根据幼儿的区域活动情况及年龄特征、发展需要来调整下一阶段的区域活动计划。如当幼儿独立、专注地开展活动时，教师在一旁静静地观察即可；当幼儿操作遇到困难时，教师可及时介入指导。

（2）照片和录像

用照片和影像进行记录是教师经常采用的一种区域活动评价方法，它能让教师在不影响指导的情况下快速获得真实丰富、便于永久保存的信息资料。这些资料也为区域活动的集体讲评环节提供了大量宝贵的素材。在每次区域活动的结束部分，最好给幼儿留一段时间，用于分享和交流他们当天在区域活动中获得的相关经验。可以采用幼儿自评、同伴互评和教师点评等多种形式进行区域活动评价。在区域活动中有显性作品的幼儿可以将自己满意的作品与大家分享与交流；完成了区域活动操作记录单或艺术创作的幼儿，可在这一时刻向同伴介绍自己的作品，讲述自己的活动过程，与同伴分享成功的喜悦。在区域活动中没有显性作品的幼儿可以通过语言描述交流活动中的体会和困惑。教师拍摄的区域活动照片和录像，是幼儿非常感兴趣的资料，它们能让幼儿直观地了解不同区域活动中同伴的情况。通过讲述照片和录像记录的活动过程，幼儿可以重新审视自己的活动，没有参与过该活动的幼儿也能通过倾听产生活动兴趣，并能激发参与活动的欲望。

（3）观察与记录

区域活动尊重幼儿以不同的速度成长和发展。学习是幼儿主动进行的活动，为了满足幼儿主体性、探索性、独特性的发展需要，教师可为幼儿提供了丰富的可操作的活动材料。目前国内幼儿园班级的人数较多，教师要科学地了解各区域中每份材料的使用频率，及时调整和更新区域活动材料；要关注每个幼儿的区域活动情况，引导幼儿进入不同的区域开展探究活动，避免幼儿反复进入一个区域或多次重复操作同一份材料，促使他们均衡的发展。这就需要使用一些量化的指标来进行评价和考量。

（4）《幼儿园教育指导纲要（试行）》中关于区域活动评价的内容

①明确评价的目的是了解幼儿发展的需要，以便提供更加适宜的帮助和指导。

②全面了解幼儿的发展状况，防止片面性，尤其要避免只重知识和技能，忽略情感、社会性和实际能力的倾向。

名人名言

游戏给人欢乐、自由、满足，内部和外部的平静和整个世界的安宁，它是一切善的来源。一个儿童能够痛快地、自动地游戏，直到身体疲劳为止，必然会成为一个完全的人。

——福禄贝尔

③在日常活动与教育教学过程中采用自然的方法进行。平时通过观察所获得的具有典型意义的幼儿行为表现和所积累的各种作品等，是评价的重要依据。

④承认和关注幼儿的个体差异，避免用统一的标准评价不同的幼儿，在幼儿面前慎用横向比较。

⑤以发展的眼光看待幼儿，既要了解现有水平，更要关注其发展的速度、特点和倾向等。

⭐ 任务二 区域活动的评价

任务二 PPT

"区域活动观察记录
与评价"图片展示

1.任务描述

伴随着轻快的音乐，中一班的区域活动结束了。接下来进行的是活动的总结与评价。何老师问："你们今天玩得高兴吗？""高兴！"孩子们异口同声地回答。"那谁来说一说自己刚才在哪个活动区玩的？是什么事让你这么高兴？"何老师的话音刚落，孩子们就争先恐后地举起小手。文博说："我在娃娃家当妈妈了，给娃娃和客人做了好多好吃的，还带娃娃去串门了。""嗯！好的。"何老师笑着回应。王蔓兴奋地说："我和许亚建了一个小区，还在小区里建了一个超市。"何老师竖起大拇指，表示赞赏。思佳说："我在美工区做了一朵光盘花。""你真棒！"何老师说。这时，何老师看见几个内向的小朋友始终没有说话，就想让他们也开口说一说自己在活动区中做的事情。其中坐在何老师身边的是腼腆的一凡。何老师摸着一凡的头说："一凡，你也来说一说你今天在区域里玩了什么？"一凡没有说话，反而低下了头。性格外向的佳冉拿着一凡的作品连忙递给老师，还大声地说："一凡去画画了，她没有画好，涂得乱七八糟的，还有一个大窟窿。"此时，何老师看了看破损的画作，又看到一凡的脸蛋微红着，两眼无助地望着她。何老师赶紧安慰她："没关系的，明天再去画一张好吗？"一凡点点头。区域活动的总结与讲评环节就这样在大家相互交流中结束了。

（1）何老师为什么要在区域活动结束后组织讲评活动？案例中进行区域活动评价的主体是谁？（完成工作表单1）

（2）何老师进行区域活动评价的内容是什么？我们还可以从哪些方面进行区域活动评价？（完成工作表单2）

（3）何老师进行区域活动评价时采用了哪些评价方法？还有哪些评价方法？（完成工作表单3）

2. 工作表单

工作表单1~工作表单3分别见表4-6~表4-8。

表 4-6　工作表单 1

工作表单1	区域活动评价	姓　名		学　号	
		评分人		评　分	

1.何老师为什么要在区域活动结束后组织讲评活动？

（1）通过评价，教师可以了解幼儿之间存在的个体差异，便于教师进行＿＿＿＿＿＿＿＿。

（2）通过评价，教师能够了解幼儿的原有＿＿＿＿＿＿，使教师能够对幼儿发展的可能性和方向有大概的预测。

（3）通过评价，教师对自己在区域活动中的指导工作进行＿＿＿＿＿＿，从而查漏补缺，改进自己的教学工作，提升＿＿＿＿＿＿。

（4）通过评价，幼儿能够了解自己在区域活动中的收获，包括＿＿＿＿＿和存在的问题，从而增强自信心，为今后的学习奠定基础。

（5）通过评价，幼儿能感受到＿＿＿＿＿的重视和关注，其自尊的需要得到满足，有利于建立和谐的＿＿＿＿＿关系，进一步为顺利完成幼儿园教学等各项工作提供基本保障

2.案例中进行区域活动评价的主体是谁？

评价的主体：A.教师　　B.幼儿自评　　C.家长　　D.幼儿互评。

《幼儿园教育指导纲要（试行）》指出，管理人员、教师、＿＿＿＿＿＿及＿＿＿＿＿＿均是幼儿园教育评价工作的参与者。评价过程是各方＿＿＿＿＿＿、＿＿＿＿＿＿与合作的过程

表 4-7　工作表单 2

工作表单2	区域评价的内容	姓　名		学　号	
		评分人		评　分	

1.何老师进行区域活动评价的内容是什么？

（1）_____。

（2）_____。

（3）幼儿的情绪。

（4）幼儿的活动成果

2.我们还可以从哪些方面进行区域活动评价？

　　区域活动内容的评价主要集中在三个方面：区域_____的评价、区域活动中_____的评价、区域中_____的评价

区域_____的评价	区域活动中_____的评价	区域中_____的评价
①对空间布局的评价。	①幼儿的兴趣和参与度。	①对区域活动_____的设定。
②对区域_____的评价。	②幼儿活动的_____、目的性和_____。	②区域材料的投放。
③对区域_____的评价。	③幼儿的_____发展水平。	③在区域活动中的_____。
	④幼儿的_____发展水平。	④对幼儿行为的_____。
④对区域标识的评价	⑤幼儿的规则意识和遵守_____规则的能力	⑤对区域活动的_____。
		⑥对区域活动的反思

表 4-8　工作表单 3

工作表单3	区域活动评价方法	姓　名		学　号	
		评分人		评　分	

何老师进行区域活动评价幼儿时采用了哪些评价方法？还有哪些评价方法？

1.测验法

（1）标准测验：由＿＿＿＿＿＿＿确定的测验法。测验结果可以和一定标准对照，以测定被评价者的程度。

（2）教师自制测验：教师为了了解本班幼儿在某些方面的发展情况，＿＿＿设计一些测验题，对评价对象进行测查。

2.观察法

观察法是＿＿＿＿＿＿＿＿＿＿＿＿＿＿＿＿＿＿＿＿＿＿＿＿＿＿＿＿＿＿。

（1）描述观察——轶事记录

轶事记录是观察者对可以表现幼儿个性或某个方面发展的有价值、有意义的行为情况所做的记录。轶事记录不受观察＿＿＿＿＿＿＿＿＿、＿＿＿＿＿＿＿＿＿的限制，凭借文字描述就可记录幼儿的特定动作、行为或相关件事。

（2）抽样观察

抽样观察是观察者根据一定的标准，抽取一定的幼儿进行＿＿＿＿＿＿＿＿＿、记录和研究，从而获得对幼儿行为了解的方法。常用的抽样观察包括＿＿＿＿＿＿＿＿＿＿和＿＿＿＿＿＿＿＿＿＿。

①＿＿＿＿＿＿＿＿抽样观察。即在规定的时间间隔内观察和记录预选行为是否实现的方法。它适用于：一是孩子＿＿＿＿＿＿＿＿的行为；二是容易被观察到的外露行为。

②事件抽样观察。这是抽样观察并记录某种特定的事件的方法。评价者事先应明确观察的目的，选择＿＿＿＿＿＿＿＿，确立观察的＿＿＿＿＿＿＿＿、＿＿＿＿＿＿＿＿，确立记录的项目并设计出记录表格。

（3）＿＿＿＿＿＿＿＿＿＿法：是调查者通过与被调查者当面交谈来获取信息，进而进行评价的方法。

3.作品分析法

作品分析法是＿＿＿＿＿＿＿＿＿＿＿＿。

4.个案研究法

个案研究法是选择＿＿＿＿＿＿＿作为研究的对象，对他们进行追踪，搜集有关资料，分析研究对象的问题、特点及形成原因，以便采取相应的有效措施

127

3.反思评价

（1）通过对本任务的学习，你认为在区域活动评价时需要注意哪些事项？

（2）请你对自己在任务学习中的情况进行评价。

课堂活动参与度 ☆ ☆ ☆ ☆ ☆

小组活动贡献度 ☆ ☆ ☆ ☆ ☆

学习内容接受度 ☆ ☆ ☆ ☆ ☆

4.学习支持

1）一般作品分析法常用的维度指标

（1）时间

时间维度用于反映幼儿的心理能力，心理能力强的幼儿正确完成作品所用的时间应比其他幼儿少。

（2）形式

形式是指作品表现主题的方式，反映着幼儿的想象力和对任务完成方式的掌握程度，体现幼儿的技能水平。

（3）内容

内容是指作品内容的范围与组合，是幼儿知识、能力和心理特点的反映。

（4）能力

能力是个体完成某种活动所表现出来的典型、稳定的心理特征。通过作品分析幼儿的能力特征，是作品分析的一项重要内容。

（5）性格

性格反映幼儿对现实的态度和行为方式的特点。作品分析法中幼儿性格的研究主要偏重于了解幼儿在性格方面存在的问题，以便进行指导。这些问题包括两个方面：消极态度和问题行为。

2）区域活动评价的内容

（1）班级区域环境的评价

①空间布局与设施。

·能否根据幼儿的发展需要，因地制宜地进行区域空间规划，兼顾游戏性区域与学习性区域的设置。

·区域空间大小能否满足所有幼儿自由选择、自主活动的需要，并且能否根据幼儿每天的选择和活动状况进行动态调整。

·区域之间是否有适宜的隔断设施，既能避免动静之间的相互干扰，也有利于彼此之间的交往互动。

·橱柜高矮和款式是否适宜，是否能根据幼儿的发展特点和玩具材料的特点进行设计，有助于幼儿自主取放。

·区域的开放与封闭是否能与区域的功能、幼儿的活动需要相适宜。

②活动材料的选择与投放。

·每个区域的活动材料种类和数量是否足够丰富，能够满足全班幼儿同时活动时的自由选择。

·每个区域的活动材料是否既适合幼儿当下的兴趣和需要，又有助于支持和推动幼儿今后的发展。

·能否有序地、有层次地投放活动材料，能否追随幼儿的发展和学习的进程不断调整活动材料。

·投放的活动材料是否具有较强的可操作性、变化性、趣味性和教育价值，能够引发幼儿主动而有意义的探究活动和游戏活动。

政策法规

《幼儿园教育指导纲要（试行）》指出，教育评价是幼儿园教育工作的重要组成部分，是了解教育的适宜性、有效性，调整和改进工作，促进每一个幼儿发展，提高教育质量的必要手段。

·活动材料的摆放是否整齐、有序，并有恰当的标识，能指引幼儿自主进行收整。

（2）教师指导内容的评价

①对区域活动的观察。

·教师是否具有观察的意识，能够在幼儿区域活动时，自觉地进入观察状态。

·教师的观察是否具有计划性、目的性，观察计划是否能与自己保教工作质量的提升相联系。

·教师观察时选择的方法能否与目标相对应，方法是否有效。

·教师能否进行客观的观察，并做详细的记录。

·观察之后教师能否对观察记录的资料进行及时分析，这充分体现一个幼儿教师的专业高度和敬业态度。教师观察时能否做到尽量不干扰幼儿的自主活动。

②对区域活动的指导。

·教师的指导是否基于对幼儿活动的客观、细致的观察，不盲目、不独断。

·教师的指导时机是否适宜，既不妨碍幼儿的自主活动，又不错失良好的教育契机。

·教师指导的方式方法是否适宜，既符合区域活动的性质，又符合不同幼儿的个性特点和发展水平；既有助于幼儿获得知识经验的拓展，又有助于幼儿在自主性、独立性、创造性等方面能力的发展；既引导幼儿解决当下的问题，又有助于幼儿的长远发展。

·教师的指导能否与幼儿的自主探究、自主游戏相得益彰，而不是压制了幼儿的自主性发挥。

（3）幼儿发展情况的评价

①幼儿的自主性、兴趣。

·幼儿是否具备独立选择区域、自主地开展活动的意识和能力。

·幼儿是否对自己选择的区域活动感兴趣，兴致勃勃地投入活动。

·幼儿是否能专注于自己选择的区域活动，并持续一定的时间长度。

·幼儿是否能有目的地开展活动，有始有终。

②幼儿的操作难易程度。

·幼儿是否能掌握操作的要领和方法。

· 幼儿是否能专注、反复地进行操作和探究。

· 幼儿遇到困难和挑战时是否能尝试独立解决。

· 幼儿是否具有解决问题的多种应对策略。

· 幼儿是否能创造性地运用工具和材料。

· 幼儿活动结束时的作品是否完整、复杂、具有创意。

③幼儿的游戏水平（游戏性区域活动）。

· 幼儿是否能自主地选择游戏主题，游戏主题鲜明、突出、有意义、有新意。幼儿是否能自主结成游戏小组，分配游戏角色。

· 幼儿是否能逐步开拓游戏内容，并使游戏具有丰富的情节。

· 幼儿是否能创造性地使用游戏材料。幼儿是否能独立解决游戏过程中遇到的问题和冲突。游戏结束时的作品是否完整、复杂、具有创意。

④幼儿的社会性交往与合作。

· 幼儿是否能主动寻找同伴，并结成游戏小组。

· 幼儿是否能认真倾听同伴的意见，并善于表达自己的观点。幼儿是否具有解决同伴冲突的策略。幼儿之间合作游戏的人数。

· 幼儿是否能有意识谦让或关照能力较弱的幼儿。

⑤幼儿的规则意识和遵守规则的能力。

· 幼儿是否明晰游戏规则，并具有是非判断的能力。

· 幼儿是否能自觉地遵守游戏规则。

· 幼儿对于他人违反规则时的反应。

· 幼儿是否能在活动过程中根据需要自制某些活动规则。

⑥收整活动材料。

· 幼儿是否具有收整活动材料的自觉意识，不玩的时候随时收整好。

· 幼儿是否能整齐、有序地收整好活动材料。幼儿是否愿意帮助能力较弱的幼儿收整活动材料。

3）不同年龄段幼儿区域活动分享交流环节的侧重点

不同年龄段幼儿区域活动分享交流环节的侧重点见表4-9。

表4-9　不同年龄段幼儿区域活动分享交流环节的侧重点

年龄分段	第一阶段	第二阶段
	3~5岁半（小班和中班上学期）	5岁半~7岁（中班下学期和大班）
侧重点	区域规则与习惯的培养	在区域活动中是否有创造力
	参与各种区域活动的兴趣	探索愿望是否强烈
	参与区域活动的目的性和持久性	与同伴交往过程是否自信和愿意合作
形式	以教师的引导性提问为主，逐步引导幼儿进行同伴间的分享和交流	以同伴间相互交流、幼儿个别展示为主，以教师参与和问题激发为辅

任务三　区域活动个案分析

1.任务描述

幼儿园区域活动观察记录见表4-10。

任务三 PPT

表4-10　幼儿园区域活动观察记录

观察教师：王老师

观察教师	王老师			班级	大二班
观察对象	乐乐	年龄	6岁	性别	女
所在区域	角色区			观察时间	
观察记录	我在今天的"人民银行"游戏中增加了新的活动材料：每人一张银行卡。游戏一开始，乐乐大声说："我要去银行当营业员。"于是我发给了今天去银行的幼儿每人一张银行卡。扮演顾客的幼儿拿到银行卡后，就在银行游戏区排起了队。取完钱的幼儿就去"超市""理发店"消费去了，银行没有业务了，营业员乐乐就没事做，她就在银行里面到处乱跑				
分析评价	幼儿的行为表现，首先是和幼儿的性格和气质类型有关。乐乐是一个喜欢去尝试新鲜事物的孩子，但是她是做事情总是只有三分钟热度的胆汁质气质类型，因为幼儿取完钱后去了其他区域，所以营业员乐乐就没事可做，就觉得没意思了，就没有遵守银行规则。其次是和家庭教育有关，在之前的家园沟通中了解到乐乐在家做事情总是三心二意，不能专心地完成一件事情				
教师介入及策略	我问乐乐，在工作的时候能不能到处乱跑呢？"人民银行"的进区规则是什么？乐乐意识到自己的问题，就回到自己的岗位上。为了帮助乐乐适应"营业员的岗位"，我也参与到游戏中和乐乐一起当营业员，等着小朋友过来办理业务。				
改进措施及目标	对乐乐进行专门的耐心训练，引导她去美工区、娃娃家等，培养她的耐心和责任心				

（1）案例中幼儿在区域活动过程中出现了什么行为？区域活动中幼儿还可能出现哪些行为？（完成工作表单1）

（2）教师应该如何指导幼儿进行区域活动，才能避免幼儿出现案例中的各种行为问题呢？（完成工作表单2）

2.工作表单

工作表单1~工作表单2分别见表4-11~表4-12。

表4-11　工作表单1

工作表单1	区域活动个人行为分析	姓　名		学　号	
		评分人		评　分	

1.案例中幼儿在区域活动过程中出现了什么行为？

_____。

2.区域活动中幼儿还可能出现哪些行为？

（1）_____。

（2）在静区大声讲话。

（3）_____。

（4）不能参与活动。

（5）_____。

表4-12 工作表单2

工作表单2	区域活动个案解决方法	姓 名		学 号	
		评分人		评 分	

教师应该如何指导幼儿进行区域活动，才能避免幼儿出现案例中的各种行为问题呢？

（1）指导幼儿科学选区。

①_____。

②给予一定的限制。

③_____。

（2）活动中针对性指导。

①_____。

②_____。

③_____。

④_____。

（3）活动后指导幼儿收拾整理。

（4）_____。

3.反思评价

（1）通过本任务的学习，结合你所在的实践班级的具体情况，说一说你遇到的幼儿行为问题有哪些？是如何解决的？

_____

_____

_____

（2）请你对自己在本任务学习中的情况进行评价。

课堂活动参与度　☆　☆　☆　☆　☆

小组活动贡献度　☆　☆　☆　☆　☆

学习内容接受度　☆　☆　☆　☆　☆

4.学习支持

活动区域为幼儿提供了一个相对开放、自由的活动环境，每个幼儿都能够自主地选择活动区域及区域中的活动材料，能够按照自己的兴趣和能力进行活动。在区域活动中，幼儿通过与区域中活动材料的互动，个性能得到充分的发挥，各方面的能力得到全面和谐的发展。为更好地评价区域活动中幼儿的能力发展情况，教师就应全面观察幼儿在活动中的表现，针对幼儿的各种不同表现，从多元的角度进行分析、评价。对幼儿能力发展的评价主要包括以下几个方面。

（1）社会交往能力是否得以发展

区域活动是培养幼儿社会交往能力的有效途径。评价幼儿的社会交往能力是否得以提高，最直接、最有效的方式就是观察和分析幼儿在区域活动中的具体表现。教师为幼儿提供了与同伴自由交往的场所，使之能够在一个真实的情境与氛围中，与周围的同伴互动，共同游戏。例如，在"娃娃家"游戏活动中，选择进入"娃娃家"的幼儿需要在活动前共同制定出游戏规则、游戏玩法，分配好游戏角色，在小组成员认同的前提下，共同开展游戏；在游戏的过程中大家各自扮演家庭成员中的不同角色，牢记自己所扮演角色的具体职责，懂得遵守大家共同制定的游戏规则，学会与朋友交流、合作、协商等沟通技能。再如，在"建筑师之家"游戏活动中，选择当建筑师的幼儿需要推选出一名"总设计师"，在"总设计师"的带领下讨论出本次活动的主题内容、明确分工等。在搭建的过程中，教师观察幼儿的计划实施情况、任务完成情况及幼儿之间的合作交流情况，并发现在建构游戏中经常会出现因意见不合而导致放弃最初制订的计划、不按角色身份游戏、各行其是的现象。当出现上述情况时，教师应该做出适当的干预，引导幼儿互相沟通，学会自己化解矛盾，重新制订计划，围绕主题再次进行小组联合游戏。因此，在区域活动中，教师可通过观察、参与、指导幼儿的现场活动，评价幼儿的社会交往能力是否得到了提升。

（2）动手操作材料的能力是否得以提升

在区域活动中，各种区域活动材料是提高幼儿动手操作能力的载体。评价幼儿的动手操作能力是否得以提升，主要的依据来自幼儿与操作材料之间的互动。例如，在常规区域中，教师投放了扣扣子、拉拉链、叠毛巾等活动材料，让幼儿在不断操作这些材料的过程中，

政策法规

《幼儿园教育指导纲要（试行）》在教育评价中明确指出，对幼儿发展状况进行评价时，要注意"全面了解幼儿的发展状况，防止片面性，尤其要避免只重知识和技能，忽视情感、社会性和实际能力的倾向"。

提升自我服务技能，获得相关的生活经验；在数学区中，教师投放点数水果、数字花、小动物住几楼等活动材料，也能让幼儿在动手操作的过程中获得相关的数学经验；在美工区中，教师投放废纸杯、牛奶盒、彩带、瓶瓶罐罐等辅助材料，鼓励幼儿大胆地运用各种材料完成自己的手工制作，使其在提升自己美术技能的同时，享受成功的喜悦。毋庸置疑，幼儿在获得相关知识和经验的同时，其动手操作能力也得到了提升。

（3）发现问题、解决问题的能力是否得以增强

在区域活动中，幼儿在与材料的互动中会遇到很多问题和困惑，编者认为这些问题与困惑不但不会给幼儿的学习造成障碍，反而能激发幼儿主动寻求解决问题的方法，这无疑也是一种很好的自我学习方式。幼儿发现问题、解决问题的能力是否得以增强，

主要取决于幼儿对待困难的态度、自我解决问题的能力等。例如，在大班科学区"辨不同"的实验中，教师投放了细砂糖、精盐、白面粉、食用碱等材料，让幼儿辨别出它们之间的不同之处。当幼儿发现眼睛不能分辨出几种物品的不同时，他们会充分调动自己的感官，通过用鼻子闻一闻、用舌头尝一尝等方式，最终用自己的方式克服了困难，解决了问题，获得了成功。还有，在语言区的"天天好故事"表演中，幼儿经常要面临一个人扮演故事中多个角色的问题，当幼儿发现自己无法扮演多个角色时，往往会寻求教师的帮助，教师在鼓励幼儿勇敢面对困难的同时，和幼儿共同寻找解决问题的方法，引导幼儿大胆借助材料中的纸偶，模仿故事中不同角色的声音，独立完成故事表演，在这个过程中，幼儿解决问题的能力也获得了提升。因此，在评价的过程中，教师要以发展的眼光评估幼儿发现问题、解决问题的能力，要充分发挥其主观能动性。

（4）观察事物的能力是否得到发展

在区域活动中，教师投放的一些操作材料需要通过幼儿反复地动手操作。在幼儿动手操作的过程中，他们观察事物的能力得到了较大程度的发展。例如，在科学区"会变的颜色"活动中，教师为幼儿提供红、黄、蓝三种颜色的颜料和清水，鼓励幼儿完成配色实验，幼儿在各种不同的调色实验中，通过仔细观察和反复比较，感知每次实验中液体颜色的变化，能够用完整的语言正确描述实验过程，完成简单的观察记录。还有，生态区"照顾小蝌蚪"活动，让幼儿在养殖小蝌蚪的过程中，观察并发现不同时期小蝌蚪外形的变化，感受小蝌蚪变成小青蛙的生长过程，并以绘画的形式完成每天的观察记录。因此，教师在评估幼儿的观察能力时，往往会从幼儿的实验频率、观察后语言讲述及做出的观察记录中获取信息，做出正确评价。

知识驿站

情感，是一种主观的体验，是一种感受，它以一种激情的方式进入意识层面。

知识，是指人们对某个客观事物的特征、属性及联系的反映。

技能，是指通过练习而获得的能够完成一定任务的动作系统。

四、课证融通

本模块对应的幼儿教师资格证考试——"保教知识与能力模块"的考试目标、内容与要求、真题，见表4-13。

表4-13　幼儿教师资格证考试——"保教知识与能力"模块的考试目标、内容与要求、真题

内容体系
一、考试目标 幼儿园教育评价的基础知识和能力。了解教育评价的基础知识，能够运用评价知识对教育活动进行反思，改进保育教育工作。 二、考试内容与要求 （1）了解幼儿园教育评价的目的与方法，能对保育教育工作进行评价与反思。 （2）能够利用评价手段发现教育活动中出现的问题，提出改进建议。
三、真题 单项选择题： 教育过程中，教师评价幼儿的适宜做法是（　　）。（2018年下幼儿教师资格考试真题） A.用统一标准评价幼儿 B.根据一次测评结果评价幼儿 C.用标准化测评工具评价幼儿 D.根据日常观察所获得的信息评价幼儿

五、阅读思享

推荐理由：

《学前教育科学研究方法》是学前教育专业实践应用型系列教材，编者龚冬梅根据教学经验并在借鉴国内外同行研究成果的基础上编写而成。本书基于学生是学习主体的立场，对学前教育科学研究方法的基本知识、观点及在现实教育研究中的应用进行了阐释。本书既可作为学前教育专业教材，也可以作为幼儿教育科研人员的自学参考书和幼儿园教师的继续教育教材和科研参考用书。

推荐阅读：

龚冬梅.学前教育科学研究方法.上海：东南大学出版社，2017年。

模块五 主题性区域活动的组织与指导

一、岗位能力模型

主题性区域活动的组织与指导岗位能力模型见表5-1。

表 5-1 主题性区域活动的组织与指导岗位能力模型

模块	岗位描述	《幼儿园教育指导纲要（试行）》	《幼儿园工作规程》
主题性区域活动的组织与指导	幼儿园区域活动是建立在动手操作基础上的学习活动，这种寓教于乐、寓教于学的形式符合幼儿的认知特点，也有利于幼儿的发展。开展区域活动，需要教师具备相应的观察和指导能力，及时发现并解决问题，达到寓教于乐的目的	十、教师应成为幼儿学习活动的支持者、合作者、引导者。 （一）以关怀、接纳、尊重的态度与幼儿交往。耐心倾听，努力理解幼儿的想法与感受，支持、鼓励他们大胆探索与表达。 （二）善于发现幼儿感兴趣的事物、游戏和偶发事件中所隐含的教育价值，把握时机，积极引导。 （三）关注幼儿在活动中的表现与反应，敏锐地察觉他们的需要，及时以适当的方式应答，形成合作探究式的师生互动。 （四）尊重幼儿在发展水平、能力、经验、学习方式等方面的个体差异，因人施教，努力使每个幼儿都能获得满足和成功。 （五）关注幼儿的特殊需要，包括各种发展潜能和不同发展障碍，与家庭密切配合，共同促进幼儿健康成长	第二十九条 幼儿园应当将游戏作为对幼儿进行全面发展教育的重要形式。 幼儿园应当因地制宜创设游戏条件，提供丰富、适宜的游戏材料，保证充足的游戏时间，开展多种游戏。 幼儿园应当根据幼儿的年龄特点指导游戏，鼓励和支持幼儿根据自身兴趣、需要和经验水平，自主选择游戏内容、游戏材料和伙伴，使幼儿在游戏过程中获得积极的情绪情感，促进幼儿能力和个性的全面发展

二、知识点与技能点

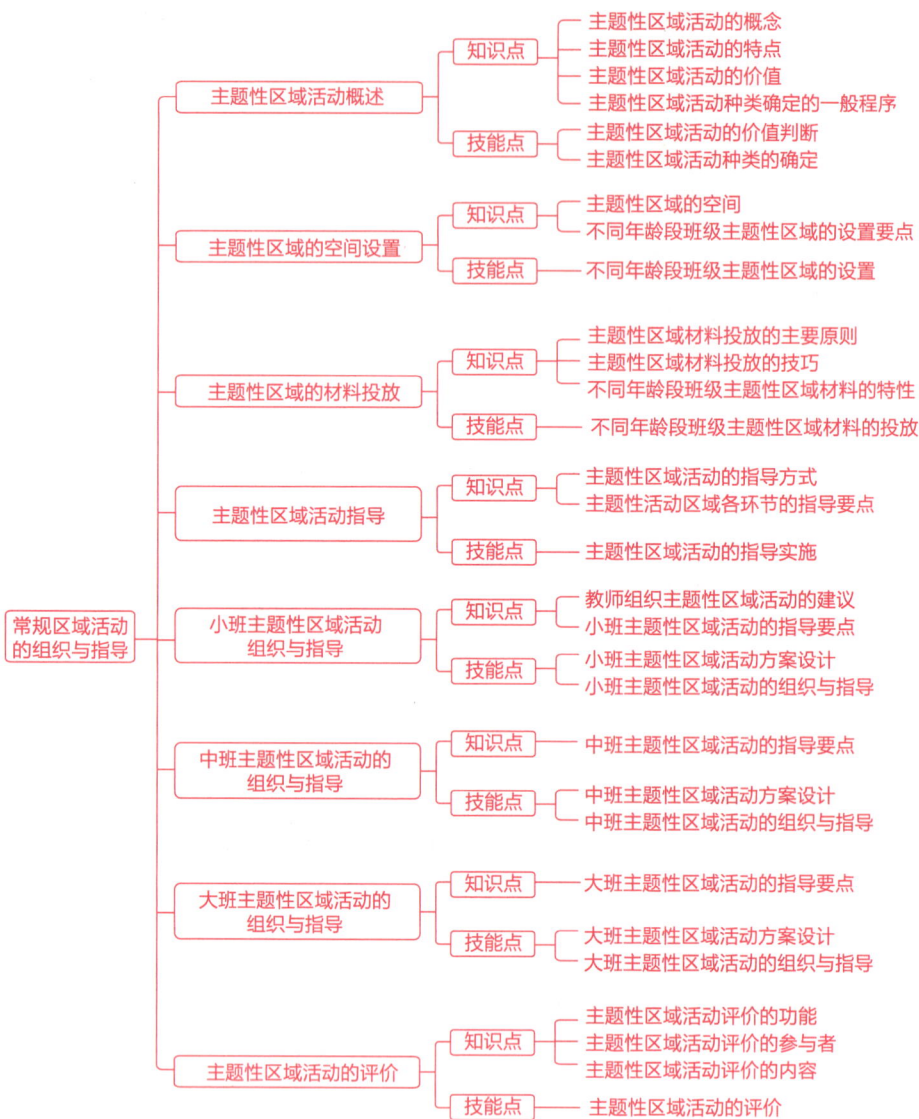

主题性区域活动概述
- 知识点
  - 主题性区域活动的概念
  - 主题性区域活动的特点
  - 主题性区域活动的价值
  - 主题性区域活动种类确定的一般程序
- 技能点
  - 主题性区域活动的价值判断
  - 主题性区域活动种类的确定

主题性区域的空间设置
- 知识点
  - 主题性区域的空间
  - 不同年龄段班级主题性区域的设置要点
- 技能点
  - 不同年龄段班级主题性区域的设置

主题性区域的材料投放
- 知识点
  - 主题性区域材料投放的主要原则
  - 主题性区域材料投放的技巧
  - 不同年龄段班级主题性区域材料的特性
- 技能点
  - 不同年龄段班级主题性区域材料的投放

主题性区域活动指导
- 知识点
  - 主题性区域活动的指导方式
  - 主题性活动区域各环节的指导要点
- 技能点
  - 主题性区域活动的指导实施

小班主题性区域活动组织与指导
- 知识点
  - 教师组织主题性区域活动的建议
  - 小班主题性区域活动的指导要点
- 技能点
  - 小班主题性区域活动方案设计
  - 小班主题性区域活动的组织与指导

中班主题性区域活动的组织与指导
- 知识点
  - 中班主题性区域活动的指导要点
- 技能点
  - 中班主题性区域活动方案设计
  - 中班主题性区域活动的组织与指导

大班主题性区域活动的组织与指导
- 知识点
  - 大班主题性区域活动的指导要点
- 技能点
  - 大班主题性区域活动方案设计
  - 大班主题性区域活动的组织与指导

主题性区域活动的评价
- 知识点
  - 主题性区域活动评价的功能
  - 主题性区域活动评价的参与者
  - 主题性区域活动评价的内容
- 技能点
  - 主题性区域活动的评价

常规区域活动的组织与指导

素职目标

1.通过本模块的学习和训练，培养学生的幼儿教育专业素养。

2.通过本模块的学习和训练，使学生树立以幼儿为本的意识。

任务一 PPT

三、工作任务

★ 任务一　主题性区域活动概述

1.任务描述

乐智幼儿园区域活动开始了，小朋友们分别选择了自己喜欢的区域，然后井然有序地开始了区域活动。在活动进行到一半的时候，乐乐小朋友说："李老师，我发现今天我玩的游戏都是关于蝴蝶的。"李老师装作吃惊地说："哇！乐乐小朋友观察得非常仔细！这个小秘密都被你发现了！"乐乐听后感到很是自豪。李老师在区域活动分享评价环节问小朋友们，"今天有没有发现区域活动有什么不同呢？"小朋友们异口同声地说："发现了，今天游戏材料都是关于蝴蝶的。"李老师请小朋友们回想他们最近参与的关于蝴蝶的活动。小朋友们争先恐后地说了起来，有的小朋友说老师带领他们看了《好饿好饿的毛毛虫》绘本，那里面的毛毛虫最后变成了漂亮的蝴蝶；有的小朋友说老师带领他们表演了《三只蝴蝶》童话剧；还有的小朋友说老师带领他们观看了很多蝴蝶标本……

（1）说一说上述案例中的活动区域属于什么类型及判断依据。这一类型区域的特点是什么？（完成工作表单1）

（2）这一类型区域对于幼儿的价值体现在哪些方面呢？这一类型区域中活动内容确定的一般程序有哪些？（完成工作表单2）

（3）仔细阅读案例，李老师带领小朋友们开展了哪些关于蝴蝶的主题活动？结合案例，请你以"蝴蝶"为主题，设计一个主题性区域网络图。（完成工作表单3）

码 1.1.01
乐美说主题性区域

2.工作表单

工作表单1~工作表单3分别见表5-2~表5-4。

表 5-2　工作表单 1

工作表单1	主题性区域概述	姓　名		学　号	
		评分人		评　分	

1.说一说上述案例中的活动区域属于什么类型及判断依据。（选择题）

上述案例中的活动区域属于（　　　）。

A. 常规区域　　　　B. 主题性区域　　　　C. 特色区域　　　　D. 户外区域

我的判断依据是＿＿＿＿＿＿＿＿＿＿＿＿＿＿＿＿＿＿＿＿＿＿＿＿＿＿＿。

2.这一类型区域的特点是什么？

（　　）类型区域的特点

表 5-3　工作表单 2

工作表单2	主题性区域的价值	姓　名		学　号	
		评分人		评　分	

1.这一类型区域对于幼儿的价值体现在哪些方面呢？

（1）幼儿知识经验更加_____。

（2）促进幼儿_____发展。

（3）促进幼儿_____发展。

（4）幼儿发展更加具有_____。

2.这一类型区域中活动内容确定的一般程序有哪些？

表 5-4　工作表单 3

工作表单3	主题性区域的网络图设计	姓　名		学　号	
		评分人		评　分	

1.仔细阅读案例，李老师带领小朋友们开展了哪些关于蝴蝶的主题活动?

2.结合案例，请你以"蝴蝶"为主题设计一个主题性区域网络图。

3.反思评价

（1）通过本任务的学习，你认为可以从哪些方面对常规区域与主题性区域进行有效区分？

（2）请你对自己在本任务学习中的情况进行评价。

课堂活动参与度　☆　☆　☆　☆　☆

小组活动贡献度　☆　☆　☆　☆　☆

学习内容接受度　☆　☆　☆　☆　☆

4.学习支持

随着《幼儿园教育指导纲要（试行）》（以下简称《纲要》）的颁布与实施，以及人们对幼儿个性和主动学习性的强调，幼儿园区域活动日益受到重视。目前，在整合主题活动主导幼儿园教育活动的背景下，幼儿园在实践中诞生了一种强调和主题活动联系的区域活动，即幼儿园主题性区域活动。

1）主题性区域活动的概念

广义的主题性区域活动是指和活动主题存在着不同程度关系的区域活动，既包括那些和活动主题关系较为密切，并随着活动主题的变化而相应发生明显变化的区域活动，又包括那些和活动主题关系较为松散或不明显，并且往往不会随着活动主题的变化而发生明显变化的区域活动。例如，在小班"汽车嘀嘀"活动主题中，幼儿利用自带的汽车玩具建构"汽车城"的活动，以及利用多种材料（如牙膏盒、牙签、硬纸板等）设计与制作"汽车"的活动，就属于和活动主题关系密切的主题性区域活动。例如，渗透了诸如带娃娃坐车、送给娃娃汽车玩具等有关"汽车"元素的"娃娃家"活动，就属于和活动主题关系松散的主题性区域活动。

（2）狭义的主题性区域活动

狭义的主题性区域活动是指那些和活动主题关系密切并随着活动主题的变化而相应发生明显变化的区域活动，尤其是随着新的活动主题的诞生、发展与结束而相应诞生、发展与结束的区域活动，而相应的活动区域便被称为主题性区域。

2）幼儿园主题性区域活动的特点

（1）依存性

政策法规

《幼儿园教育指导纲要（试行）》指出，活动区域的教育价值主要附着在区域内的操作、情境及相应的活动中。幼儿园主题性区域活动中，影响活动效果的主要因素之一就是材料。幼儿园主题性区域活动有利于幼儿的自主性、独立性和主动性的发展。在主题性区域活动中幼儿经过自由选择、自主操作，能够提高他们的专注性，有利于幼儿良好注意品质的形成。

在主题性区域开展的活动不能脱离具体的活动主题而单独存在，必然依存于某一具体活动主题的诞生、发展与结束而相应地变化，这即是主题性区域活动的依存性。需要注意的是，主题性区域活动对活动主题的依存性往往并非同步，而是存在不同程度的超前或滞后现象。

（2）动态性

主题性区域活动对某一具体活动主题的依存性，决定了它的动态性，主要体现在内容和种类两个方面。

内容的动态性主要体现为主题性区域的活动内容会随着同一个活动主题的内容变化而相应地变化。例如，在小班"汽车嘀嘀"活动主题中，虽同是在美工区中利用各种材料设计制作"汽车"的活动，但随着幼儿对汽车了解的不断深入及材料的不断丰富，幼儿在美工区中会不断采用新的方式使用材料设计制作新的汽车，即这一主题性区域活动的具体内容发生了相应变化。

种类的动态性主要体现在三个方面：一是主题性区域数量的动态性，即在活动的不同阶段，主题性区域的数量不确定，具有动态性；二是主题性区域性质的动态性，即某一具体的活动区域在不同活动主题间的切换或同一活动主题的不同阶段，因其与活动主题之间关系的性质在"密切—松散""显性—隐性""直接—间接"三个维度上的变化而在主题性区域和常规区域之间不断的转化；三是主题性区域形态的动态性，即某一具体的主题性区域因幼儿的参与与否而在潜在的主题性区域和现实的主题性区域两种形态之间相互转化。

（3）生成性

主题性区域活动的动态性，在很大程度上决定了活动在种类与内容等方面具有不确定性，即很难或者无法事先准确计划与确定，但是在具体活动开展过程中，在包括幼儿需要、幼儿兴趣等多方面因素共同作用下活动的种类和内容被即时生成，这即是主题性区域活动的生成性。

需要注意的是，强调主题性区域活动的生成性，并非意味着否定甚至反对教师的事先计划。任何有价值的生成性恰恰需要内在的计划性，只是此时的计划设计是一种行动的指导而非指令。内在具体的不确定性，可以而且应该随着具体情境的变化而随之变化。

（4）并存性

主题性区域活动的并存性主要体现在种类与内容两个方面：一是种类的并存性，即主题性区域与常规区域并存。具体地说，在某一活动主题背景下，并非所有活动区域都是主题性，而且相当一部分活动区属于常规区域，两类活动区域并存。二是内容的并存性，即某一具体活动区域中的活动经常是主题性区域活动和常规区域活动并存。具体地说，在某一具体活动区域中开展的活动经常并不全是主题性区域活动，或者全是常规区域活动，而是有一部分属于主题性区域活动，有一部分属于常规区域活动。

3）主题性区域活动的价值

①主题性区域活动有利于发展幼儿主动性、实践性的人格。

②主题性区域活动有利于幼儿自主探索性的发展。

③主题性区域活动有利于幼儿主体性、创造性的发展。

④主题性区域活动有利于幼儿社会性的发展。

⑤主题性区域活动的规则有利于幼儿学习自律、尊重他人、认识体验并理解基本的社会行为规则。

幼儿园区域活动是满足幼儿个体发展的需要，培养幼儿的主动探索精神，发展幼儿能力的一种教学形式。

首先，区域活动为幼儿提供了发现和发展个性潜能的机会，使他们能够建立适合于自己的发展模式，包括利用自己的长项、弥补自己的不足，从而使自己树立起信心。

其次，区域活动让幼儿以个体或小组的方式自主选择、自主操作、探索、学习，从而在和环境的相互作用中，利用和积累、修正和表达自己的经验和感受，在获得游戏体验的同时获得身体、情感认知及社会各方面发展的一种教育组织形式。

最后，幼儿园中开展的区域活动是针对幼儿的特点所采用的一种行之有效的教育形式，它在促进幼儿身心和谐发展方面起到了重要的作用。但教师在幼儿园区域活动中的角色往往难于准确把握，教师指导间接性的特点容易被忽视，区

名人观点

儿童的智慧源于材料。

——让·皮亚杰

域活动的教育价值没有发挥出来。

4）主题性活动区域种类确定的一般程序

（1）判断活动主题的需要

在确定主题性区域活动种类的过程中，教师首先要分析与判断活动主题的需要。一般情况下，在一个新的活动主题的孕育阶段，教师要分析和判断新主题孕育与生成的内在需要及条件，主要包括幼儿的兴趣萌发与经验准备。

（2）了解幼儿的经验背景

教师应了解幼儿的经验背景，洞察与把握蕴含其中的未来发展动向，找到幼儿活动的动向与活动主题发展动向之间的契合点，顺势生成与确定主题性区域活动。

（3）初步确定活动区域的种类

在判断了活动主题的需要，分析了幼儿经验背景的基础上，找到活动发展的内在需要与新动向，以及与幼儿未来活动的需要与动向之间的契合点，就可以初步确定主题性区域活动的种类。

（4）不断调整区域活动的种类

主题性区域活动种类的确定不是一成不变的，而是随着活动的发展需要及幼儿兴趣与需要的变化而相应调整。这种调整既包括种类数量的调整，即增加或减少；也包

括种类性质的调整，即在主题性区域活动与常规区域活动之间的转化；还包括种类形态的调整，即在潜在的与现实的两种形态之间的转化。总之，主题性区域种类的调整贯穿整个活动的始终，包括孕育、拓展与延伸等不同阶段。

主题性区域种类确定的以上四个环节的顺序并非严格固定不变，尤其是前两个环节，在实践中经常是相互交织、影响与制约的。例如，为了顺应主题活动的发展需要，教师可能会通过投放材料、提问等多种方式引导或者影响幼儿活动的兴趣、需要与走向；与此同时，幼儿在实践中表现出的活动兴趣、需要与动向，如果符合教育目标，又往往会生成新的活动内容，进而影响甚至决定主题活动的发展需要与动向。因此，在确定主题性区域活动种类的过程中，这两个环节的顺序是可以灵活调整的。

> **温馨提示**
>
> 教师观察并记录幼儿游戏、行为和互动以评估他们的发展情况，进而设计和调整课程及教学。

任务二　主题性区域的空间设置

1.任务描述

任务二 PPT

老师看到悠悠独自一人在益智区中活动，他刚开始时还兴致勃勃的，过了一会儿就感觉没意思了，在活动区来回游荡。在音乐表演区，图图、可乐和豆包正在表演《拔萝卜》，但是人手不够，图图提议邀请悠悠参与表演，可乐和豆包表示赞同。悠悠收到他们的邀请显得非常高兴，爽快地答应了，并且显得有点迫不及待。悠悠刚想跑到音乐表演区时，忽然想起应该征求老师的同意，但得到的答复却是"不能随便更换区域"。听了老师的话，悠悠满脸失望，无可奈何地继续在益智区"游荡"，直到区域活动结束。同时，音乐表演区中的图图、可乐和豆包显然也有些失望，只好三个人表演起来。

（1）案例中幼儿在进行区域活动过程中，出现了什么问题？老师是如何解决这个问题的？你如何评价案例中老师的做法？请说出自己的观点。如果你是班级教师，你会如何解决案例中的问题？为什么？（完成工作表单1）

（2）结合实践，小组讨论主题性区域的空间设置应该如何转变？案例中的幼儿属于哪

个年龄阶段的？这个年龄阶段幼儿的主题性区域设置的要点有哪些？（完成工作表单2）

（3）结合案例，小组讨论主题性区域该如何进行调整优化？请你根据自己所在班级的实际情况，设计一个主题性区域布置图。（完成工作表单3）

2.工作表单

工作表单1~工作表单3分别见表5-5~表5-7。

表5-5　工作表单1

工作表单1	主题性区域的空间设置	姓　名		学　号	
		评分人		评　分	

1.案例中幼儿在进行区域活动过程中出现了什么问题？老师是如何解决这个问题的？你如何评价案例中老师的做法？请说出自己的观点。

（1）案例中出现的问题：

（2）老师的解决方式：

（3）老师的做法是否合适：□合适　　□不合适

因为：＿＿＿＿＿＿＿＿＿＿＿＿＿＿＿＿＿＿＿＿＿＿＿＿＿＿＿＿＿。

2.如果你是班级教师，你会如何解决案例中的问题？为什么？

我的解决方式：＿＿＿＿＿＿＿＿＿＿＿＿＿＿＿＿＿＿＿＿＿＿＿。

原因：＿＿＿＿＿＿＿＿＿＿＿＿＿＿＿＿＿＿＿＿＿＿＿＿＿＿＿。

表5-6　工作表单2

工作表单2	主题性区域的设置策略	姓　名		学　号	
		评分人		评　分	

1.结合实践，小组讨论主题性区域的空间设置应该如何转变？

（1）空间的_____：从室内走向室外。

（2）空间的_____：从封闭走向开放。

（3）空间的_____：从独享走向共享。

（4）态性的_____：从静态走向动态。

2.案例中幼儿属于哪个年龄阶段的？这个年龄阶段幼儿的主题性区域设置的要点有哪些？

案例属于：_____。

主题性区域设置要点：

·他们更乐于通过亲自试一试获得更多的_____，不满足于教师给予的"是什么"，而更热衷于"为什么"的探究；

·不满足于教师所限定的一些内容，更乐于自主选择活动内容、活动方式（或确定活动主题），参与活动更积极，在活动中的创造性更为明显；

·_____；

·_____；

·随着交往能力的提高，幼儿之间的交流也随之增多，常常是在一次活动中参与多项内容的操作或者几个并不矛盾的角色转换交替进行。例如，一会儿扮演回到家里的爸爸，一会儿又成了正在上班的爸爸；

·_____；

·在自我操作或与他人合作活动的过程中，常常会评价他人的对错；

·_____。

表5-7 工作表单3

工作表单3	主题性区域的空间优化策略	姓 名		学 号	
		评分人		评 分	

1.结合案例，小组讨论主题性区域该如何进行调整优化？

（1）合理的空间布局

①＿＿＿＿＿＿＿＿＿。

②＿＿＿＿＿＿＿＿＿。

③＿＿＿＿＿＿＿＿＿。

（2）通透的隔离物

（3）＿＿＿＿＿＿＿

（4）＿＿＿＿＿＿＿

2.请你根据自己所在班级的实际情况，设计一个主题性区域布置图。

3.反思评价

（1）通过本任务的学习，请你思考，小班主题性区域空间设置的要点有哪些？

_____

_____

_____。

（2）请你对自己在本任务学习中的表现进行评价。

课堂活动参与度 ☆ ☆ ☆ ☆ ☆

小组活动贡献度 ☆ ☆ ☆ ☆ ☆

学习内容接受度 ☆ ☆ ☆ ☆ ☆

4.学习支持

主题性区域活动的依存性与动态性，赋予了主题性区域空间更强的灵活性。主题性区域的空间调整相对于常规区域更加具有挑战性。

注意事项

设计与布置室内空间，以便容纳单个、小组和全班幼儿，形成不同的活动区域，并以支持幼儿游戏和学习的方式提供、摆放材料。

1）主题性区域的空间

主题性区域的空间实现了多方面的重要转变，主要体现在空间的拓展、空间的关系、空间的使用与态性的转变四个方面。

（1）空间的拓展：从室内走向室外

一般情况下，幼儿园活动区域的空间主要局限在活动室内。实践中，不少幼儿园也自觉地尝试利用幼儿园的过道、走廊等室外空间。例如，有的幼儿园就开展过"社会一条街"活动的实践探索，即在幼儿园的过道或空地处开辟一个空间，设置"邮局""银行""理发店"等活动区域，这样整个幼儿园不同年级与班级的幼儿可以轮流在这些区域开展活动，但不同年级或班级之间互不沟通，并且每个班级在这里区域开展活动之后，要尽量将这些区域恢复原样。"社会一条街"活动探索的一个积极意义是，充分挖掘与利用了幼儿园过道的空间资源，使活动区域的空间实现了拓展，从室内走向了室外。

（2）空间关系：从封闭走向开放

主题性区域活动内在的要求是打破封闭的空间观，主张并强调一种开放的空间观，即各活动区域在具有相对独立、完整的空间的同时，更强调空间的灵活性与开放性，不同活动区域之间的关系不再是"边界"，而是"边缘"。"边缘"是将阻碍双方交流的界墙拆除后的边界，可以容纳或包容双方，并促进交流和交融，容易产生新生事物。

（3）空间的使用：从独享走向共享

实践中，幼儿园活动区域的使用对象一般局限于班级内部成员，即为本班幼儿所独享。与此不同，主题性区域活动主张与强调活动区域的空间不仅向本班幼儿开放，同时向其他班级甚至其他年龄段的幼儿开放。此时，活动区域的使用实现了从被某班幼儿所独享向被全园幼儿所共享的根本性转变。一部分幼儿园进行了公共活动区域的实践探索，即利用班与班之间相邻的空间设置活动区域，该空间和空间中设置的材料为这些班幼儿所共享，活动内容也由他们共同商议设计。公共区域经历了从凸显实用性的空间策略，到逐渐呈现对幼儿发展，尤其是幼儿社会性发展的特殊价值，再到力求突破原有空间局限、充分利用信息资源、实现更大更深互动的实践探索的过程。在此过程中，公共区域从班与班之间相邻的公共空间，逐渐拓展到整个幼儿园；应用 的策略也从为克服活动空间不足的实用性空间策略，逐渐发展为深化区域之间及幼儿之间互动的品质优化策略。在实践中，教师们提出了一些公共区域的利用方法，主要包括平行活动、共享活动、合作活动、互动活动等。其中，平行活动是指同年龄的幼儿参加同一内容的活动，往往会产生互相启发、互相竞争、学习与陌生幼儿结伴等行为；共享活动是指，不同年龄段的幼儿参加同一内容的活动，一部分幼儿的活动成果成为其他人活动的背景材料；合作活动是指，同年龄段或混龄幼儿参加同一区域活动，往往会产生意料之外的互补、合作的效果；互动活动是指，幼儿园的各个班级通过"快讯"向全园发布开放活动的信息，人人都能参与自己感兴趣的活动，也能邀请他人参加自己的活动。公共区域的四种主要利用方法中，空间共享的幼儿范围不同。其中，平行活动是同年龄段幼儿共享活动。

（4）态性的转变：从静态走向动态

主题性区域应从静态走向动态，具体包括两个方面，一是集体活动与区域活动的空间根据需要灵活调整与动态变化。集体活动时，活动室四周的活动区域完全可以根据需要进行压缩，将多余的空间让给集体活动使用；同样，区域活动时，活动室中央的集体活动空间完全可以让给区域活动使用，成为活动区域空间。总之，此时的活动室空间并没用被严格地划分成固定的集体活动空间与区域活动空间，而是完全根据活动需要确定空间的用途与大小。二是不同活动区域应根据需要灵活调整与动态变化，即活动区域的空间大小应根据参与其中的幼儿人数的多少确定。当某一活动区域吸引了很多幼儿参与时，完全可以扩大此活动区域的空间，相应地可以压缩那些很少甚至没有幼儿参与的活动区域的空间。此外，在主题活动开展过程中，当有些主题性区域活动不再需要时完全可以取消。

2）小班主题性区域活动的设置要点

3~4岁小班幼儿好奇、好动，语言交往能力、生活自理能力及协调能力等相对较差，思维的直观性、具体形象性更为明显，直接动作对于促进幼儿的发展更有意义。他们在参与活动时有以下几个明显特点。

①喜欢做与教师或者他人一样的活动，尤其会对教师操作示范过的材料感兴趣，表现出明显的模仿性特点。

②喜欢色彩鲜艳、有声响的、呈动感的，但操作方式、操作程序相对比较简单的玩具和用具。

③对活动中的合作行为较为淡漠甚至有些排斥，喜欢一人一份材料独自游戏。

④游戏水平尚处于独自游戏及平行游戏的阶段，经常是独自一人静静地操作，虽然进行一些交流，但更多的是矛盾发生时的一些简单的语言交流或操作中的自言自语。

⑤大多数活动是在教师的引导下进行的。

⑥乐于进行重复性活动，即使未改变操作要求与操作方法，他们也常常百玩不厌，自得其乐。

⑦注意力容易转移，活动较易受周围环境的干扰。

⑧常常热衷于敲敲、打打、插插、摆摆等操作性活动，目标意识淡薄，难以区分真实与虚拟的情境。

3）中班主题性区域的设置要点

中班幼儿好奇、好说、好问、好动，对活动的兴趣与自主性明显提高，但因幼儿的自控能力与规则意识尚未真正建立，因此中班幼儿常显得较难管理。中班幼儿在活动中经常表现出以下主要特点。

①在参与各项活动的过程中，开始显得积极主动，乐于自主选择感兴趣的活动。

②幼儿间的交流增多，但更多的是个体性活动；合作行为比较多地出现在手工操作活动和建构活动中并且不够深入，合作行为经常与替代别人完成任务的行为交替出现。

③当操作中有了新的发现或获得成功时，乐于用语言将这种情绪或发现表达出来，并急于讲给同伴听。

④非常喜欢新鲜的材料与内容，对感兴趣的活动能安静地进行操作，但是一旦完成了任务，一般不愿再次操作。

⑤能尝试根据操作提示或要求操作材料，有了目标意识，希望成功，能在操作中得到满足。

⑥对活动的需求日益增强，有时会因对材料的争夺、不能遵守规则等彼此间产生矛盾。

⑦在活动区域中日显活跃，但由于缺少自控能力，常因"毛手毛脚"而出现闯祸的行为。

⑧活动区域中的游戏以虚拟为主，偶有与现实不分的现象。

4）大班主题性区域的设置要点

①大班幼儿更乐于通过亲自试一试来获得更多的经验和解决问题的方法，不满足教师给予的"是什么"，而更热衷于"为什么"的探究。

②不满足教师所限定的一些内容，更乐于自主选择活动内容、活动方式（或确定活动主题），参与活动更积极，在活动中的创造性更为明显。

③不轻信别人的结论，只有自己亲自经历和验证了，才相信并接受。

④注重活动的过程和结果，成功时常有明显的喜悦和成就感，但失败时也常会显

得沮丧。

⑤随着交往能力的提高，幼儿之间的交流也随之增多，常常是在一次活动中参与多项内容的操作或者几个并不矛盾的角色转换交替进行。例如，一会儿是回到家里的爸爸，一会儿又成了正在上班的爸爸。

注意事项

（1）如果幼儿园活动场地较小、师生比率过低，一般采用分层进区法。

（2）园舍条件好、活动区域与进餐区域能分开，且师生比率较高的幼儿园，在开展区域活动时，单次启动可采用自然进区法。

（3）小班开始阶段，幼儿自主能力较弱，适宜采用分层进区法。

⑥乐于进行一些合作性、竞争性的活动，并在与同伴交流、协作甚至是争论中多次反复尝试操作，在解决矛盾中获得发展。

⑦在自我操作或与他人合作活动的过程中，常常会评价他人的对错。

⑧会将其他活动区域的活动"同化"或者有机地整合到自己的活动中，如会把手工制作区域内制作的衣服、帽子、点心等送到商店去售卖。

★ 任务三　主题性区域的材料投放

任务三 PPT　　"主题性区域材料投放"图片展示

1.任务描述

乐智幼儿园的小（一）班和小（二）班都即将开展有关糖果的活动，教师们希望小朋友们能从家里带一些糖果，两个小班的教师采取了不同的做法。小（一）班教师在活动室外的家长公告栏中张贴了一则通知，内容是："各位家长好，明日请您为幼儿带两块水果糖，谢谢您的合作！"小（二）班教师在晚间离园时请家长到班里做客，与家长聊起了幼儿在园的情况及兴趣点，并向家长详细介绍了所要开展的主题游戏活动，同时请家长帮忙准备糖果。第二天，小（一）班几乎所有家长都为幼儿准备了糖果，但也只是按照通知的要求让幼儿带了两块水果糖；而小（二）班所有家长不仅为幼儿准备了糖果，并且让幼儿带了很多种类的糖果。

（1）案例中两位老师对于主题活动材料的收集分别采用了什么方法？你比较认同哪位老师的做法？作为幼儿园教师应该具备什么样的材料投放观念？（完成工作表单1）

（2）结合实践与案例，小组讨论教师在进行主题性区域材料投放时应该遵循哪些原则？材料投放后如何进行有效调整？（完成工作表单2）

（3）结合走园实践，说一说针对不同年龄段幼儿，教师如何进行适宜性材料投放？（完成工作表单3）

2.工作表单

工作表单1~工作表单3分别见表5-8~表5-10。

表5-8　工作表单1

工作表单1	主题性区域的空间设置	姓　名		学　号	
		评分人		评　分	

1.案例中两位老师对于主题活动材料的收集分别采用了什么方法？你比较认同哪位老师的做法？

材料收集方法：

小（一）班老师：_____。

小（二）班老师：_____。

你认同哪位老师的做法？_____。

原因：_____。

2.作为幼儿园教师应该具备什么样的材料投放观念？

（1）材料的内涵：从单个到系统

① _____。

② _____。

③ _____。

（2）材料投放者：_____。

案例中老师的观念为：

表5-9 工作表单2

工作表单2	主题性区域材料的投放原则	姓 名		学 号	
		评分人		评 分	

1.结合实践与案例,小组讨论教师在进行主题性区域材料投放时应该遵循哪些原则?

安全性

2.材料投放后如何进行有效调整?

表 5–10　工作表单 3

工作表单3	主题性区域各年龄阶段材料投放	姓　名		学　号	
		评分人		评　分	

1.结合走园实践，说一说针对小班年龄阶段幼儿，教师如何进行适宜性材料投放？

小班主题性区域材料的特性

（1）＿＿＿＿＿＿＿＿＿＿＿＿。

（2）＿＿＿＿＿＿＿＿＿＿＿＿。

①材料应具有真实性。

②材料应具有职业性。

2.结合走园实践，说一说针对中班年龄阶段幼儿教师如何进行适宜性材料投放？

（1）＿＿＿＿＿＿＿＿＿＿＿＿＿＿。

①材料应引发与便于幼儿间的合作。

②＿＿＿＿＿＿＿＿＿＿＿＿＿＿。

③＿＿＿＿＿＿＿＿＿＿＿＿＿＿。

（2）操作性。

①＿＿＿＿＿＿＿＿＿＿＿＿＿＿。

②材料应具有操作的变化性。

③＿＿＿＿＿＿＿＿＿＿＿＿＿＿。

3.结合走园实践，说一说针对大班年龄阶段幼儿教师如何进行适宜性材料投放？

（1）探究性。

①＿＿＿＿＿＿＿＿＿＿＿＿＿＿。

②材料的材质要多样化，具有探究的可能性。

（2）＿＿＿＿＿＿＿＿＿＿＿＿＿＿。

①材料应体现与达成不同的教育功能，具有多元价值。

②＿＿＿＿＿＿＿＿＿＿＿＿＿＿。

3.反思评价

（1）通过本任务的学习，请你任意选择一个幼儿年龄段，以"夏天"为主题进行材料的投放，写出材料名称及要求。

（2）请你对自己在本任务学习中的表现进行评价。

课堂活动参与度 ☆ ☆ ☆ ☆ ☆

小组活动贡献度 ☆ ☆ ☆ ☆ ☆

学习内容接受度 ☆ ☆ ☆ ☆ ☆

4.学习支持

幼儿园区域活动具有自由性、自主性、指导的间接性和个性化等基本特性，其中指导的间接性决定了教师主要通过一定的中介实现对区域活动的间接指导。在对区域活动的指导中，教师主要使用两种中介，即教师自身与材料。其中，通过材料投放实现对幼儿区域活动的间接指导是最主要的。总之，材料是幼儿的隐性老师，是幼儿认识的中介和桥梁，更是幼儿开展区域活动的重要物质基础。本任务将在简要分析材料观转变的基础上，提出一些主题性活动区域材料投放的主要原则与技巧，进而分析活动区域材料的年龄适宜性。

1）主题性区域材料投放的主要原则与技巧

（1）材料的内涵：从单个到系统

主题性区域的材料并非一个由孤立的单个材料组成的松散集合体，而是一个由处于和具体的材料使用者关系中的、物质与观念复合形态的、不同材料及其之间关系构成的有机材料系统。

（2）材料从客观存在到意向性存在

主题性区域的材料无法单独存在，而是处于和具体的材料使用者关系中的存在，即意向性存在。具体地说，材料的质量、意义和价值是一个关系范畴，是相对于具体的材料使用者而言的。影响材料质量与价值的因素至少包括三个方面，即材料、材料使用者及二者之间的关系。因此，同一材料对不同幼儿及处于不同时空中的同一幼儿的意义与价值不同；并且，同一材料对于同一幼儿的意义也会因材料与幼儿之间关系（如材料使用方式等）的不同而不同。例如，"落叶"材料，对于20世纪70年代前后经常玩"斗老将"游戏的幼儿而言，是宝贵的游戏材料，是非常有价值的；而对于目前生活在城市中的幼儿而言，他们很少甚至没有玩过或见过"斗老将"游戏，并且一到秋天落叶很快便会被清洁工人当作垃圾清扫干净，在这样的背景下，他们自然便将落叶视为没有价值的"垃圾"。

（3）材料从单一物质形态到物质与观念复合形态

主题性区域强调物质形态材料（如科学区中的小磁铁、回形针等，建构区中的废旧纸箱、积木等）重要性的同时，还非常注重挖掘与利用观念形态材料的独特价值，并强调这两种形态材料之间的有机联系。换言之，主题性区域的材料是一种物质与观念复合形态的材料。

（4）材料从孤立分散到有机联系

实践中我们经常发现，每个活动区域都有属于自己的材料，并且要求幼儿把材料整齐地放置在特定位置。每次材料整理环节的重要任务就是要求幼儿将被"乱放"的材料放回原处。由担心受到"批评"而不敢碰触材料到后来习惯成自然不想组合使用两个区域的材料，

知识驿站

游戏"斗老将"

（1）胜负主要取决于叶柄的结实与否，因此叶子的挑选很重要。

（2）双方将各自持有的叶柄"十"字交叉，并握紧自己的叶柄，由一方说"开始"。开始后游戏者要立刻用力向自己的方向拽叶柄，叶柄先断的一方为输。

游戏时一般一对一地比赛，也可双方同时用两根以上的叶柄比赛，增加拉扯的难度，也提高了趣味性。游戏者还将能连续拔断多根的叶柄戏称为"宝根"或"大王"。

幼儿逐渐养成了在每个活动区域中操作只属于这个活动区域的材料的习惯。这是以割裂不同活动区域的材料，甚至同一活动区域中不同材料之间的关系为代价的。此时，不同活动区域及同一活动区域中的不同材料成了一个由孤立的单个材料组成的松散集合体。

与此形成鲜明对比的是，主题性区域活动的材料观主张不同活动区域及同一活动区域中的不同材料在具有相对独立性的同时，更强调这些不同材料之间的有机联系。正是这种内在的有机联系，使这些材料成为一个有机联系的材料系统，焕发出了新的意义和价值，进而会产生"1+1>2"的效果。

（5）材料投放者：从一元主导到多元对话

主题性区域材料的选择、投放与布置，不是教师一个人的事情，而应广泛动员和引导幼儿、家长、社区相关人员等积极参与。

2）小班主题性区域材料的特性

（1）趣味性

小班幼儿游戏时，专注性比较差，游戏目标易转移。因此，除培养幼儿在区域活动时具有一定的规则意识外，富有趣味性的活动材料更能激发小班幼儿的活动兴趣。

（2）角色性

小班幼儿在游戏中经常缺乏角色意识，兴趣和注意力不稳定，极易受外界因素的影响。他们在游戏中的动作交往多于语言交往，更多依赖材料进行游戏，满足于对材料的摆弄，缺乏交往意识与能力，游戏中反映出的内容比较简单。因此，富有角色性的材料能帮助幼儿在游戏中树立与坚定自己的角色意识，进而促进游戏的开展。

材料的角色性主要体现在材料应具有真实性和材料应具有职业性两个方面。

①材料应具有真实性。

小班幼儿的主题性区域材料应以形象的生活化材料为主，以引发他们的游戏兴趣和简单的游戏行为。例如，娃娃家里有色彩鲜艳、形象逼真的锅、碗、瓢、盆、煤气灶、娃娃、奶瓶、围裙等用具，还有逼真的蛋糕、水果、面包和点心等食物。这些材料符合幼儿的日常生活经验，便于他们操作和模仿。他们可以在娃娃家做饭、喂娃娃喝奶、看电视、洗衣服、往冰箱里放食物等。有了对这些材料的操作经验，他们才会更加强化自己的角色意识，从而有利于游戏的开展。

②材料应具有职业性。

小班幼儿善于模仿，对新鲜的材料比较感兴趣。角色游戏中，不同的材料显示了不同角色的职业，如医院里的医生、银行里的工作人员、汽车司机、理发店的理发师等。这些角色的职业不同，所做的工作也不同，那么所需的材料也就不同。例如，理发店里有洗发水、洗脸盆、毛巾、梳子、椅子等理发用品，还有理发时用的布、刷子、梳子、剪刀、剃头刀、吹风机等工具。这些特有的职业性材料更有助于幼儿进入并保持自己的角色。

3）中班主题性区域材料的特性

（1）合作性

中班幼儿在和同伴游戏时，不仅能使自己投入游戏之中，还可以照顾其他小朋友。这表明中班幼儿在开展活动时，已能同时注意到几种对象。中班幼儿喜欢和同伴一起玩游戏，在活动中他们逐渐学会了交往，会与同伴共同分享快乐，还获得了领导同伴和服从同伴的经验，也了解和学会了与他人交往及合作的方式。因此，教师应为中班幼儿投放富有合作性的主题性活动材料。

材料的合作性主要体现在以下三个方面。

①材料应引发及便于幼儿间的合作。

投放材料时，教师应事先考虑材料操作的合作性，一些材料必须让幼儿互相合作才能完成。例如，在"春雨的色彩"诗歌表演中，教师为幼儿提供了春雨操作台，同时设计了小黄莺、小燕子和小麻雀等棒偶。在表演时，必须由三个幼儿一起合作完成，其中一个幼儿扮演小黄莺，一个幼儿扮演小燕子，还有一个幼儿扮演小麻雀；每个幼儿扮演一个角色，表演时按角色分配进行讲述。

②同一主题性区域中的材料应易于引发不同的合作玩法

例如，在数学区里，教师为幼儿提供了按数插花瓣的材料，薯片圆筒作为花心，在旁边割出插花瓣的口子，用彩纸剪出一片片花瓣。一名幼儿拿出一个数字放在花心，另一名幼儿则根据数字插入对应数量的花瓣。在幼儿合作操作一段时间后，教师又根据幼儿合作操作的需要，给他们提供了记录比较卡。一名幼儿出示数字后，另一名幼儿插好相应花瓣，并记录在比较卡中，然后在记录卡中写出这个数字的两个相邻数。

如一名幼儿出示数字3，另一名幼儿则在记录卡上做记录，并写出3的相邻数2和4。

③不同主题性区域中的材料应便于引发合作玩法。

例如，在"勤劳的人们"主题活动中，教师在科学区中投放了白色的纯棉布、水彩颜料和橡皮筋，让幼儿根据自己的喜好扎染白布，扎染好的白布晒干之后被送到美工区；美工区的幼儿把布裁剪成衣服、裤子等，再交给美工区的其他小朋友，让他们装饰这些服饰；装饰完之后，把服饰拿到数学区，让数学区的小朋友为其标上价格，开展服饰买卖游戏。实践中，教师应结合中班幼儿开展的具体主题活动，投放富有合作性的材料。

（2）操作性

随着身心的不断发展，中班幼儿对周围的环境更熟悉了，见到了新奇的事物，他们会积极地运用感官去探索。中班幼儿在区域活动中的持续时间经常会随材料的操作性而不同，操作性强的材料持续时间长，操作性不强的材料则持续时间短。因此，教师应为中班幼儿提供富有操作性的材料。

材料的操作性主要体现在以下三个方面。

①材料应具有一物多玩性。

中班幼儿的兴趣持续时间较短，因此，材料的一物多玩性能会吸引幼儿与材料的互动。例如，针对瓶盖这一材料，在数学区可让幼儿根据数字放置瓶盖，即数字是几就放几个瓶盖；在美工区，可让幼儿用筷子夹瓶盖或用镊子夹瓶盖；在科学区，可让幼儿匹配瓶子和瓶盖，学习拧瓶盖等。

②材料应具有操作的变化性。

材料经过幼儿的操作之后发生了变化，尤其是发生了一些出乎意料的神奇变化，这对注意力还不是十分专注的中班幼儿来说，是非常需要的。例如，"勤劳的人们"主题活动，在科学区扎染活动中，白布经过扎染之后出现的神奇变化会令幼儿感到非常欣喜与好奇，这给他们的操作带来了乐趣，更能激发他们操作的欲望。

> **温馨提示**
>
> 教师和幼儿一起以可预测的方式摆放活动材料，以便幼儿知道在哪里可以找到材料及应该把它们放回到哪里。

③材料应具有操作的可持续性。

材料在能吸引幼儿参与的同时，也应便于引发幼儿持续地进行操作，使材料操作活动不断丰富与深化。幼儿的材料操作方法具有一定的单一性，因此教师应善于组合材料，将多种材料巧妙利用，形成多变的新材料，吸引并便于幼儿开展丰富多彩的操作活动。例如，在"春天"主题活动中，教师在美工区为幼儿提供了悬挂着的绿布条，让一组幼儿当成"柳条"来学习打结。同时，有另一组幼儿正在学习裁剪迎春花。在两组幼儿操作得富有成效时，教师引导幼儿把迎春花贴在柳条上，这样柳条成了迎春花的枝条，一排柳条就变成了一排迎春花。这有助于推动幼儿的操作持续进行，让幼儿越来越有成就感，让操作越来越具有挑战性与趣味性。

实践中，教师应结合中班幼儿开展的具体主题活动投放富有操作性的材料。

4）大班主题性区域材料的特性

（1）探究性

①材料的操作应具有一定的难度，具有探究的必要性。

探究是幼儿在动脑思考基础上的动手操作，是动脑思考和动手操作交织进行的活动。因此，具有一定难度与挑战性的材料更能引发幼儿探究的欲望。例如，在"勤劳的人们"主题活动中，教师在科学区投放了"拧螺丝"活动材料，主要包括各种螺丝和螺帽，要求幼儿通过匹配和拧来完成拧螺丝的操作。这就要求幼儿首先要匹配相应的螺丝与螺帽，再学习拧的动作，然后选择合适的螺丝刀。

> **知识驿站**
>
> 教师创设对幼儿友好且易用的环境，它包含多元文化材料等元素，可以促进幼儿对多样性的欣赏。

②材料的材质要多样化，具有探究的可能性。

对于爱探究的大班幼儿来说，他们能连续性地完成简单材料的操作。为了给他们提供探究和对比的机会，教师可以为幼儿提供不同材质的材料，让幼儿在相互比较中进行探究学习。例如，在"磨高粱"活动中，教师为幼儿提供了石磨、捣臼、积木和干高粱等材料，让幼儿探究哪种材料与方法能更快地把高粱磨碎。同时，教师还提供了疏密不同的筛网，让幼儿观察筛网的疏密不同对高粱碎末下漏速度的影响。

实践中，教师应结合大班幼儿开展的具体主题活动投放富有探究性的材料。

（2）拓展性

小肌肉运动技能的发展、双手的灵巧性和操作能力的增强，使大班幼儿越来越喜欢那些能满足想象和创造欲望的各种多变的材料。他们能长时间专注地探索事物的多种操作方法。在主题性区域活动中，可将教育目标隐藏在拓展性材料之中，在选择投放操作材料时把握幼儿的年龄特点，考虑材料对本年龄段幼儿的基本适宜性，并力求使材料能满足幼儿现阶段的实际发展需要。

材料的拓展性主要体现在以下两个方面。

①材料应体现并实现不同的教育功能，具有多元价值与多维度设计。

材料应物尽所用，多功能、多角度地实现教学目标，这是实施与实现材料的拓展性的基本点。教师应探索和了解各个活动区域中的各种材料所内隐的不同教育功能，将幼儿的发展目标与这些材料的教育功能准确地对应起来，有目的地引导幼儿开展区域活动。

②材料应根据幼儿活动的需要不断变化，具有动态性。

实践中，教师应根据幼儿的发展变化，使主题性区域材料始终处于动态变化之中。每个活动区域的活动内容与材料应尽可能地贴近幼儿已有的知识和经验，并有利于幼儿循序渐进地获得新的知识和经验。因此，教师应根据幼儿的需求发掘材料的拓展点，不断更新、拓展与丰富材料。

书籍推荐

· 《生气汤》
· 《暴躁的玛雅》
· 《我的情绪小怪兽》
· 《我变成一只喷火龙了》
· 《菲菲生气了——非常、非常的生气》

实践中，教师应结合大班幼儿开展的具体主题活动投放富有拓展性的材料。

任务四 主题性区域活动指导

任务四 PPT　　"主题性区域活动的组织与指导"图片展示

1.任务描述

黄老师发现娃娃家中的"妈妈"一直抱着"娃娃"并哄"娃娃"睡觉。虽然认为游戏情节过于单一，但黄老师并没有直接介入，而是以"邻居"的身份前去"串门"。发现"娃娃"一直在睡觉，就对"妈妈"说："娃娃是不是病了呀？"同时用手摸"娃娃"的额头，很着急地告诉"妈妈"："娃娃发烧了，赶快去看医生吧！""妈妈"听了很着急，急忙带"娃娃"到"医院"看病。看病的过程中，"妈妈"和"医生"有了互动。当"妈妈"在家照顾"娃娃"时，有不少"邻居"听说娃娃生病了就前来探望。之后，教师又给娃娃家及时添置了锅、碗、瓢、盆、灶具等用品，由此又增加了娃娃家中做饭与喂饭等游戏情节。

（1）结合案例，请你说一说案例中黄老师是如何进行区域性游戏指导的？如果是你，你会怎么做？主题性区域活动的指导方式有哪些？（完成工作表单1）

（2）结合实践与案例，小组讨论在主题性区域活动各环节中，教师指导的要点包括哪些？（完成工作表单2）

（3）案例中的幼儿属于哪个年龄阶段？在主题性区域活动中，针对这个年龄段幼儿的指导要点有哪些？（完成工作表单3）

2.工作表单

工作表单1~工作表单3分别见表5–11~表5–13。

表 5–11　工作表单 1

工作表单1	主题性区域活动的指导方式	姓　名		学　号	
		评分人		评　分	

1.结合案例，请你说一说案例中黄老师是如何进行区域性游戏指导的？如果是你，你会怎么做？

案例中黄老师：＿＿＿＿＿＿＿＿＿＿＿＿＿＿＿＿＿＿＿＿＿。

你会：＿＿＿＿＿＿＿＿＿＿＿＿＿＿＿＿＿＿＿＿＿。

2.主题性区域活动的指导方式有哪些？

表 5–12　工作表单 2

工作表单2	主题性区域活动各环节指导要点	姓　名		学　号	
		评分人		评　分	

结合实践与案例，在主题性区域活动各环节中，教师指导的要点包括哪些？

指导环节：＿＿＿＿＿＿＿＿＿＿＿＿＿＿＿＿＿＿。

（1）＿＿＿＿＿＿

①氛围创设。

②新材料投放和各主题性活动逐步开放相结合。

③问题呈现。

（2）＿＿＿＿＿＿

①观察策略。

②询问策略。

③回应策略。

④分层策略。

（3）＿＿＿＿＿＿

①集体交流。

②成果激励。

③指导自评。

表5-13　工作表单3

工作表单3	主题性区域活动各年龄段幼儿的指导要点	姓　名		学　号	
		评分人		评　分	

案例中的幼儿属于哪个年龄阶段？在主题性，区域活动中，针对这个年龄段幼儿的指导要点有哪些？

案例中属于：_____

主题性区域活动的指导要点：

_____。

_____。

_____。

3.反思评价

（1）通过本任务的学习，请你说一说在主题性活动区域中对中大班幼儿的指导要点有哪些区别？

（2）请你对自己在本任务学习中的表现进行评价。

课堂活动参与度 ☆ ☆ ☆ ☆ ☆

小组活动贡献度 ☆ ☆ ☆ ☆ ☆

学习内容接受度 ☆ ☆ ☆ ☆ ☆

4.学习支持

主题性区域活动主张与鼓励幼儿自由选择活动区域并在其中与同伴、材料积极互动，进而获得个性化的学习与发展，除具有自由性、指导的间接性、自主性和个性化等区域活动的一般特点，还具有依存性与动态性等特点。

1）主题性区域活动的指导方式

幼儿园区域活动的自由性、指导的间接性、自主性和个性化等基本特点，决定了主题性区域活动中教师的指导方式也必然是间接指导为主、直接指导为辅。一般情况下，在主题性区域活动指导过程中，教师主要采取材料投放和以游戏者角色介入两种间接指导方式，只有在幼儿违反规则且有可能发生危险（如挥舞手中的剪刀等）或幼儿之间发生激烈冲突时才会采取直接的指导方式。

实践中，教师主要借助材料和自身两种媒介实现对主题性区域活动的指导。其中，以材料投放对区域活动进行指导在本书模块四中有详细阐述，此处不再赘述。本任务将重点阐述以教师自身为媒介对主题性区域活动的三种指导方式，即平行式干预、交叉式干预和垂直式干预。

（1）平行式干预

平行式干预，是指教师与幼儿近距离接触，与幼儿使用相同的材料从事相同的活动，旨在引导幼儿模仿。在此过程中，教师起着暗示指导的作用。在主题性区域活动中，当发现有的幼儿对活动区域的材料性能不了解或缺乏正确的操作方法与技能时，教师就可以在幼儿附近使用同样的材料进行活动，但并不与幼儿发生直接的言行互动（偶尔可以自言自语或发表一些评价，但并无特指对象），也不直接介入幼儿的活动之中，而是利用自身的行为进行榜样示范，对幼儿的活动进行暗示引导。例如，当发现建构区中的幼儿在无序与杂乱地摆弄积木而没有搭建目标时，教师就可以坐在幼儿旁边，使用同样的积木搭建一座大桥或房子。这不仅能吸引幼儿的注意力，更可以促使幼儿模仿如何正确地使用材料以达到自己建构的目的。

（2）交叉式干预

交叉式干预，是指当发现幼儿的活动需要教师指导时，教师以合作者的身份或被幼儿邀请，或自主扮演角色进入活动情境，通过与幼儿的互动达到指导幼儿的目的。在此过程中，仍然由幼儿自主掌握活动进程，教师只是扮演其中的一个角色，根据主题性区域活动的需要对幼儿的行为做出语言或动作方面的反馈。需要注意的是，这里的角色扮演不同于平行式干预中的角色扮演。在平行式干预中，教师扮演的角色只进行独自展现或示范，以达到榜样示范与引导幼儿的目的，在此过程中，教师扮演的角色和幼儿扮演的角色之间始终不发生互动；而在交叉式干预中，教师通过扮演的角色和幼儿扮演的角色之间的互动而实现对幼儿的指导。

（3）垂直式干预

垂直式干预，是指当发现幼儿在主题性区域活动中出现严重违反规则的情况，或激烈争执甚至攻击性行为时，教师直接对幼儿的行为进行干预与引导。例如，当发现益智区中的两名幼儿就飞行棋的行走方法而争论不休并且有可能演变为攻击性行为时，教师应直接介入幼儿的活动，用行动与语言进行讲解与示范，一起和幼儿讨论正确的卜棋方法，直到幼儿最终掌握为止。垂直式干预不同于平行式干预、交叉式干预之处在于，教师不再是以游戏者的角色介入，而是直接以教师的身份介入，处于领导与控制的地位。垂直式干预要求教师有效把握干预的时机，不要因自己的干预而破坏或干扰了幼儿活动的进程或兴致。例如，教师发现一名幼儿在区域活动时间躺在地上、双手在空中比画着时，就采用了垂直式干预方式走上前直接制止了幼儿的这一行为。但事后经过询问才知道，这名幼儿并非在捣乱，而是在"修汽车"，因其之前看到过修车工人躺在地上用双手修理吊起的汽车的情景。这里，教师的垂直式干预就破坏与阻止了幼儿的活动，是不恰当的。因此，垂直式干预不宜多用，且长期使用容易使幼儿养成对教师过分依赖的习惯，不利于幼儿主动解决问题能力的提高。

在平行式干预、交叉式干预和垂直式干预三种指导方式中，前两种属于间接指导方式，能在尽量少影响甚至不影响幼儿活动进程的前提下，保证活动深入开展；而第三种则属于直接指导方式，更多运用的是教师的讲解与示范，以保证活动的顺利进行。实践中，教师应根据具体情况，灵活选择与合理运用这些指导方式。

2）主题性区域活动各环节的指导要点

实践中，主题性区域活动一般包括导入、展开与交流三个环节。教师在这三个环节中的指导要点存在一定差异。

（1）导入环节

在主题性区域活动的导入环节，教师的指导要点主要包括以下三个方面。

①氛围创设的策略。

在主题性区域活动开展的导入环节，教师主要是环境设计的引导者和预备者。在主题性活动区域氛围的创设方面要能体现主题活动的信息，激发幼儿参与主题性区域活动的兴趣和愿望。例如，在中班主题活动"过新年"中，教师引导"娃娃家"的"爸爸"在大门上张贴对联，引导"超市"的"服务员"设计和制作各种新年优惠活动的宣传画并进行悬挂，引导"点心店"的"师傅"推出新年优惠套餐，这样一来，主题性区域就被营造与呈现出一种热闹和喜庆的氛围，为幼儿开展"过新年"活动营造了浓厚的节日氛围。又例如，在中班主题活动"春天里"开展前，师幼共同营造了主题氛围：在美工区的矮柜上立起网架，请幼儿在网架上悬挂绿色的布条作柳条；在语言区的木架上悬挂小雨滴进行装饰；在主题墙面上张贴幼儿在公园、广场春游时的照片。这样一来，"春天里"主题性区域的氛围就非常浓厚了。在氛围创设的过程中，教师要引导幼儿共同参与，这更容易激发幼儿的参与热情。

②新材料投放与各主题性区域逐步开放相结合的策略

在新的主题活动开展前，可以先将该主题的一种新材料投放到某一主题性区域中，以引导幼儿的兴趣点逐渐进行转移。例如，在中班主题活动"勤劳的人们"即将开始之前，教师先在科学区投放了"一"字形、"十"字形的螺丝和螺丝刀，引导幼儿探索如何用螺丝将两块塑料板连接起来；在小班主题活动"春天里"开始前，教师以娃娃家"妈妈"的身份，带领着"家人"一起对娃娃冬天穿的衣服进行整理和晾晒，将主题性区域的材料逐一介绍给幼儿，进而推动主题性区域中活动种类及内容的不断丰富。在此过程中，教师要根据幼儿在区域活动中的表现确定在哪一个主题性区域中率先投放下一个主题的相关材料。

③问题呈现的策略。

在主题活动开展过程中，教师通过向幼儿提出问题的方式自然而然地引出相关的主题性区域活动。例如，小班科学活动"尖尖的春笋"结束时，教师提出问题："这么多的春笋怎么办呢？"根据幼儿的意愿，教师将春笋投放到超市，延伸出了一系列区域活动，包括超市卖春笋、娃娃家春游、点心店春笋品茶会等。又例如，大班幼儿即将上小学了，小朋友们分离之后如何保持联系？面对这个问题，教师可以引导幼儿开展一系列"我要上小学了"主题性区域活动。这种以问题呈现为导入方式的策略，使幼儿在主题性区域活动中更加积极主动，而且容易获得成就感。

（2）展开环节

主题性区域活动的展开环节是幼儿操作各种材料以达成活动目标的阶段，教师要根据主题性区域活动开展的实际情况和幼儿的需要，采取相应的指导策略。展开环节，教师的指导要点主要包括以下四个方面。

①观察策略。

在主题性区域活动中，教师观察幼儿活动时，要会及时判断、捕捉幼儿的所需，并提供积极的支持，促使主题性区域活动开展得更加深入。例如，在主题活动"我们的祖国叫中国"中，教师观察到美工区的幼儿对用扭扭棒制作盘扣非常感兴趣，于是通过展示各种不同的盘扣实物和图片，给幼儿提供了参考和创作的空间，幼儿制作出了各式各样的唐装盘扣。

②询问策略。

当幼儿的活动停滞不前时，教师启发性地询问能促进主题性区域活动在空间、内容等方面有新的拓展。例如，在主题活动"过新年"中，美工区的幼儿包装了许多漂亮的礼物盒，随着礼物盒的增多，美工区展示的空间越来越拥挤。于是，教师以客人的身份介入游戏，询问"工人"："这么多的礼物盒，你们准备送往哪里啊？""客人"的这一询问，激发了幼儿新的灵感："我们要送到超市去。""还有花店，他们也需要礼物。"于是，通过询问就生成了包礼物、送礼物等多个游戏情节。

③回应策略。

当幼儿在主题性区域活动中有新的玩法时，教师的回应会给予幼儿最大的鼓励。例如，在主题活动"我们的祖国叫中国"中，科学区的幼儿进行"月亮船"游戏。当他们了解了大小、轻重不同的月亮船转动的速度之后，有一名幼儿在泥工板上画线条作为轨迹转动"月亮船"。当教师走到他身边时，他用期盼的眼神看着老师，教师及时地给予了肯定，并表扬他很会动脑思考问题。之后，他还探索出了更多的月亮船运行方式。可见，教师的适时及正面回应能促进幼儿在主题性区域活动中探索能力的发展。

④分层策略。

班级中幼儿的发展水平不同，因此教师在设计、投放材料时要考虑材料的层次性。例如，在主题活动"我的家"中，教师在计算区投放记载了按点数、按数字、按合成式、按加减算式题等多种方式的电话号码记录方法的卡片，满足了不同发展水平幼儿的需要。通过材料分层策略，幼儿不仅记住了自己家的电话号码，而且还主动记住了好朋友家的电话号码，加深了与其他幼儿之间的友情，进一步提升了主题性区域活动的目标。

（3）交流环节

交流环节中，教师的指导要点主要包括以下三个方面。

①集体交流策略。

在主题性区域活动中，幼儿在原有内容的基础上有新的发现或拓展时，教师要及时组织幼儿进行集体交流，促使新的内容得到共享。例如，在主题活动"过新年"中，当美工区中幼儿包装的礼物有新的去向时，教师可以组织幼儿说说自己是怎样送礼物的及送礼物时有什么样的感受。通过集体交流，使幼儿体验不同主题性区域之间交往的乐趣，并丰富了过新年的经验。此外，当幼儿在主题性区域活动中对原有的材料有新的玩法时，也可以及时进行集体交流。例如，在主题活动"我们的祖国叫中国"中，幼儿在进行科学区的"月亮船"游戏时，探索出按轨迹转动时，教师就应及时请这名幼儿在全班同学面前介绍自己的玩法，而且还要组织幼儿讨论不同轨迹与"月亮船"运行速度之间的关系，提升幼儿的相关经验与探索能力。

②成果激励策略。

幼儿在主题性区域活动中制作和完成各种作品时，教师要搭建展示的平台，使幼儿产生强烈的成功感。例如，主题活动"我们的祖国叫中国"中，美工区幼儿裁剪、装饰出了许多漂亮的唐装和色彩斑斓的京剧脸谱，为此教师在美工区的上方拉线将脸谱悬挂起来布置环境，在"服装店"开辟了"唐装专卖店"，使幼儿的劳动成果得到了充分展示。另外，当主题性区域活动中有些成果不能像作品那样展示出来时，教师要搭建出与之相匹配的展示舞台，如主题活动"春天里"的"春雨表演"区域活动，当幼儿的角色表演非常出色时，教师要组织其他幼儿一起当观众，欣赏同伴的表演，这是对表演幼儿最大的鼓励，也能进一步激发其他幼儿参与主题性区域活动的兴趣。

知识驿站

- 总结儿童在做什么（让教师和儿童明确事实）。
- 促使儿童做出回应（让教师深入了解儿童的想法）。
- 让儿童知道，教师正在关注他（对他所取得的成就感到满意）。
- 鼓励儿童继续活动。

③指导自评策略。

在主题性区域活动开展的过程中，教师可以设计记录表，引导幼儿在活动结束时记录自己在活动中的表现。例如，"我会玩吗""我高兴吗""我整理好了吗"等活动的记录。教师可以通过幼儿的记录了解幼儿在主题性区域活动中的活动情况，并适时地和幼儿交流沟通，也可以根据幼儿的记录分析出主题性区域活动中的哪种材料是幼儿最喜欢玩的。例如，主题活动"我们的祖国叫中国"中，幼儿每次玩投掷游戏"我们玩过的地方"时，都会在记录表上画出自己的笑脸，表示自己对这个活动非常喜欢并且玩得很开心；而有大部分幼儿在玩过"月亮船"之后进行记录时都表露出不高兴的表情。教师由此可以判断前一份材料比较受幼儿欢迎，而后一份材料需要教师引起重视，是操作较难还是内容枯燥，教师要适时做出调整，从而使主题性区域活动能进一步促进幼儿的发展。

3）主题性区域活动各年龄阶段幼儿的指导要点

小、中、大班幼儿在身心发展水平、知识经验基础、兴趣爱好等方面均存在不同程度的差异，这决定了教师对不同年龄段幼儿的主题性区域活动的指导要点也必然存在不同。

任务五　小班主题性区域活动的方案设计

1.任务描述

任务五 PPT

乐智幼儿园开学了，小（一）班第一个月的主题课程是"我爱幼儿园"，李老师在开展了集体教学之后，开始以"我爱幼儿园"为主题设计区域性活动。李老师将"我爱幼儿园"主题性区域活动的活动总目标梳理如下：

（1）喜欢并适应群体生活；

（2）遵守基本的行为规范；

（3）具有初步的归属感。

根据上述总目标，李老师又设计了"我的一家""礼貌用语""我爱上幼儿园""表情娃娃"等区域活动。

（1）结合案例，请设计"我爱幼儿园"主题性区域活动网络图。（完成工作表单1）

（2）根据实践与案例，请你将工作表单2补充完整。

（3）结合实际，请你设计一个以"我爱幼儿园"为主题的角色区活动方案。（完成工作表单3）

2.工作表单

工作表单1~工作表单3分别见表5–14~表5–16。

表 5–14　工作表单 1

工作表单1	小班主题性区域活动的设计	姓　名		学　号	
		评分人		评　分	

结合案例，请设计"我爱幼儿园"主题性区域活动网络图。

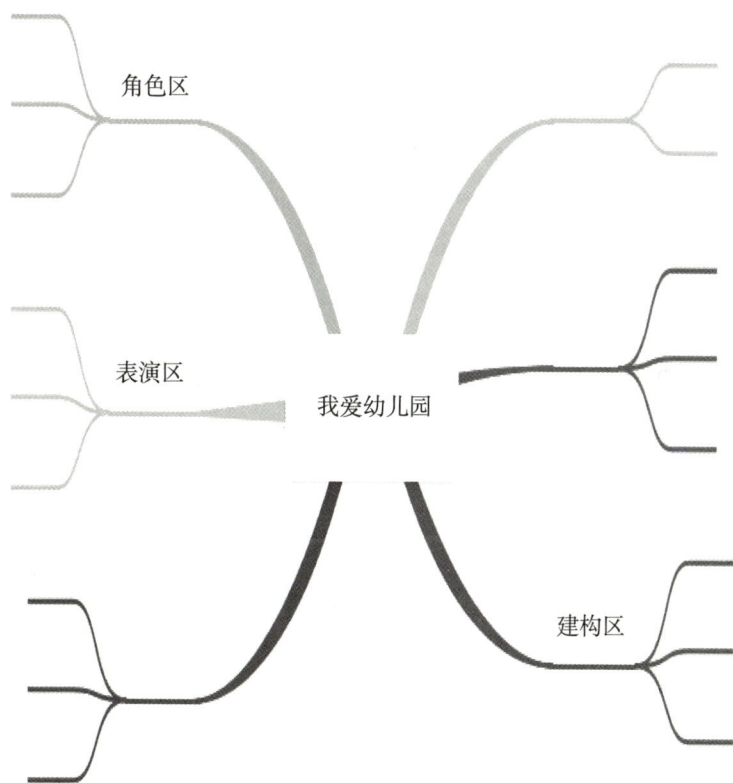

角色区

表演区

我爱幼儿园

建构区

表 5–15   工作表单 2

工作表单2	小班主题性区域活动的活动目标	姓　名		学　号	
		评分人		评　分	

根据实践与案例，请你将下列表格补充完整。

区域	目标	内容
角色区	认识自己所在的幼儿园及幼儿园名称 知道幼儿园有老师、园长等 喜欢上幼儿园，乐于和幼儿园小朋友一起玩耍	幼儿园专属物品，老师的照片
美工区		
阅读区		
建构区		

表 5–16　工作表单 3

工作表单3	小班主题性区域活动的方案设计	姓　名		学　号	
		评分人		评　分	

结合实际，请你设计一个以"我爱上幼儿园"为主题的角色区活动方案。

活动名称：＿＿＿＿＿＿＿＿＿＿＿＿。

活动目标：＿＿＿＿＿＿＿＿＿＿＿＿。

1.认知目标：＿＿＿＿＿＿＿＿＿＿＿。

2.技能目标：＿＿＿＿＿＿＿＿＿＿＿。

3.情感目标：＿＿＿＿＿＿＿＿＿＿＿。

材料解读：＿＿＿＿＿＿＿＿＿＿＿。

材料构成：＿＿＿＿＿＿＿＿＿＿＿。

操作步骤：＿＿＿＿＿＿＿＿＿＿＿。

错误控制：＿＿＿＿＿＿＿＿＿＿＿。

注意事项：＿＿＿＿＿＿＿＿＿＿＿。

变化延伸：＿＿＿＿＿＿＿＿＿＿＿。

活动反思：＿＿＿＿＿＿＿＿＿＿＿。

3.反思评价

（1）通过本任务的学习，请你以"我爱幼儿园"为主题设计一个益智区活动方案。

_____

_____

_____

（2）请你对自己在本任务学习的表现进行评价。

课堂活动参与度　☆　☆　☆　☆　☆

小组活动贡献度　☆　☆　☆　☆　☆

学习内容接受度　☆　☆　☆　☆　☆

4.学习支持

关注幼儿学习与发展的整体性。幼儿的发展是一个整体，要注重领域之间、目标之间的相互渗透和整合，促进幼儿身心全面协调发展，而不应片面追求某一方面或几方面的发展。

尊重幼儿发展的个体差异。幼儿的发展是一个持续、渐进的过程，也表现出一定的阶段性特征。每个幼儿在沿着相似进程发展的过程中，各自的发展速度和到达某一水平的时间不完全相同。要充分理解和尊重幼儿发展进程中的个体差异，支持和引导他们从原有水平向更高水平发展，按照自身的速度和方式到达《3~6岁儿童学习与发展指南》所呈现的发展"阶梯"，切忌用一把"尺子"衡量所有幼儿。

理解幼儿的学习方式和特点。幼儿的学习是以直接经验为基础，在游戏和日常生活中进行的。要珍视游戏和生活的独特价值，创设丰富的教育环境，合理安排一日生活，最大限度地支持和满足幼儿通过直接感知、实际操作和亲身体验获取经验的需要，严禁"拔苗助长"式的超前教育和强化训练。

重视幼儿的学习品质。幼儿在活动过程中表现出的积极态度和良好行为倾向是终身学习与发展所必需的宝贵品质。要充分尊重和保护幼儿的好奇心和学习兴趣，帮助幼儿逐步养成积极主动、认真专注、不怕困难、敢于探究和尝试、乐于想象和创造等良好学习品质。忽视幼儿学习品质培养，单纯追求知识和技能学习的做法是短视而有害的。

1）教师组织主题性区域活动的建议

①创设适宜的主题性区域环境，营造温暖、轻松的心理环境，让幼儿形成安全感和信赖感。例如，保持良好的情绪状态，以积极、愉快的情绪影响幼儿，以欣赏的态度对待幼儿。在主题性区域活动过程中，注意发现幼儿的优点，接纳他们的个体差异，不简单地将其与同伴做横向比较。幼儿做错事时要冷静处理，不厉声斥责，更不能打骂。

②帮助幼儿学会恰当地表达和调控情绪。例如，教师用恰当的方式表达情绪，为幼儿做出榜样，如生气时不乱发脾气，不迁怒于人。教师和幼儿一起谈论使自己高兴或生气的事，鼓励幼儿与人分享自己的情绪。允许幼儿表达自己

政策法规

《3~6岁儿童学习与发展指南》关于健康领域发展目标：

1.情绪安定愉快（3~4岁）

（1）情绪比较稳定，很少因一点小事哭闹不止。

（2）有比较强烈的情绪反应时，能在成人的安抚下逐渐平静下来。

2.愿意与人交往（3~4岁）

（1）愿意和小朋友一起游戏。

（2）愿意与熟悉的长辈一起活动。

3.具有一定的适应能力（3~4岁）

（1）能在较热或较冷的户外环境中活动。

（2）换新环境时情绪能较快稳定，睡眠、饮食基本正常。

的情绪，并给予适当的引导。例如，幼儿在进行主题性区域活动过程中发脾气时不硬性压制，等其平静后告诉他什么行为是可以接受的。发现幼儿不高兴时，主动询问情况，帮助他们化解消极情绪。

③主动亲近和关心幼儿，经常和幼儿一起进行主题性区域活动，让幼儿感受到与教师交往的快乐，建立亲密的师幼关系。

④创造交往的机会，让幼儿体验交往的乐趣。例如，在主题性区域活动中投放适

宜的材料，鼓励幼儿与他人合作和交谈。鼓励幼儿参加同伴的游戏，邀请同伴共同游戏，感受有朋友一起玩耍的快乐。总之，幼儿园应多为幼儿提供自由交往和游戏的机会，鼓励他们自主选择、自由结伴地开展活动。

2）小班主题性区域活动的指导要点

在小班幼儿主题性区域活动中，教师的指导要点主要包括以下三个方面。

①通过营造氛围，提供充足、丰富的活动材料，孕育新的主题性区域活动。

小班幼儿的活动区域意识不强，在选择活动区域时往往是对其中的某一材料感兴趣。因此，教师在主题性区域活动孕育阶段要营造浓厚氛围，提供符合小班幼儿年龄特点、色彩鲜艳、易于操作的材料，激发幼儿对主题性区域活动的兴趣。需要注意的是，小班幼儿常常以自我为中心，喜欢独自操作，因此教师提供材料时在数量上应该保证充足，避免幼儿因材料数量不足而引发矛盾，进而影响主题性区域活动的开展。此外，小班幼儿的个体差异较为明显，因此保证材料数量充足的同时，还要注意材料的层次性。

②通过以交叉式干预为主的方式推动主题性区域活动的深入开展。

小班幼儿注意力集中的时间较短、注意的对象也较少，因此在主题性区域活动开展过程中容易受一些无关因素的影响而转移注意力，中断活动的开展。

③通过材料的添加使主题性区域活动得以延伸和扩展。

小班幼儿对同一游戏的坚持性一般都较短，当游戏玩过一两次之后，就开始丧失兴趣，从而难以使主题性区域活动得以延伸和扩展。此时，教师应通过材料的变化来吸引幼儿的兴趣。

3）"我的小手真能干"主题性区域活动方案设计

活动名称：

夹发卡。

活动目标：

①乐意动手参与操作活动，初步培养自我服务意识。

②知道双手配合夹发卡的方法要领。

③提高手指动作的灵活性。

材料解读：

①根据小班的年龄特点，设置情境化的操作内容为小娃娃夹发卡。

②准备色彩和大小不同的发卡三对。发卡材质不能太硬，要便于小班幼儿操作。

③娃娃的头发可用毛线编织，头发的厚度适中，以方便固定发卡。

④选择质地较硬的卡纸来制作长发娃娃的头像。

材料构成：

①长发娃娃头像1个，发卡3对。

②篮子、收纳小包。

操作步骤：

①将长发娃娃和装发卡的收纳小包从篮子里取出。

②从收纳小包中取出发卡，并按大、中、小的顺序摆成一排。

③取出一对大发卡，按照彩色毛线的颜色提示，将发卡夹到娃娃的头发上，逐一夹好剩余的发卡，欣赏作品。

适合年龄： 3~4岁。

错误控制： 娃娃头发以彩色毛线作为划分区域的标记，此标记提醒幼儿将发卡夹在相应的区域内。

注意事项：

①教师定期检查发卡，如发现损坏应及时更换。

②提醒幼儿先将发卡掰开再夹到头发上。

变化延伸：

①可以选择各式发卡，如弹簧发卡、条状发卡、皇冠发卡等。

②为幼儿提供镜子，让他们对着镜子将发卡夹到自己的头发上，来装饰自己的头发。

知识驿站

（1）儿童发展与学习的所有领域（身体、社会性与情绪、认知）都是重要的，而且各领域密不可分。

（2）儿童发展与学习的许多方面都显而易见地遵循着一定的顺序，后续能力的发展要建立在先前能力发展的基础上。

（3）对不同的儿童来说，他们发展和学习的速度各不相同；对儿童个人来说，他们在不同领域的发展和学习速度也不尽相同。

（4）早期经验具有深远的影响，某些类型的发展与学习存在着最佳时期。

（5）儿童的发展指向更高的复杂性、更强的自我调节能力及更强的符号表征能力。

（6）与成人之间安全、稳定的关系，以及与同伴之间的积极关系，有助于儿童更好的发展。

（7）儿童的发展与学习受多元社会与文化背景的影响。

（8）儿童的学习方式是多样的，教师要采用多种教学策略以有效支持儿童多样化的学习。

（9）游戏是发展儿童的自我调节能力，以及促进其语言、认知与社会交往能力发展的重要手段。

（10）当儿童面临稍微高出他们当前能力的挑战时，发展与学习才能得以推进。

（11）儿童的体验引发了学习动机，塑造了学习品质，如坚持性、主动性与灵活性。

🔖 任务六 中班主题性区域活动的方案设计

任务六 PPT

1.任务描述

春天到了，乐智幼儿园的王老师计划在中班开展以"春天到"为主题的教学活动。王老师先进行集体教学活动，尔后又逐步开展以"春天到"为主题的主题性区域活动。由于王老师刚参加工作不久，对于主题性区域活动还不是特别熟悉，所以在进行主题性区域活动的时候，王老师就强行把关于春天的一切材料都投放到各个区域。但是小朋友们却不能理解王老师投放的材料是干什么的，他们纷纷去问王老师，王老师自己也回答不上来，只能告诉幼儿，区域活动的时候不要到处乱跑。

（1）结合案例，请以"春天到"为主题设计主题性区域活动网络图。（完成工作表单1）

（2）结合实践，请设计以"春天到"为主题的益智区活动总目标，以及4~5岁幼儿益智区活动目标。（完成工作表单2）

（3）结合实际，请你设计一个以"春天到"为主题的益智区活动方案。（完成工作表单3）

2.工作表单

工作表单1~工作表单3分别见表5-17~表5-19。

表5-17　工作表单1

工作表单1	中班主题性区域活动的设计	姓　名		学　号	
		评分人		评　分	

结合案例，请以"春天到"为主题设计主题性区域活动网络图。

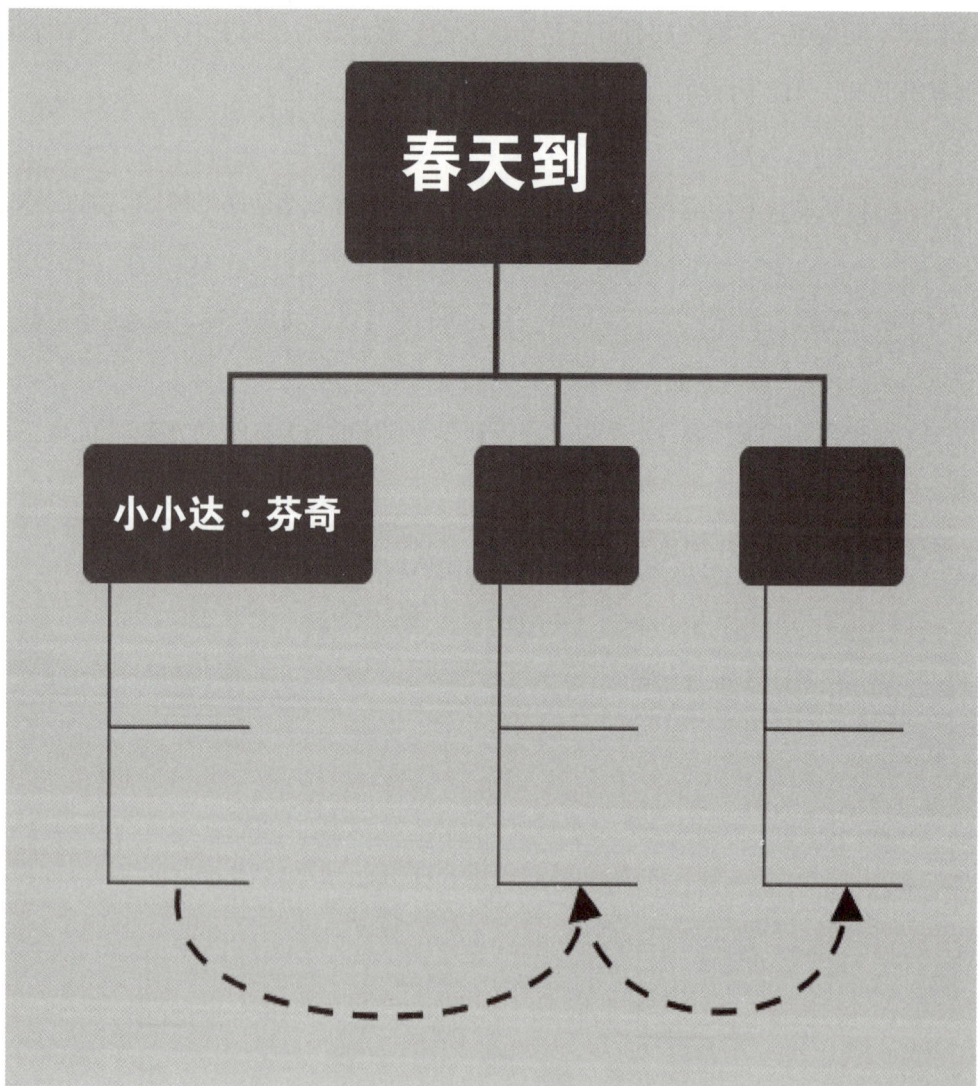

表5-18　工作表单2

工作表单2	中班主题性区域活动的活动目标	姓　名		学　号	
		评分人		评　分	

结合实践，请设计以"春天到"为主题的益智区活动总目标，以及4~5岁幼儿益智区活动目标。

益智区活动总目标：

4~5岁幼儿益智区活动目标：

表 5-19　工作表单 3

| 工作表单3 | 中班主题性区域活动方案设计 | 姓　名 | | 学　号 | |
| | | 评分人 | | 评　分 | |

结合实际，请你设计一个以"春天到"为主题的益智区活动方案。

活动名称：＿＿＿＿＿＿＿＿＿＿＿＿＿＿。

活动目标：＿＿＿＿＿＿＿＿＿＿＿＿＿＿＿＿。

认知目标：＿＿＿＿＿＿＿＿＿＿＿＿＿＿＿＿。

技能目标：＿＿＿＿＿＿＿＿＿＿＿＿＿＿＿＿。

情感目标：＿＿＿＿＿＿＿＿＿＿＿＿＿＿＿＿。

材料解读：＿＿＿＿＿＿＿＿＿＿＿＿＿＿＿＿。

材料构成：＿＿＿＿＿＿＿＿＿＿＿＿＿＿＿＿。

操作步骤：＿＿＿＿＿＿＿＿＿＿＿＿＿＿＿＿。

错误控制：＿＿＿＿＿＿＿＿＿＿＿＿＿＿＿＿。

注意事项：＿＿＿＿＿＿＿＿＿＿＿＿＿＿。

变化延伸：＿＿＿＿＿＿＿＿＿＿＿＿＿＿。

活动反思：＿＿＿＿＿＿＿＿＿＿＿＿＿。

3.反思评价

（1）通过本任务的学习，请你设计一个中班主题性阅读区活动方案，主题自选。

（2）请你对自己在本任务学习中的表现进行评价。

課堂活动参与度　☆　☆　☆　☆　☆

小组活动贡献度　☆　☆　☆　☆　☆

学习内容接受度　☆　☆　☆　☆　☆

4.学习支持

1）中班主题性区域活动的指导要点

针对中班幼儿的主题性区域活动，教师的指导要点主要包括以下三个方面。

①通过提供有趣、可变性强的新材料，激发幼儿参与主题性区域活动的积极性。

随着身心的发展，中班幼儿对周围环境更加熟悉，对区域活动更加喜欢。他们活泼好动，对活动区内有趣、可变性的材料充满了好奇，会积极地运用自己的不同感官进行探索。因此，教师可通过在某一活动区域中提供有趣的、可变性强的新材料来激发和引导幼儿对新主题的参与和探索。

②通过以平行式干预为主的方式推动主题性区域活动的深入开展。

中班幼儿具有丰富、生动的想象力，随着手指动作逐渐灵活，可以尝试完成一些精细动作，对操作性强的材料也非常感兴趣，但由于在动手能力方面还有一定欠缺，经常导致幼儿因在玩的过程中无法获得成就感而放弃操作，这也是制约甚至阻碍主题性区域活动顺利开展的一个重要因素。

③通过有效调整材料，拓展主题性区域活动的内容。

中班幼儿对事物的理解能力逐渐增强，能独立表述生活中的各种事物及现象，因此在主题性区域活动开展的后期，教师可以通过添加、删减、回归等多种材料调整策略拓展活动内容。

政策法规

《3~6岁儿童学习与发展指南》关于幼儿科学领域的发展目标：

1.初步感知生活中数学的有用和有趣（4~5岁）

①在指导下感知和体会有些事物可以用形状来描述。

②在指导下感知和体会有些事物可以用数来描述，对环境中各种数字的含义有进一步探究的兴趣。

2.感知形状与空间的关系（4~5岁）

①能感知物体的形体结构特征，画出或拼搭出该物体的造型。

②能感知和发现常见几何图形的基本特征，并能进行分类。

③能使用上下、前后、里外、中间、旁边等方位词描述物体的位置和运动方向。

2）中班"蝴蝶"主题性益智区活动方案设计

活动名称：

蝴蝶穿花衣。

活动目标：

①激发幼儿积极探索事物数量变化的愿望。

②学习1~10的排序，掌握数与量的对应。

③能手口一致地数数，并说出总数。

材料解读：

①对蝴蝶身上的花纹进行数数，吸引幼儿的兴趣。

②泡沫蝴蝶小卡上的花纹排列可与大卡上的花纹不同。

材料构成：

①贴有1~10数字的蝴蝶大卡片10张、贴有1~10数字的蝴蝶泡沫小卡片10张。

②大袋1个、小袋1个、托盘。

操作步骤：

①取蝴蝶大卡片按1~10的顺序排序。

②将数字相同的蝴蝶大卡片与小卡片上下对应摆好。

③翻看大卡片背后的数字，检查卡片排序是否正确。

④将蝴蝶小卡片重叠在大卡片上。

> 数概念绘本推荐
>
> 《晚安，小数字们》。
>
> 《就一分钟：智者的故事和计数的书》。
>
> 《我粉刷过的房子、我的鸡朋友和我》。
>
> 《1、2、3，砰》。
>
> 《一秒就是打个嗝》。
>
> 《零，无，没有：数不胜数》。

适合年龄：

4~5岁。

错误控制：

蝴蝶大卡片与小卡片上相同数量的点点的颜色相同，背面印有数字。

注意事项：

在为大卡片排序时，引导幼儿观察发现，后面的点点总比前面的点点多一个。

变化延伸：

①可从10到1进行倒数排序。

②投入1~10数字，数字与图卡对应进行排序。

任务七　大班主题性区域活动的方案设计

1.任务描述

任务七PPT

为了提升幼儿对于祖国的认知，从小树立良好的民族自信心和民族自豪感，大（一）班的李老师在班级开展了以"我是中国娃"为主题的教育活动，包括"四大发明""美丽的祖国""祖国大好河山"三个区域活动，小朋友们都非常感兴趣。李老师发现，在集体教学活动结束后，小朋友们仍对与祖国相关的内容十分关注，于是李老师决定在活动区域中投放"我是中国娃"材料。李老师在"娃娃家"投放各民族的服饰；在科学区投放关于四大发明的材料；在美工区投放中国脸谱；等等。

（1）结合案例，请以"我是中国娃"为主题设置区域活动网络图。（完成工作表单1）

（2）结合实践，请设计以"我是中国娃"为主题的区域活动总目标，以及5~6岁年龄段幼儿的主题性区域活动目标。（完成工作表单2）

（3）请你帮助李老师完成"我是中国娃"主题性科学区活动方案设计。（完成工作表单3）

2.工作表单

工作表单1~工作表单3分别见表5–20~表5–22。

表 5–20 工作表单 1

工作表单1	大班主题性区域活动的设计	姓 名		学 号	
		评分人		评 分	
结合案例，请以"我是中国娃"为主题设置区域活动网络图。					

表 5-21　工作表单 2

工作表单2	大班主题性区域活动的活动目标	姓　名		学　号	
		评分人		评　分	

　　结合实践，请设计以"我是中国娃"为主题的区域活动总目标，以及5~6岁年龄段幼儿的主题性区域活动目标。

　　1.区域活动总目标：

　　2.5~6岁年龄段幼儿的主题性区域活动目标：

表 5-22 工作表单 3

工作表单3	大班主题性区域活动方案设计	姓 名		学 号	
		评分人		评 分	

请你帮助李老师完成"我是中国娃"主题性科学区活动方案设计。

活动名称：＿＿＿＿＿＿＿＿＿＿＿＿＿＿＿。

活动目标：＿＿＿＿＿＿＿＿＿＿＿＿＿。

1.认知目标：＿＿＿＿＿＿＿＿＿＿＿＿。

2.技能目标：＿＿＿＿＿＿＿＿＿＿＿＿。

3.情感目标：＿＿＿＿＿＿＿＿＿＿＿＿。

材料解读：＿＿＿＿＿＿＿＿＿＿＿＿＿。

材料构成：＿＿＿＿＿＿＿＿＿＿＿＿＿。

操作步骤：＿＿＿＿＿＿＿＿＿＿＿＿＿。

错误控制：＿＿＿＿＿＿＿＿＿＿＿＿＿。

注意事项：＿＿＿＿＿＿＿＿＿＿＿＿＿。

变化延伸：＿＿＿＿＿＿＿＿＿＿＿＿＿。

活动反思：＿＿＿＿＿＿＿＿＿＿＿＿＿。

3.反思评价

（1）通过本任务的学习，请你以"我是中国娃"为主题完成主题性建构区活动方案设计。

（2）请你对自己在本任务学习中的表现进行评价。

课堂活动参与度　☆　☆　☆　☆　☆

小组活动贡献度　☆　☆　☆　☆　☆

学习内容接受度　☆　☆　☆　☆　☆

4.学习支持

1）大班主题性区域活动的指导要点

在大班幼儿的主题性区域活动中，教师的指导要点主要包括以下三个方面。

①通过问题呈现的方式孕育新的活动主题及相应的主题性区域活动。

大班幼儿爱学、好问，有强烈的好奇心与求知欲。与中、小班幼儿相比，他们更乐于通过亲自尝试来获得更多经验与解决问题的方法，已经不满足于教师给予的"是什么"，而更热衷于"为什么"的探究。我们时常能看到幼儿认真地投入操作、摆弄材料，乐此不疲。例如，冬天到来之际，根据幼儿的兴趣呈现如下问题："动物过冬有自己的方法，那么植物是怎么过冬的呀？"于是大家一起收集植物过冬的图片并张贴在科学区，在自然角使用筷子、塑料袋等帮助低矮植物过冬，在美工区用布条、麻绳等帮助树木过冬。由此孕育、引发了"寒冷的冬天"这一活动主题，进而生成了一系列主题性区域活动。又例如，国庆节前夕，幼儿对"中国之最"产生了浓厚的兴趣："你们知道世界上最长的城墙在哪里吗？""你们知道中国的国粹是什么吗？"……言语之间透露出了他们自己作为一名中国人而感到自豪。于是，教师和幼儿一起动手营造氛围、收集材料，搭建天安门广场、万里长城，制作唐装，绘制脸谱。由此孕育、引发了"我们的祖国叫中国"这一活动主题，进而又生成了一系列主题性区域活动。

②通过提供多层次、探索性较强的材料引发幼儿积极、深入地参与活动。

主题性区域活动的顺利开展使大班幼儿的动作灵活性、控制能力明显增强，创造欲望比较强烈，是探索性强、具有挑战性的区域活动内容。因此，在主题性区域活动开展过程中，教师要根据幼儿对主题活动的需要提供多层次、探索性强的活动材料，使主题性区域活动开展更加深入、有效。

③将主题性活动区域的空间由封闭走向开放，实现活动之间的互动。

大班幼儿在相互交往过程中开始有了合作意识，并体现出一定的合作水平。特别是在主题性区域活动开展过程中，幼儿不再局限于在某一活动区活动，而是随着活动的发展逐渐与其他活动区活动发生联系。主题性活动区域的空间调整，尤其是从封闭走向开放的空间，有助于引发与促进不同主题性区域活动之间的互动。例如，在主题活动"寒冷的冬天"中，由于幼儿在科学区的操作需要到自然角中进行呈现，因此教师将科学区和自然角打通，从中间开出一条小道，让幼儿在科学区操作后能直接进入自然角，不仅扩大了幼儿的活动范围，同时通过这两个主题性活动区域的互通学习，更方便幼儿建构相关的科学知识及能力。

2）大班"我是中国娃"主题性区域活动设计方案

活动名称：

中国著名景点。

活动目标：

①感受中国文化的博大精深，为自己是中国人而感到自豪。

②了解祖国各地的著名风景名胜，熟悉各景点的标志性景色。

③能根据自己的生活经验大胆讲述旅游见闻。

材料解读：

①选择硬纸板或木质的嵌板。

②嵌板的字、图要清晰，色彩要鲜艳。

③嵌板上的凹槽与景点小图卡的大小匹配。

④提供材料时小图卡分开装，便于幼儿思考和操作。

材料构成：

①带凹槽的嵌板、各景点的图卡、记录单、剪刀、胶水。

②托盘、盒子。

操作步骤：

①从托盘中取出景点小图卡，观察各图中的景色。

②取出带凹槽的嵌板，认读上面的景点名称。

③拿起一张景点图卡，摆放到嵌板中与文字相对应的方框里，说一说，如这是天安门。

④依次完成所有的景点图卡。

⑤逐一查看图卡背面的颜色标记与凹槽中的颜色是否一致，如发现错误应及时调整。

⑥对照操作卡填写记录单，并与同伴交流自己的旅游见闻。

适合年龄：

5~6岁。

错误控制：

各个景点的图卡背面和名称上面对应的凹槽用相同的颜色做标记。

注意事项：

①纸板易破损，提醒幼儿从旁边的半圆形小孔的位置取出小图卡。

②对于幼儿不认识的景点名称，教师应给予指导。

变化延伸：

①可增加著名景点所在的城市名称。

②提供世界著名景点的操作材料。

任务八　主题性区域活动的评价

任务八 PPT　　　　幼儿区域活动记录

1.任务描述

幼儿参与主题性区域活动的兴趣评价表见表5-23。

表 5-23　幼儿参与主题性区域活动的兴趣评价表

时间：　　　　班级：　　　　评价者：

主题名称：			
活动区域名称：	参与人数：		
具体指标	评估（在相应栏中填写人数）		
	☆	△	○
对主题性区域活动的期待程度			
对主题性区域活动的喜欢程度			
对活动成果的关心程度			
进行区域活动的持续程度			
对主题性区域活动的深入程度			
主动与其他主题性区域活动相联系			
评价结论			
改进策略			

注：☆、△、○分别代表强烈、较强、一般。

（1）对于案例表格，该表格中主要是对谁进行评价？除了表格中呈现的内容还有哪些评价内容？表格中评价的内容有哪些？（完成工作表单1）

（2）结合实践与案例，主题性区域活动评价的方式有哪些？教师作为活动的组织者，该如何进行有效评价？（完成工作表单2）

2.工作表单

工作表单1~工作表单2分别见表5-24~表5-25。

表 5-24　工作表单 1

工作表单1	主题性区域活动的评价内容	姓　名		学　号	
		评分人		评　分	

1.对于案例表格，表格中主要是对谁进行评价？除了表格中呈现的内容还有哪些评价内容？

案例评价主体：＿＿＿＿＿＿＿＿＿＿＿＿。

还有哪些评价内容：＿＿＿＿＿＿＿＿＿＿。

2.表格中评价的内容有哪些？

对于＿＿＿＿的评价内容：

（1）幼儿参与主题性区域活动的＿＿＿＿＿＿＿＿＿＿＿＿＿＿＿＿。

（2）幼儿在主题性区域活动中的＿＿＿＿＿＿＿＿＿＿＿＿＿＿＿。

（3）幼儿在主题性区域活动中的＿＿＿＿＿＿＿＿＿＿＿＿＿＿＿。

（4）幼儿在主题性区域活动中的＿＿＿＿＿＿＿＿＿＿＿＿＿＿＿。

（5）幼儿在主题性区域活动中的＿＿＿＿＿＿＿＿＿＿＿＿＿＿。

表 5-25　工作表单 2

工作表单2	主题性区域活动的评价方式	姓　名		学　号	
		评分人		评　分	

1.结合实践与案例，主题性区域活动评价的方式有哪些？

2.教师作为活动的组织者，该如何进行有效评价？

（1）教师评价内容

主题性区域活动计划的制订能力

①_____。

②_____。

③生活适宜性。

（2）_____

①目标性

②全面性

③高效性

（3）_____

①规则的合理性。

②_____。

（4）_____。

①反思的习惯性。

②_____。

3.反思评价

（1）通过本任务学习，请你说一说对主题性区域活动评价的功能的认识。

（2）请你对自己在本任务学习中的表现进行评价。

课堂活动参与度 ☆ ☆ ☆ ☆ ☆

小组活动贡献度 ☆ ☆ ☆ ☆ ☆

学习内容接受度 ☆ ☆ ☆ ☆ ☆

4.学习支持

评价是主题性区域活动实践中不可或缺的重要环节，是不断改善主题性区域活动的关键。评价是主体对客体价值的一种观念性把握，是通过系统地收集与分析资料，进而对客体有无价值和价值大小所做的判断。主题性区域活动评价在评价的功能、参与者及时机等方面的特点如下。

1）评价的功能："承上启下"的发展功能

主题性区域活动评价的主要功能或目的不在于甄别、选拔或评比，而在于通过评价更好地了解现状，进而提出针对性的改进建议或策略，最终促进主题性区域活动的不断改善与幼儿发展。因此，主题性区域活动评价主要是一种形成性评价，或过程性评价。具体地说，是在主题性区域活动开展过程中，收集、分析与判断主题性区域活动的相关资料，以此调整与改进主题性区域活动，使其更为完善的一种评价方式。主题性区域活动评价就如同美国教育学家杜威所说的经验过程中的"休止处"，是对之前活动成果的吸收和对之后活动的建议与启示。总之，主题性区域活动评价的主要功能实现了从甄别与选拔向"承上启下"的转变。

2）评价的参与者：基于共同经验基础的"相关人员"

主题性区域活动评价参与成员的构成更加灵活，是基于共同经验基础的"相关人员"。具体地说，是对一个共同话题感兴趣并具有了相应的经验基础的所有"相关人员"，包括相关教师、幼儿甚至家长。这使得评价活动更具有灵活性和针对性，避免了许多幼儿因缺乏相关经验而对评价不感兴趣或游离于评价活动之外的现象。"相关人员"就某一共同话题的经验基础，不仅提高了幼儿参与评价活动的积极性，更为重要的是，有利于幼儿真正参与到评价活动中来，并且在与同伴的互评过程中，产生高质量的碰撞与对话。例如，教师发现数学区中的幼儿在比较物体轻重过程中出现了一种定式，即"体积大的物体重，体积小的物体轻"。随即老师组织数学区中的幼儿开展了"物体的轻重与物体的大小有没有关系"的讨论，这实际上是一次评价活动。通过这次评价活动，帮助幼儿得出了一个相对较为科学合理的观念，即"大的物体不一定重，小的物体也不一定轻，这和物体的组成材料有关"。教师发现有必要进行评价时，并没有组织全班幼儿参与评价，而是组织数学区中的幼儿参与评价。总之，教师在组织开展主题性区域活动评价时，应选取那些就某一问题有共同经验基础的"相关人员"参与，这就决定了主题性区域活动评价参与者的规模是灵活的。

3）评价的时机：基于需要原则的"随机"

主题性区域活动评价不再仅局限于活动结束后的集中评价，而是根据需要可以扩展到活动过程中的任一环节，它主张活动过程中的随机评价和活动结束后的集中评价相结合，强调评价时机从主要固定于活动结束时段转变为基于需要原则的"随机"。例如，当教师发现数学区中的幼儿在操作材料时出现了一种定式时，就可以选择组织数学区的幼儿开展了一次有针对性的评价活动。

4）主题性区域活动的评价内容和开展主题性区域活动的各种能力

（1）幼儿

主题性区域活动的核心目的是促进幼儿发展，因此，在主题性区域活动评价内容中，对幼儿的评价是核心。

对幼儿参与主题性区域活动情况的评价，主要包括以下五个方面。

①幼儿参与主题性区域活动的兴趣性和坚持性。评价幼儿参与主题性区域活动的

兴趣性和坚持性，主要是观察与分析幼儿是否喜欢区域活动、对区域活动是否充满期待、最喜欢进哪些活动区、喜欢选择哪些活动区的材料、情绪是否乐观，选择具体活动后是有始有终地坚持完成还是频繁地变换材料甚至在多个活动区之间游荡，是否关心自己的活动成果或是与同伴的活动成果相比较，活动结束时幼儿是否还热衷于讨论区域活动的相关内容等。

②幼儿在主题性区域活动中的合作交往能力。在主题性区域活动中，幼儿主要是以自主学习的方式活动并建构经验。然而，幼儿的学习离不开同伴的影响，合作交往是幼儿成长的重要背景和资源。评价幼儿的合作交往能力，可以重点从以下几个方面进行。

a.幼儿是经常一个人单独活动，还是与别人合作。

b.在合作时是领导者还是服从者，合作时在团体中处于什么位置。

c.活动中能否乐于帮助同伴，与同伴交流分享。

d.是否经常与他人发生冲突，采用什么方式解决冲突等。

e.是否能协商解决问题，协调关系，从而确保活动顺利进行，如共同收集材料、分工搭建或完成同一任务等。

f.是否会根据需要与参与不同主题性区域活动的幼儿进行交流。

③幼儿在主题性区域活动中的独立性与创造性。幼儿的独立性、创造性是影响幼儿终身发展的重要因素之一。对幼儿在主题性区域活动中的独立性与创造性的评价可以重点从以下几个方面进行。

a.幼儿是主动、独立地选择区域活动，还是盲目服从他人或模仿他人的选择。

b.是否能通过自己的独立思考，独自完成任务。

c.是否能根据教师所提供的象征性材料想象该材料所替代的物品，并且类型多样。

d.是否能根据所提供的材料设计多种不同的玩法，创造性地使用多种方法完成活动区中的任务，或者创造性地拓展游戏情节。

④幼儿在主题性区域活动中的认知能力。幼儿的认知能力主要是通过观察对主题性区域活动中幼儿的操作情况及与同伴的交流情况进行评价，主要包括以下几个方面。

a.选择的操作材料是复杂还是简单的，是单一还是复合的。

b.操作方式是单调，还是富有创造、善于变通的。

c.操作结果是单一的产品，还是具有多样化的表现，如绘画、拼图、手工、创编故事等。

⑤幼儿在主题性区域活动中的规则意识。良好的规则意识是主题性区域活动顺利开展的前提。评价幼儿的规则意识，主要是观察与分析幼儿是否理解规则并自觉遵守规则，主要包括以下几点。

a.是否持进区卡进活动区。

b.是否能把材料放回规定位置。

c.是否能遵守每个活动的暗示规则，如在"娃娃家"门口画上几对小脚印，自觉遵守的幼儿会主动脱掉鞋子放在小脚印上，然后进入。

d.是否能提醒其他幼儿遵守规则。

e.是否能根据活动的情况与需要提出或修改规则。

f.是否能运用规则评价自己和他人的行为。

知识驿站

区域活动互动阶段。

（1）操作：幼儿摆弄物品。

（2）熟练：幼儿一遍又一遍正确地使用物品。

（3）意义：幼儿赋予物品以意义。

（2）教师

教师是主题性区域活动的重要组织者。因此，通过对教师进行评价进而促进教师专业素养的提升，将有助于主题性区域活动的水平的不断提高。

①主题性区域活动计划的制订能力。

教师在充分理解主题活动的基础上，设计与制作科学合理的主题性区域活动计划，是顺利与有效开展主题性区域活动的重要保障。主题性区域活动计划可以针对一个主题活动所有的区域活动，也可以是针对某一类主题的区域活动。一般情况下，主题性区域活动计划主要包括主题预设目标、各区域活动名称、区域活动目标、材料投放及教师指导。

教师能够深刻地理解主题的内涵，能科学地制定主题活动目标，并准确地确定活动区的种类及相应的活动材料与内容，是主题性区域活动计划制订的关键。对教师主

题性区域活动计划制订能力的评价，可以考虑从以下三个方面进行。

a.目标的导向性。

教师制订的主题性区域活动计划应符合、体现并有助于幼儿完成主题活动目标。因此，主题性区域活动计划和主题活动目标的一致性程度，即目标导向性，是评价教师主题性区域活动计划制订能力的一个首要指标。

b.发展的适宜性。

主题性区域活动计划中确定的活动区种类、投放的活动材料及制定的活动目标，应对幼儿具有一定的挑战性，处于幼儿的最近发展区，即幼儿需要"跳一跳才能够得到"。主题性区域活动计划对幼儿的适宜性，即发展的适宜性，是衡量与评价教师主题性区域活动计划制订能力的另一项重要指标。

c.生活的适宜性。

生活的适宜性包括主题性区域活动应符合生活化原则，即源于和高于幼儿的生活。因此，教师制订的主题性区域活动计划应捕捉与体现幼儿生活中有价值的信息，捕捉与体现充满时代特征的信息。主题性区域活动计划反映幼儿生活的程度，即生活的适宜性，是衡量与评价教师主题性区域活动计划制订能力时不可或缺的一个指标。

②主题性区域活动中的观察能力。

教师在主题性区域活动中观察能力的高低，将直接影响主题性区域活动开展的质量。对教师在主题性区域活动中观察能力的评价可从以下几个方面进行。

a.目标性。

教师的观察应是在一定目标指导下的自觉收集与分析资料的过程。因此，教师在主题性区域活动过程中的观察符合主题活动目标的程度，即目标性，就成了衡量与评价教师主题性区域活动中观察能力的一个首要指标。教师根据前一阶段区域活动开展的情况及主题活动的需要确定合理明确的观察点，将有助于增强教师观察的目标性。

b.全面性。

主题性区域活动对幼儿来说应是一个开放、自由、自主的，幼儿在活动过程中有可能发生各种情况。因此，教师要全面关注幼儿区域活动的情况，包括幼儿的表情、参与区域活动的状态、材料的使用情况等，并及时发现问题，找出应对的策略。因此，全面性就成为衡量与评价教师在主题性区域活动中观察能力的另一个重要指标。

c.高效性。

高效性为主题性区域活动的进一步开展提供依据。因此，效率也是衡量与评价教师在主题性区域活动中教师观察能力的指标之一。

（3）对教师在主题性区域活动中的组织指导能力的评价

在主题性区域活动中，教师主要扮演支持者、引导者、合作者的角色，以间接指导为主，直接指导为辅。因此，教师的组织指导能力将直接影响主题性区域活动能否顺利有效的开展。对教师在主题性区域活动中组织指导能力的评价，可以考虑从以下两个方面进行。

①规则的合理性。

规则的有效制定与执行是主题性区域活动顺利有效开展的重要保障，尤其是隐性规则的有效制定与执行。一个有序、活而不乱的主题性区域活动，一定隐含着科学合理的规则。例如，规定一个活动区只能放置5张进区卡，幼儿凭进区卡自主选择活动；活动区材料的放置都有明显的摆放标记；进入活动区后不能大声说话等。在每个活动区内部，教师会根据活动区的特征引导幼儿制定相应的规则。这些合理规则的制定，确保了活动的有序开展。相反，没有建立有效规则或规则不合理，则会造成活动区的混乱，给教师的组织造成极大的困难。因此，规则的合理性就成了衡量与评价教师在主题性区域活动中组织指导能力的一个首要指标。

②指导的恰当性。

在主题性区域活动中，教师的指导是以间接指导为主，直接指导为辅，主要通过材料投放和以教师自身为媒介等两种方式进行指导。指导的恰当性就成了衡量与评价教师在主题性区域活动中组织指导能力的另一项重要指标。评价教师的指导是否恰当，关键要看以下几个方面。

a.是否把握住了指导的时机。

b.是否激发了幼儿进一步进行区域活动的兴趣。

c.是否适时地解决了幼儿的困惑，激发了幼儿进一步探索的欲望。

d.是否能巧妙地应对突发的幼儿矛盾及幼儿在区域活动中无所事事的状况。

e.是否能及时有效地鼓励、帮助幼儿获得区域活动的成就感。

f.是否能对个别特殊的幼儿予以有效的指导。

（4）对教师主题性区域活动反思能力的评价

主题性区域活动结束后进行及时有效的反思，不但可以提高教师自身的素质，更重要的是可以帮助教师对下一次主题性区域活动的开展做出及时的调整和改进策略。对教师主题性区域活动反思能力的评价主要从以下两个方面进行。

①反思的习惯性。

教师是否养成了及时反思的习惯，是评价教师主题性区域活动反思能力的首要指标。每一次主题性区域活动开展过程中，教师都要能及时记录典型的事例、发现的问题及存在的困惑，如主题性区域活动中幼儿的合作交往不明显、预期的目标没有达成、不同主题性活动区之间互相干扰。所有这些问题，教师要及时发现并记录，同时要深入分析，提出改进和调整策略。

②反思的有效性。

仅仅养成反思的习惯还不够，还要看教师反思后提出的建议或想法是否对接下来的主题性区域活动产生了积极的推动作用，即反思的有效性。反思的有效性是评价教师主题性区域活动反思能力的另一个重要指标。教师反思后往往会提出许多意见、设想或策略，关键要看其在接下来的主题性区域活动中是否得到了落实及效果如何、是否重新调整了活动区的空间布局、材料投放是否得到了进一步改善、预计的指导策略是否有效实施等。以上四个方面对教师的评价可以单独进行，也可以综合进行，以上所述评价标准仅仅是一种参考。实践中，教师应在综合考虑评价目的和其他各种条件的基础上灵活选取。

四、课证融通

本模块对应的幼儿教师资格证考试——"保教知识与能力"模块的考试目标、内容与要求、真题见表5-26。

表5-26　幼儿教师资格证考试——"保教知识与能力"模块的考试目标、内容与要求、真题

内容体系
一、考试目标

幼儿园环境创设的知识与能力。了解幼儿园环境创设的意义、功能和创设原则，并能结合幼儿园教育实际加以运用。

二、考试内容与要求

1.了解常见活动区的功能，能运用有关知识对活动区设置进行分析，并提出改进建议。

2.了解心理环境对幼儿发展的影响，理解教师的态度、言行在幼儿心理环境形成中的重要作用。

三、真题

材料分析题：

中班角色游戏中，有的幼儿提出要玩"打仗"游戏。他们在材料柜里翻出好久不玩的玩具——吹风机当"手枪"，仿真型灯箱当"大炮"，"嗒嗒嗒"地打起来，玩得不亦乐乎。李老师看到此情景非常着急，连忙阻止，说道："这是理发店的玩具，不能这样玩。"

问题：（1）李老师的阻止行为是否合适？请说明理由。

（2）如果你是李老师，你会怎么做？

五、阅读思享

推荐理由：

该文章介绍了对区域记录表的分析及建议。《3~6岁儿童学习与发展指南》提出了各年龄段幼儿各领域学习与发展的目标及相关教育建议，强调了要以游戏为幼儿基本活动形式。区域记录表的"有效利用"是对教师在开展各个区域活动中涉及的诸要素的整体思考和科学规划，通常包括区域活动记录表的选择、制定、时间和内容的设计、材料的摆放及管理、规则的制定与执行等，教师可以从这些方面一一着手，合理组织幼儿的学习性区域活动。

推荐阅读：

范晓莉.区域记录对幼儿活动的引领——对区域记录表的分析及建议.重庆：教育，2015:14。

模块六 语言区活动的组织与指导

一、岗位能力模型

语言区活动的组织与指导岗位能力模型见表6-1。

表6-1 语言区活动的组织与指导岗位能力模型

模块	岗位能力描述	《幼儿园工作规程》	《幼儿园教育指导纲要（试行）》
语言区活动的组织与指导	《3~6岁儿童学习与发展指南》指出，语言是交流和思维的工具。幼儿期是语言发展，特别是口语发展的重要时期。幼儿的语言能力是在交流和运用的过程中发展起来的。教师应为幼儿创设自由、宽松的语言交流环境，鼓励和支持幼儿与成人、同伴交流，让幼儿想说、敢说、喜欢说，并能得到积极回应。幼儿教师一定要从幼儿的年龄特点出发，设计以游戏为基础的幼儿园语言区活动，因为它是促进幼儿自发学习和运用语言的良好途径	第五章 幼儿园的教育 第二十五条 幼儿园教育应当贯彻以下原则和要求：（四）综合组织健康、语言、社会、科学、艺术各领域的教育内容，渗透于幼儿一日生活的各项活动中，充分发挥各种教育手段的交互作用。 （五）以游戏为基本活动，寓教育于各项活动之中。 （六）创设与教育相适应的良好环境，为幼儿提供活动和表现能力的机会与条件	第二部分 教育内容与要求 （二）内容与要求 1.创造一个自由、宽松的语言交流环境，支持、鼓励、吸引幼儿与教师、同伴或其他人交谈，体验语言交流的乐趣，学习使用适当的、礼貌的语言。 2.培养幼儿对生活中常见的简单标记和文字符号的兴趣。 3.利用图书、绘画和其他多种方式，引发幼儿对书籍、阅读和书写的兴趣，培养前阅读和前书写技能。 第三部分 组织与实施 八、环境是重要的教育资源，应通过环境的创设和利用，有效地促进幼儿的发展

二、知识点与技能点

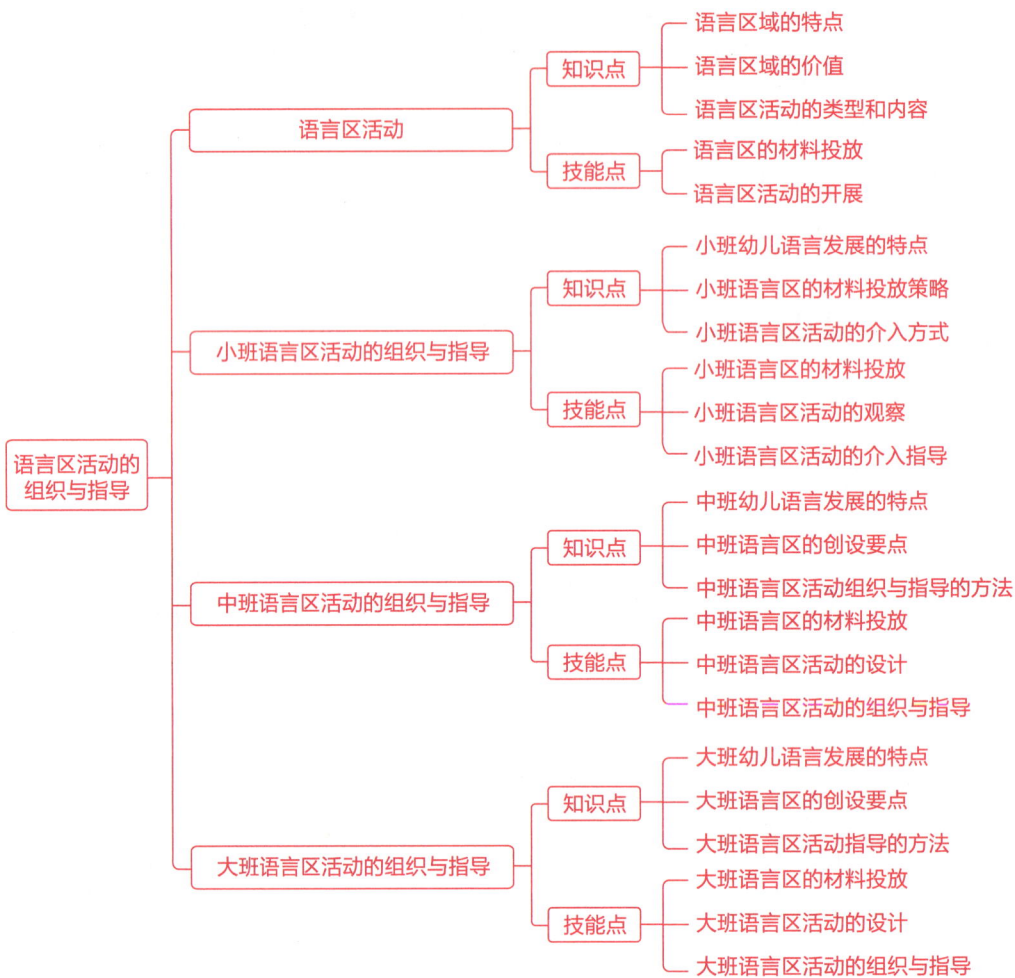

```
语言区活动 ─┬─ 知识点 ─┬─ 语言区域的特点
            │          ├─ 语言区域的价值
            │          └─ 语言区活动的类型和内容
            └─ 技能点 ─┬─ 语言区的材料投放
                       └─ 语言区活动的开展

小班语言区活动的组织与指导 ─┬─ 知识点 ─┬─ 小班幼儿语言发展的特点
                            │          ├─ 小班语言区的材料投放策略
                            │          └─ 小班语言区活动的介入方式
                            └─ 技能点 ─┬─ 小班语言区的材料投放
                                       ├─ 小班语言区活动的观察
                                       └─ 小班语言区活动的介入指导

中班语言区活动的组织与指导 ─┬─ 知识点 ─┬─ 中班幼儿语言发展的特点
                            │          ├─ 中班语言区的创设要点
                            │          └─ 中班语言区活动组织与指导的方法
                            └─ 技能点 ─┬─ 中班语言区的材料投放
                                       ├─ 中班语言区活动的设计
                                       └─ 中班语言区活动的组织与指导

大班语言区活动的组织与指导 ─┬─ 知识点 ─┬─ 大班幼儿语言发展的特点
                            │          ├─ 大班语言区的创设要点
                            │          └─ 大班语言区活动指导的方法
                            └─ 技能点 ─┬─ 大班语言区的材料投放
                                       ├─ 大班语言区活动的设计
                                       └─ 大班语言区活动的组织与指导
```

语言区活动的组织与指导

素质目标

1. 通过本模块的学习和训练，培养学生科学的教育观。

2. 通过本模块的学习和训练，使学生树立正确的儿童观。

三、工作任务

任务一PPT　　手偶剧"老鼠娶新娘"

任务一　语言区活动

1.任务描述

区域活动时间到了，小朋友们分别选择自己喜欢的区域进行活动。芳芳、瑶瑶和兰兰看到表演区已经挤满了小朋友，正在思考参与什么活动的时候，被语言区的几本颜色鲜艳、包装精美的新书吸引了。"兰兰、瑶瑶，我们一起去看书吧，我看到有不少新书呢！"芳芳开心地说。兰兰、瑶瑶跟着芳芳一起走进了语言区，可是她们翻了两下就没有兴趣了。这时张老师走到她们身边说："为什么不看了呢？""张老师，这个故事自己读真没意思！"芳芳不耐烦地说。瑶瑶和兰兰也赞同地点点头。"那你们可以试着扮演故事里的人物，一起进行阅读和表演啊！"张老师耐心地说。"对啊，要不我们分角色来演这个故事吧。"于是三个人拿起一本书就开始分角色表演起来。

（1）结合案例，小组讨论语言区的定义。案例中的幼儿对班级语言区的态度变化是怎样的？你觉得应该从哪几个方面入手让幼儿对语言区更感兴趣？（完成工作表单1）

（2）仔细阅读案例，小组讨论如何创设语言区？如何最大限度地发挥语言区的作用？（完成工作表单2）

（3）芳芳一开始为什么觉得自己阅读没意思？案例中教师是怎样介入指导的？如果你是案例中的老师，你会怎样介入指导？（完成工作表单3）

2.工作表单

工作表单1~工作表单3分别见表6-2~表6-4。

表6-2　工作表单1

工作表单1	语言区的特点	姓　名		学　号	
		评分人		评　分	

1.结合案例，小组讨论语言区的定义。

　　语言区活动是幼儿园语言教育活动的有机组成部分，是围绕幼儿的语言发展而设立的_____区角活动，它赋予了幼儿更大的_____、_____、情境性和趣味性，体现了新的课程观和教育观，为幼儿个别化和浸润式学习语言提供了良好的区域环境。在语言区中，幼儿_____、_____、自发朗诵和表演，这些活动是个别化的、自主的、轻松的，因此能更好地促进幼儿的全面发展。

2.案例中的幼儿对班级语言区的态度变化是怎样的?

3.你觉得应该从哪几个方面入手让幼儿对语言区更感兴趣?

①_____。

②_____。

③_____。

④_____。

表 6-3　工作表单 2

工作表单2	语言区的设计	姓　名		学　号	
		评分人		评　分	

1.仔细阅读案例，小组讨论如何创设语言区？

①阅读材料投放：＿＿＿＿＿＿＿＿＿＿＿＿＿＿＿＿＿＿＿＿＿。

②多媒体手段：＿＿＿＿＿＿＿＿＿＿＿＿＿＿＿＿＿＿＿＿＿＿。

③多种类型的材料：＿＿＿＿＿＿＿＿＿＿＿＿＿＿＿＿＿＿＿＿。

④幼儿感兴趣的形象：＿＿＿＿＿＿＿＿＿＿＿＿＿＿＿＿＿＿＿。

2.如何最大限度地发挥语言区的作用？

①＿＿＿＿＿＿＿＿＿＿＿＿＿＿＿＿＿＿＿＿＿＿＿＿＿＿＿＿＿。

②＿＿＿＿＿＿＿＿＿＿＿＿＿＿＿＿＿＿＿＿＿＿＿＿＿＿＿＿＿。

③＿＿＿＿＿＿＿＿＿＿＿＿＿＿＿＿＿＿＿＿＿＿＿＿＿＿＿＿＿。

④＿＿＿＿＿＿＿＿＿＿＿＿＿＿＿＿＿＿＿＿＿＿＿＿＿＿＿＿＿。

表 6-4　工作表单 3

工作表单3	语言区活动的介入与指导	姓　名		学　号	
		评分人		评　分	

1.芳芳一开始为什么觉得自己阅读没意思？案例中教师是怎样介入指导的？

2.如果你是案例中的老师，你会怎样介入指导？

3.反思评价

（1）通过本任务的学习，想一想如果语言区的材料投放单一会出现什么问题？

（2）请你对自己在本次任务学习中表现进行评价。

课堂活动参与度　☆　☆　☆　☆　☆

小组活动贡献度　☆　☆　☆　☆　☆

学习内容接受度　☆　☆　☆　☆　☆

4.学习支持

幼儿园的语言区为幼儿创设了相对安静舒适的区域空间和自由宽松的语言交流环境，引导幼儿依照一定的方式和顺序来进行语言活动。语言区

关键概念

语言区活动是幼儿园语言教育活动的有机组成部分，是围绕幼儿的语言发展而设立的学习型区域活动。

所提供的活动材料包括听、说、读、写四个基本部分。对于听、说练习，需要教师通过创设情境来激发幼儿进行倾听与表达，鼓励幼儿大胆交流，不断丰富词汇，提高语言表达技巧。语言区中的阅读活动，以培养幼儿的阅读兴趣和良好的阅读习惯为主要目标，通过阅读活动提高幼儿的想象力和理解能力，培养幼儿对文学作品的审美情趣。语言区为幼儿提供了适宜的图片、文具等，满足幼儿认读文字和书写的需要，也培养幼儿对文字的兴趣和对字体结构的观察能力，为幼儿以后的识字和书写打下基础。

1）语言区的特点

①目标的长远性。对于一个语言集体教学活动而言，目标的拟定强调指向性、可

操作性和具体性。一次活动结束，要考查此次教学活动目标的达成度，而语言区活动的教育目标往往是根据各年龄段幼儿语言领域的学期教育目标或阶段教育目标来制定的，相对于集体教学活动而言，区域活动的教育目标更宽泛、笼统、长远，并不强调一次区域活动就要达成某一方面的具体目标，一般需要一个较长的过程，并通过多次、多样的活动才能达成。在这一过程中，教师还要根据幼儿的认知水平和发展需要，不断地调整教育目标和材料投放策略，使活动的开展能更好地贴近幼儿的"最近发展区"。

②时空的开放性。就时间而言，语言区活动允许幼儿按照自己的认知速度和兴趣爱好进行自主学习。例如，同样的阅读活动，有的幼儿也许一两次就完成了，有的幼儿也许需要一周甚至更长的时间才能完成；同样的故事表演活动，有的幼儿扮演一个角色、参与一次表演就没有兴趣了，有的幼儿则是几个角色轮流扮演，乐此不疲。这时，教师不可"一刀切"，而是要满足和尊重幼儿的不同需求，允许幼儿有不同的选择和不同的学习进度。就空间而言，在同一时间段提供的语言区活动不是单一的，教师可以同时提供不同类型的活动，如故事书阅读、故事表演、书签制作等，让幼儿根据自己的需要和兴趣自由选择，充分体现活动的多样性和自主性。

③内容的适宜性。不同年龄段的幼儿，其语言发展的特点和目标是不一样的。因此，语言区活动的内容也应符合各年龄段幼儿的认知特点，凸显适宜性。例如，创设阅读区，可为小班幼儿提供角色单一、形象夸张、画面简洁的故事书，让小班幼儿用一两句完整的话讲述画面内容；对于中大班幼儿，则可以提供角色丰富、画面内容丰富的故事书，让中班幼儿根据画面提供的较为复杂的信息，讲述一个较完整的故事；还可以为大班幼儿提供图文并茂的故事书，让大班幼儿初步接触汉字。又例如，对于表演故事所用的道具，可以引导中大班幼儿自制，而对于小班幼儿则可以为其提供成品道具。

④过程的自主性。皮亚杰指出，认知的发展不是由内部成熟和外部教学支配的，它是一个积极主动的构建过程。语言区活动属于个别化学习活动，更注重幼儿的自主学习和合作探究式互动学习，在直观体验中自主建构经验。活动中，幼儿根据已有的生活经验与环境产生交互作用，自主选择活动内容、活动方式和合作伙伴，自行确定

学习进度，与集体教学活动时全班幼儿在同一时间段以同样的方式与速度学习同样的内容完全不同，区域活动更有利于发挥幼儿学习的主动性，使尊重幼儿的个性差异得以落到实处。

⑤评价的多元性。区域活动的个别化特点，强调理解和尊重幼儿在认知结构、发展速度等方面的个体差异，这意味着允许幼儿有不同的学习速度、学习进程和发展水平，因此也就决定了活动评价的多元性，而不是用同一标准来评价和衡量幼儿。对幼儿个体来说，只要在原有的基础上向更高水平发展了，区域活动就是适宜和有效的。除评价幼儿语言发展方面的要素外，尤其要重点围绕专注性、坚持性、自信心、合作交流及习惯养成、兴趣情感等学习品质和非智力因素进行评价，鼓励幼儿，赏识幼儿，帮助幼儿养成积极的态度和良好的行为倾向。

2）语言区的价值

幼儿园语言区是幼儿园利用活动室一隅，通过环境烘托、材料分布、家具隔挡等方式划分出来的，用于开展与语言经验相关的各种活动的区域。也就是说，语言区里的一切活动始终要围绕语言学习的核心经验开展，教师选择幼儿感兴趣的、多样的语言活动材料及活动类型，有目的、有计划地创设语言环境，促进幼儿与材料、环境、同伴的充分互动，从而使幼儿获得个性化的语言学习与发展。

（1）语言区能促进幼儿对语言学习的兴趣不断延伸和拓展

一个真正让幼儿喜欢的语言区必定是能满足他们不同兴趣的场所，并且能让幼儿对语言学习的兴趣不断延伸和拓展。语言区的环境宽松而自由，材料多样而有趣，活动丰富而开放，幼儿可以选择自己喜欢的活动，如读书、听故事、讲故事、说想法、记录发现等。有了兴趣的支撑，幼儿更能发挥自己的主观能动性，主动获取听、说、读、写方面的经验，促进成就感的获得，从而增强运用语言学习和交流的兴趣。而一些原本对语言表达和交流不感兴趣的幼儿，也能通过参与语言区活动，获得积极的肯定，发展出对语言学习的兴趣。

（2）语言区能充分满足幼儿在语言学习中个别化学习和发展的需要

幼儿的发展水平存在着差异，他们的学习方式、学习速度各有不同。在语言区活动中，有的幼儿喜欢表达而不善于倾听；有的幼儿喜欢倾听而羞于表达、交流；有的幼儿需要多次倾听才能理解；有的幼儿需要反复练习才能内化；有的幼儿需要在互动中积累交流的经验；有的幼儿需要通过模仿获得表达的经验。教师在语言区中，可以为幼儿量身定制个性化的活动，针对个体差异进行个性化的帮助和指导，让他们按照自己的学习方式和速度进行语言学习，以满足不同层次幼儿的发展需要。

（3）语言区能促进幼儿社会性和个性等方面的发展

语言区宽松自由的氛围给幼儿提供了相互交流与合作的机会。幼儿可以在语言区的阅读、听故事、看视频等活动中，和教师、同伴自由地交流互动，感受交流带来的愉悦，学习交往的语言和方式，发展社会交往能力。在语言区的故事表演、语言游戏等活动中，需要幼儿两两合作或是多人合作，他们学习相互理解和包容，共同商议合作的方式，使合作的意识和能力获得增强。这些互动、合作的语言活动，不断增强幼儿在语言表达和交流中的自信，让他们敢于说、乐于说，也有利于其个性的大胆绽放。

④语言区给予幼儿自主选择和自主管理的机会和空间

在语言区中，幼儿可以自己选择时间、内容、材料、同伴，他们可以自己决定要看什么图书，决定在哪个角落活动，甚至决定用同样材料做其他事情。在语言区，他们的心情是轻松的，他们的意愿会得到充分的尊重和接纳。幼儿除了有自主选择的机会，还能够决定一周内哪天来看书，对自己的活动进行自主安排。语言区里图书如何放置便于选择，指偶、头饰怎样放置更整齐等，这些都需要幼儿自己进行整理和管理。因此，语言区让幼儿有机会学习管理自己的活动和物品，发展自主管理的能力。

3）语言区活动的类型和内容

作为幼儿园语言集体教学活动的一个延伸和拓展，语言区活动应成为促进幼儿语言发展的一个有效方式，要围绕《3~6岁儿童学习与发展指南》，既关注幼儿语言学习发展的整体性，又有重点地进行口头语言和书面语言的培养。幼儿园语言区活动一般有两种类型，一种是全园性的语言类专用活动室（如阅览室等），另一种是班级的语言活动区域（包括阅读区、情境表演区、桌面语言类游戏区等）。与富有情趣的语言集体教学活动相对应，幼儿语言区活动的类型和内容主要有以下几种。

①早期阅读类。马以念曾说："早期阅读是指学龄前儿童凭借变化着的色彩、图像

和成人的形象描述来理解低幼读物内容的过程。"周兢也曾说："早期阅读应培养幼儿的自主阅读能力。"自主阅读是幼儿形成良好学习品质的有效途径。区域活动中的阅读材料，可以是幼儿园提供的，也可以是幼儿从家里带来的，这些幼儿喜闻乐见的图书为幼儿的自主阅读提供了很好的物质环境，幼儿自觉、自主地选择自己感兴趣的图书进行阅读、探索、体验，学习基本的阅读技能，引发对书籍、阅读和书写的兴趣。

②情境表演类。幼儿倾听故事并根据某一故事情节，运用一定材料和言语、动作、表情等表演技能，创造性地表演故事内容或某一片段。幼儿自由结伴，自主选择角色，也可以根据某一故事线索，自创情节进行表演。表演的材料有头饰、手偶、背景等，可以在活动室一角开辟一个小舞台，创设一个情境，或以"小小电视台"的形式展示。除表现故事中的角色行为和语言，还可和歌唱、乐器演奏等活动进行整合，增强表演活动的愉悦性。幼儿在自娱自乐中，语言表达能力、交往能力、情绪情感等都能得到较好的发展。

③听说游戏类。在幼儿学习语言的活动中，听和说永远是紧密结合在一起的，听说游戏能很好地培养幼儿的倾听习惯和表达能力，可以将已经学会的儿歌、童谣等，以接龙、问答等形式开展游戏，让幼儿在玩玩说说中学会倾听和表达，提高语言交往的敏感性和灵活性。也可以根据幼儿的发音特点和某一阶段语言学习的重点，选择一些特定的、朗朗上口的内容，让幼儿反复练习，最终达到语言学习的目的。

④操作讲述类。提供故事拼图、各种图卡、背景图等，以"故事盒"的形式投放于区域中，让幼儿通过自主摆放、自由组合，在摆摆、拼拼、玩玩、说说中，动手、动脑、动口。小班幼儿可以讲述单幅画面，中大班幼儿则可以加进多幅画面；可以自我讲述，也可以轮流讲述、共同讲述，在轻松的玩乐中发展语言表达能力、倾听能力、观察能力、思维能力和创造能力。

⑤制作创编类。在区域里提供废旧图书和画报等，幼儿做"小编辑""小作者"，自制图书。在剪剪、贴贴、讲讲中，教师可以把幼儿讲述的故事录下来，给家长和同伴听，让幼儿体会当小编辑、小作者的快乐和自豪，并帮助幼儿提高自信心。自制的图书可以放在图书角，作为幼儿的自主阅读材料。除制作图书，还可以用树叶、卡纸等，剪成各种形状，画上美丽的图案，自制独一无二的书签，以帮助幼儿养成良好的

阅读习惯。

此外，班级还可以创设"甜蜜悄悄话"区域，开展"小小辩论赛""新闻快播"等活动，努力营造轻松和谐的氛围，鼓励幼儿积极参与交流，激发幼儿学习语言的兴趣，让幼儿敢说、有机会说、有内容说，在活动过程中发展理解能力、表达能力和思维能力。

4）语言区的材料投放策略

区域活动是根据幼儿发展需求和主题教育目标创设立体化育人环境，即充分利用各类教育资源，有效运用集体、分组和个别相结合的活动形式，组织幼儿进行自主选择、合作交往、探索发现的学习、生活和游戏活动。语言区活动是深受幼儿喜爱的活动之一，是幼儿自主学习的主要形式和幼儿自我概念形成的源泉。在宽松、愉悦的学习环境中，幼儿根据自己的兴趣和能力，选择活动内容，体验操作和交往的乐趣，积极主动地发现、探索和表现，有效落实《幼儿园教育指导纲要（试行）》精神，是对集体教育教学活动的有效补充，是促进幼儿全面发展的较理想的教育手段之一。

对幼儿而言，通过阅读，能扩充他们的知识和经验、改变他们的看法、升华他们的思想情感、迁移他们的学习方法和生活技能。而且使幼儿扩大书面词汇量，掌握丰富的文学语言的表达方式，提高幼儿的语言能力、思维能力和解决问题的能力。语言区是幼儿进行语言锻炼的活动区域。设置一个宽松和谐的语言区，支持、鼓励并吸引幼儿与教师、同伴或其他人交谈，以让幼儿体验语言交流的乐趣。以下阐述语言区材料的投放策略。

（1）书籍是人类知识的宝库

对幼儿来说，书籍是学习语言的重要载体。为幼儿提供大量的有具体意义的形象生动的阅读材料，让幼儿自由地进行选择阅读，自主地进行感知体验探索。教师为了培养幼儿的规则意识还可将图书分为童话、儿歌、社会、自然科学等几大类，让幼儿有更加明确的选择。此外，教师可以动员幼儿把家里的图书带到幼儿园一起分享，让幼儿相互讲述自己熟悉的故事，介绍自己带来的图书。同时，教师根据近期开展的主题活动有目的地投放一些供幼儿查阅资料的科技书籍（图书色彩鲜艳、文字少）。例如，结合《会发光的物体》一书，通过阅读让幼儿初步了解灯的种类和发展历史，知道许多物体能发光，了解光的用途。

（2）材料投放新颖有趣

在语言区添置丰富的用于表演的头饰、指偶、录音等材料，让幼儿听了录音故事后去小舞台表演。例如，通过看故事—听故事—讲故事活动，培养幼儿自我创造的能力，以及与同伴之间共同合作的意识。

教师可以在语言区设置"图书美容中心"，在语言区投放剪刀、旧图书、卡通图案、胶水、双面胶、透明胶、纸、笔等材料，让幼儿根据提供的材料修补破损的图书，让幼儿懂得珍惜并爱护图书。

（3）借助熟悉的卡通形象

例如，幼儿对《西游记》《蓝皮鼠和大脸猫》《黑猫警长》《猫和老鼠》中的一些卡通形象十分感兴趣，根据大班语言活动目标"能讲述实物、图片和生活经验，做到语言连贯"，及时更换活动区内容，投放《西游记》系列小卡片，让幼儿以两人扔骰子的游戏形式来讲述自己喜欢的《西游记》中的人物及他们的外形特征、服装、特点……提高幼儿的讲述水平，促进语言能力的发展。还可以鼓励幼儿大胆想象，根据故事续编故事，请小朋友结合故事情节配上图画，然后装订成册，既可以让其他小朋友欣赏或参与表演，又为小舞台增添了内容，增强了游戏性。

（4）通过媒体形式表现

鼓励幼儿通过主持人、小记者等活动形式，促进其语言表达能力及社会性的发展。例如，可以请能力较强的幼儿充当旁白的角色，把分角色表演引入幼儿的语言活动中来，这样既可以提高幼儿参与活动的兴趣，又可以集中幼儿的注意力，更有利于幼儿之间的分工合作，让幼儿有一定的角色意识。

环境与幼儿是相互影响的，幼儿既依赖环境，又可以作用于环境，幼儿与环境的相处方式直接影响其成长的质量。创设阅读环境对幼儿阅读能力的培养具有举足轻重的作用，教师应善于从幼儿与环境的互动中形成主题方案。教师可以在活动区域中为幼儿提供大量的、有具体意义的、形象的、生动的、有新意的阅读材料，引导幼儿观察和感受书面语言，潜移默化地接受有关书面语言的知识。培养幼儿探索事物的态度，创设系统的、安全的、层次分明的语言区，有效地升展阅读教育，不断培养和提高幼儿的阅读能力。

知识拓展

语言区的材料投放

（1）各种儿童读物：如童话故事、儿童杂志、字母书、自然科学图画书、民间故事，以及有关动物、植物、人体、生活规范、生理、心理等的故事书，供幼儿进行多样性选择。

（2）设备设施：适合幼儿摆放与取放图书的书架、沙发、软靠背垫、录音机、故事磁带、耳机，供幼儿自行听故事。

（3）制作图书的工具和材料：提供动物、人物或文字印章、印台、便条纸、多种颜色的笔等，提供订书机、订书针，将幼儿自己剪贴或绘图的纸张装订成册，成为幼儿自制小书。

（4）相册：内有班级幼儿参与各种活动的照片。

（5）说故事的道具：如手偶、木偶、指偶、自制的场景操作台等。

（6）各类游戏材料：文字实物配对图卡、句卡、词卡、字卡、看图编故事卡、摆图讲故事材料文字演变卡、拼字卡片、文字接龙卡片、文字拼图卡片、记忆扑克或记忆翻翻牌、转转盘、文字剪贴材料、文字积木、文字涂色材料等。

5）语言区活动的指导要点

①科学创设环境。环境是"隐性课程"，是幼儿的"第三位教师"，良好的语言区环境能吸引幼儿的注意力，引发幼儿感兴趣地参与语言区活动。班级应合理布局、统筹考虑，为幼儿创设科学适宜的语言区环境。

布局合理：一般来说，语言区要远离过道、角色区、建构区等热闹区域，避免相互干扰，可以同安静的益智区、手工区相邻，设置在光线较好且安静的地方，用矮柜、栅栏、书架等隔成不同大小的围合或半围合空间，使幼儿专注地投入活动中。尤其是自主阅读区，可以创设成温馨静谧的"小书吧"，墙面可以贴上幼儿能理解的图文并茂的阅读规则，地面可以铺上地毯，放上造型可爱的布艺靠垫、海绵积木、小圆桌、小椅子等，还可以挂上纱帘，摆上绿色小盆栽，使幼儿在温馨、舒适的环境中尽情享受阅读的乐趣。故事表演类活动则可以搭建一个较大的舞台，还可设观众区，摆上几把小椅子，让台上的演员和台下的观众能互动起来，尽情表现。

标示鲜明：语言区的标示要清晰鲜明，可以张贴在矮柜、墙面或垂挂于幼儿视野范围内。标示牌上可以注明语言区的名称（如"甜心书吧"）、区域可容纳的人数、活动规则等，标示牌可以以卡通的文字、幼儿的绘画作品或以真实的活动照片的形式呈现，图文并茂、富有童趣，有的区域还可以设计图文结合的操作步骤、注意事项等，给幼儿直观的提示，帮助幼儿掌握规则，了解活动流程，提高自主性。

互动共享：语言区可以和安静的区域毗邻，实现区域间的优势互补、资源共享。例如，和美工区相邻，美工区制作的图卡等可以成为创编故事的操作材料和表演区的道具；如紧靠益智区，让幼儿良好的学习行为和习惯相互影响，共同习得。

②有序投放材料。皮亚杰说过："儿童是在与环境、材料相互作用下进行学习的。"语言区材料的投放要考虑幼儿语言发展的特点和语言教育的目标，贴近幼儿的经验、需要和兴趣，多感官操作、多层次互动、多情境感受于一体，充分彰显语言学习的游戏性、互动性、情境性。具体地来说，语言区材料投放要满足以下几点。

针对性：语言区活动的材料应结合语言教育目标和主题活动内容，有目的、有计划地投放，使班级语言教育的各项活动成为一个完整和谐的整体，有效促进幼儿的语言发展。

丰富性：一个区域通常要满足多名幼儿同时活动的需要，因此，教师要提供种类丰富、数量充足的材料，包括成品、半成品等，以满足幼儿充分活动、多样活动的需要。

层次性：各年龄班语言区活动的内容是不一样的，因此，材料投放应充分考虑各年龄阶段幼儿的经验和能力，满足幼儿的需求，并且随着幼儿经验的积累和能力的发展，在材料的数量、难度、深度等方面逐渐递增，呈现螺旋式上升的模式，使每个幼儿都能在适宜的环境里获得发展。

③适时介入指导。语言区活动既不同于集体教学活动，又不同于幼儿自由活动，因此，教师既不要成为教学活动的主导者，也不要成为放任自流的旁观者，而要重新定位自己的角色，成为活动条件的创造者、活动过程的观察者、活动结果的评价者。

首先，在创设语言区时，要关注幼儿的兴趣和经验，善于倾听幼儿的想法，合理采纳幼儿的建议。同时，要发掘和利用家长资源，倾听家长的意见和建议，让家长成为幼儿园课程实施的积极参与者。

其次，在区域活动过程中，要善于观察、解读幼儿的行为。教师要读懂幼儿的无声语言，看懂幼儿的真实表现，适时、适度介入，支持幼儿，推进活动的发展。

作为一名幼儿园老师，你会如何创设语言区？

最后，要组织幼儿对语言区活动进行评价，鼓励幼儿参与讨论，积极表达想法，共同分享快乐，从而有效地促进幼儿自主、自信、主动、愉快的学习，使幼儿真正成为学习的主体。

任务二　小班语言区活动的组织与指导

任务二PPT　　　绘本分享《睡不着觉的小兔子》

1.任务描述

李老师在新学期开学之前重新布置了语言区，各种各样的绘本和有趣的材料吸引了很多小朋友。琪琪走进语言区，刚拿起一本书翻了两下，李老师就听到"嘶啦"一声，涵涵很激动地大声对老师说："老师、老师，琪琪撕书了！"老师很淡定地走到琪琪面前，接过琪琪手里的书，认真地拼好，并告诉琪琪："书是用来看的，撕坏了就不能看了，我们应该爱护它。"然后李老师对涵涵说："涵涵，你是怎么看书的，能教给琪琪吗？"这时涵涵很开心地拿着书走过来，对琪琪说："琪琪，我来教你。"接着她边拿着绘本边唱起了儿歌："小图书，四方方；轻轻拿，轻轻放；一页一页慢慢翻；图书是我的好伙伴。"李老师为涵涵竖起了大拇指，说道："涵涵教得真棒，这首小儿歌是谁教给你的啊？"涵涵大声说："这是我妈妈教我的！"李老师又跟涵涵交谈了几句，最后决定让涵涵把儿歌教给全班小朋友。

（1）仔细阅读案例，你认为小班幼儿为什么会出现撕书现象？结合案例，针对幼儿撕书现象，你会如何去做？（完成工作表单1）

（2）阅读案例，你认为案例中的涵涵扮演了什么角色？通过案例你认为语言区对小班幼儿有何作用？针对撕书现象，案例中的李老师是怎么做的？请对李老师的介入进行评价。（完成工作表单2）

（3）结合案例，请为小班语言区投放五种合适的材料，并阐述操作方法和教育价值。（完成工作表单3）

2.工作表单

工作表单1~工作表单3分别见表6-5~表6-7。

表6-5　工作表单1

工作表单1	小班语言区的特点	姓　名		学　号	
		评分人		评　分	

1.仔细阅读案例，你认为小班幼儿为什么会出现撕书现象？请在正确选项前面的圆圈里画"√"。

◯ 小朋友太调皮了，故意为之。

◯ 小班幼儿这是在以自己的方式探索图书，只是方式不正确而已。

◯ 没掌握正确的看书方法。

◯ 小班幼儿手部精细动作发展不到位。

2.结合案例，针对幼儿撕书现象，你会如何去做？

①_____。

②_____。

③_____。

④_____。

表 6-6　工作表单 2

工作表单2	小班语言区活动的介入与指导	姓　名		学　号	
		评分人		评　分	

1.阅读案例，你认为案例中的涵涵扮演了什么角色？通过案例你认为语言区对小班幼儿有何作用？

涵涵扮演的角色：＿＿＿＿＿＿＿＿者、＿＿＿＿＿＿＿＿者。

语言区对小班幼儿的作用：

① 习惯养成：＿＿＿＿＿＿＿＿＿＿＿＿＿＿＿＿＿＿＿＿＿＿＿＿＿＿＿。

② 社会性：＿＿＿＿＿＿＿＿＿＿＿＿＿＿＿＿＿＿＿＿＿＿＿＿＿＿＿＿。

③ 语言发展：＿＿＿＿＿＿＿＿＿＿＿＿＿＿＿＿＿＿＿＿＿＿＿＿＿＿＿。

④＿＿＿＿＿＿＿＿＿＿＿＿＿＿＿＿＿＿＿＿＿＿＿＿＿＿＿＿＿＿＿＿＿。

2.针对撕书现象，案例中的李老师是怎么做的？请对李老师的介入进行评价。

表6-7 工作表单3

工作表单3	小班语言区的设计	姓　名		学　号	
		评分人		评　分	

阅读案例，请为小班语言区投放五种合适的材料，并阐述操作方法和教育价值。

材料名称	操作方法	教育价值

3.反思评价

（1）通过本任务的学习，想一想如果小班语言区材料投放不合理的话，会出现什么问题？

_____

_____

_____

（2）请你对自己在本任务学习中的表现进行评价。

课堂活动参与度　☆　☆　☆　☆　☆

小组活动贡献度　☆　☆　☆　☆　☆

学习内容接受度　☆　☆　☆　☆　☆

4.学习支持

在设计小班语言区时，教师制定的首要目标是激发幼儿对语言的兴趣，这一兴趣包括幼儿运用语言的兴趣、幼儿了解文字的兴趣及幼儿对前书写的兴趣。为了更好地达成这一目标，教师应根据小班幼儿以具体形象思维为主和经验主要围绕日常生活这两大特点，依据幼儿生活中喜闻乐见的事物来设计活动和投放材料，使幼儿通过回顾或提升生活中的经验来获得新的语言知识，提高语言能力。

1）小班幼儿语言发展的特点

3~4岁是幼儿语言发展的飞跃期，此时幼儿已经基本掌握了母语的全部语音，词汇量增加得非常快，可以用简单的语言和老师或同伴实现无障碍交流。但是由于大脑前庭功能及口腔内肌肉张力的发展还不够成熟，幼儿还没有达到想到就能立刻说出的程度，所以在叙述时还不太流畅，有时还会出现断断续续、语序颠倒，甚至口吃的现象。而且幼儿的很多发音可能也不是特别标准，这就需要成人为幼儿提供良好的语言环境，让其多说、多练。另外，此时的幼儿特别喜欢听故事，经常会要求家长、老师给自己讲故事，有时还喜欢模仿故事里的动物叫，并会运用自己的想象来编一些情节十分离奇的故事。总之，这时候的幼儿特别爱说话，就算是自己一个人玩耍，也常常会自言自语。

所以，想要提高幼儿的语言能力，幼儿园就应为其营造轻松的谈话氛围，多和幼儿交流互动，只有在这样的氛围中，幼儿才会想说、愿意说，才会体验到说话的乐趣。否则，压抑的环境只会让幼儿因紧张而无法正常表达，甚至出现说话颠三倒四、口吃等现象。除了刻意和幼儿交流，在玩游戏时，或在各种生活场景中，也要有意识地多问幼儿问题，让幼儿有机会多思考、多表达。

政策法规

《3~6岁儿童学习与发展指南》关于小班幼儿语言发展的目标（节选）

目标1
1.喜欢听故事、看图书，经常主动要求成人讲故事、读图书。
2.喜欢跟读韵律感强的儿歌、童谣。
3.爱护图书，不乱撕乱扔。
目标2　具有初步的阅读理解能力
1.能听懂短小的儿歌或故事。
2.会看画面，能根据画面说出图中有什么、发生了什么事等。
3.能理解图书上的文字是和画面是对应的，是用来表达画面意义的。
目标3　具有书面表达的愿望和初步技能
1.喜欢用涂涂画画表达一定的意思。
2.尝试正确握笔。

2）小班语言区的材料投放策略

（1）语言区的环境创设

小班幼儿年龄小，自控能力不强，专注力不够，容易受到周围环境的干扰。教师在规划小班区域时应考虑到种种因素，从建立活动常规、培养学习品质等方面出发，将小班的语言区创设成相对固定、独立的区域，让幼儿能够在安静的环境中进行学习。这样的布局使幼儿既能不妨碍别人活动，也能保证自己的学习不受别人影响。

①创设安静的阅读环境，营造放松、舒适的心理氛围，促进幼儿有效阅读

语言区的位置应根据教室空间合理布局，选择靠近光源、安静的角落，尽量避免和喧闹的音乐表演区等相邻。色彩选择，应以蓝、紫、绿等冷色调为主，这类颜色清新淡雅，易使人心绪宁静。

语言区的物品应是安全、柔软的，可以提供一些软垫、靠垫，供小班幼儿坐和靠，挂上可爱的布制图书袋、摆放简易书架，用于摆放书籍。

②创设有序、方便的环境，养成良好的习惯。

在空间布置上，教师悬挂书袋、摆放置物架时，要保证幼儿伸手能取到架子最上层的图书，并且要将不同种类的材料分类放置。只有当幼儿感受到了区域内宽松、和谐的氛围，受到丰富的材料刺激，才会激发其主动阅读、说话的兴趣。

③环境创设中隐含的规则要求。

a.在地板上贴小脚印标志，表示入区的人数。

b.通过提供靠垫，来限制入区活动的人数。

c.语言区的一侧墙上设计一组图标，分别表示脱鞋入区、鞋放在脚印上、从袋中取书、看书时不大声说话、将书放回原位、穿鞋出区。

2）语言区的材料投放

语言区不仅是进行阅读的场地，也是一个集多种功能于一体，通过幼儿操作不同的材料达到锻炼幼儿语言相关能力的地方。所以在投放语言区材料时，可以将材料分为以下几种类型。

①阅读材料。

合适的图书是幼儿进行自主阅读并取得较好效果的关键，所以为了使图书能更好地满足幼儿发展的需要，教师可以选用不同质地的材料自制自编图书。因为在自制图书的过程中，教师不仅可以根据教学目标的要求选择内容，还能根据材料的不同来丰富和调动幼儿的感官，下面推荐几种自制图书。

a.巧用手帕自制图书。

手帕图书的优点：第一，柔软安全，便于消毒；第二，像纸张一样的轻巧，但比纸张更牢固，不怕挤压，可叠可折，耐摆弄；第三，取材方便，可以任意组合。教师

可以根据手帕图案内容进行分类，如《可爱的小动物》《小汽车》等。

b.可以玩的立体图书。

利用纸盒的立体性，在6个面上进行图画绘制。幼儿在阅读的过程中，可以和游戏相结合，边玩边观察图画并讲述图画上的内容，集娱乐和学习于一体。

c.照片书。

照片是每个家庭中比较常见的物品，照片上通常是幼儿熟悉的亲人或环境，有的甚至是幼儿的亲身经历。这样的照片书是幼儿最有感受、最能理解的图书。我们可以根据幼儿的兴趣点，收集制作一些照片图书。例如，《宝宝的生日》《我们一家》《自己的事情自己做》等。这些图书比较个性化，而且每个幼儿都可以向他人清楚地讲述书中的内容，让每个幼儿都有表现的机会，增强幼儿的自信。

d.广告纸制作图书。

广告纸色彩鲜艳，其上的形象比较夸张，有很多广告是幼儿经常接触的、比较熟悉的。所以，这种类型的自制图书也能成为幼儿喜爱的图书。

e.绘画、粘贴小书。

幼儿喜欢涂鸦，也喜欢看成人的画像。教师可以根据幼儿的年龄特点和兴趣，将画面复杂的图案简单化，突出主题。同样，用布粘制作的图书，也有异曲同工之妙。

f.布艺书。

随着图书理念的发展，教师们开始尝试自编自制布艺图书。这类图书的内容可以由教师根据幼儿的兴趣和需要自由选择，而且这类图书不易损坏，非常实用。

g.其他材质制作的图书。

小班的幼儿处于感知觉发展的关键期，教师可以提供一些用不同材质制作的图书供幼儿阅读，让幼儿在翻阅图书的过程中获得不同的触觉感受。

②图片类材料。

对于小班的幼儿，一定要选择他们熟悉的图片，他们才愿意去观察与表达。所以教师可以投放一些幼儿自己的照片或爸爸妈妈的照片，或者是幼儿熟悉的风景照。还可以投放一些简单的拼图，如鱼、花、房子等，让幼儿拼出后说出事物的名称。

③表演类材料。

表演类材料包括各种头饰、装扮动物服饰、图片等，以使幼儿表演时能更进入角色。在表演时，幼儿需要教师帮助进行角色的分配和台词提示，因为小班的幼儿合作意识较弱，缺少教师指导就会变得一片混乱。

④小班活动柜标识。

小班幼儿的思维特点是以直观性和具体形象性为主。因此，在设计小班活动柜标识时，教师可以采取真实的图片加文字的形式。教师可以将语言区的材料拍成照片，再将相应的照片和文字贴在活动柜上，这样幼儿就能对材料放置的位置一目了然。

（3）语言区材料投放的注意事项

小班幼儿是在行动中认识世界的，他们的表达都与具体的生活经验有关。小班幼儿对色彩柔和、质感柔软、形象具体、情境性强的材料非常感兴趣。因此，教师可以将语言区的材料定位于激发幼儿"说"的兴趣，选取具体生动、能引发幼儿强烈兴趣的材料进行投放，让幼儿愿意说、喜欢说。

①边游戏边表达的材料。

教师发现小班幼儿喜欢《捉迷藏》图书中的故事。图书中的故事情节简单，只有两个主人公——小鸡、小鸭，它们藏在了不同的地方。于是，结合图书中的故事，教师创设了立体的场景，大树、鹅卵石、池塘、草丛，还提供了一些立体的动物卡片。幼儿可以在这个充满趣味的情境里，借助这些材料，一边玩捉迷藏游戏，一边说出小鸡或小鸭藏在哪里，在游戏中锻炼自己表达能力。

②拓展表达的情境板。

教师可以利用幼儿园的书柜背面设计出一个大大的半立体情境讲述板，创设一个"毛毛虫去散步"的情境——枝繁叶茂的立体大树、可以移动的柔软的毛毛虫、翅膀能舞动的蝴蝶……造型可爱的各种动物，让幼儿眼前一亮。幼儿拿起各种动植物造型，不由自主地讲起来，"毛毛虫去散步了，遇到了一只蝴蝶、两只蜗牛……"语言区中，教师创设的场景是幼儿熟悉的，材质柔软的各种动植物造型也是幼儿喜爱的，能激发幼儿表达的兴趣。幼儿在这一过程中，还能够不自觉地依据范例句式，替换个别词汇，造出新的句子，这些都能够提高幼儿的语言能力。

③生活中的素材。

幼儿园组织幼儿集体游览动物园，激发了幼儿对小动物的兴趣。幼儿们喜欢聚在一起，讲述他们在动物园里的见闻，有的幼儿还要求爸爸妈妈再次带自己去动物园。于是教师设计制作了逛动物园的讲述板，并安排幼儿依次说一说。直观的场景成功唤醒了幼儿的记忆，幼儿们在讲述板的提示下，滔滔不绝地讲述自己逛动物园时的见闻。

小班语言区活动设计示例见表6-8。

表 6-8　小班语言区活动设计示例

区域活动：小班语言
题目：变色蜗牛
目的： （1）知道一些常见物体的名称及对物体颜色的认识。 （2）在认识物体的基础上，学习看图讲故事，并根据物体的颜色创编句子。 （3）提高幼儿的表达能力。
材料的介绍： 1.提供材料 （1）图书一本。（故事内容完整的一本书） （2）在每张画面里按蜗牛的变化夹一张塑封的白纸条。 （3）根据图片中蜗牛的颜色变化提供相应颜色的图片。 2.材料使用 （1）幼儿根据图片所示用完整的句子讲述。 （2）在讲述的基础上，根据蜗牛的颜色变化在塑料篓里选择一种与蜗牛颜色一样的实物图片，放在塑封的白纸条上，然后创编句子。
教育功能： （1）帮助幼儿认识一些常见的物体，巩固对颜色的认识及物体颜色的配对。 （2）根据蜗牛的变化选择实物图片，然后学说一句完整的话。 （3）在讲述的基础上，学习创编句子。例如，在塑封的纸条上画出与蜗牛颜色相应的物体，然后创编句子。
指导重点： 教师重点指导幼儿能说一句完整的句子，如蜗牛吃了什么颜色的"东西"，就变成什么颜色。

（4）语言区材料的评价

区域材料是体现区域活动教育价值的载体，幼儿的语言能力可以在他们不断与材料互动中得到发展。因此在开展区域活动评价时，教师不仅要以幼儿为对象，更要以材料为对象进行评价。

在评价语言区材料时，教师要根据《幼儿园教育指导纲要（试行）》的要求及幼儿的兴趣、发展水平，对材料的设计、投放进行评价。例如，材料是否体现了多样性、层次性、操作性，材料是否具有情境性、吸引性、适宜性，材料能否满足不同幼儿的需求，等等。当教师对语言区材料有了科学的分析、评价之后，可根据所获得的评析数据，有效地将班级幼儿的个体发展差异及适宜的操作材料有机结合起来，及时对材料进行动态化调整，并以调整后的材料为媒介，向幼儿传递新的学习信息。这种新型的评价方式能够把传统的教师传授知识的模式演变为幼儿在与材料互动中学习的模式，最大限度地发挥区域活动的作用。

3）小班语言区活动的介入方法

由于受到年龄的限制，小班幼儿想象力、创造力水平较低，因此他们惧怕尝试新事物、新活动，缺乏一定的技能技巧，害怕活动中遇到的困难，从而常常出现消极的自我评价等。另一方面，小班幼儿的注意力集中的时间相对较短，因此更需要教师运用灵活多变的指导方法，去寻找、发现教育指导的契机。以下总结出适合小班幼儿年龄特点的指导方法。

（1）因势利导法，在游戏的情境中加以引导

因势利导法就是顺着幼儿自主学习发展的趋势加以引导。小班幼儿年龄小，喜欢在一定的情境中进行区域活动，他们在活动中往往将区域活动想象为在现实情境中的活动，把自己当成某一情境中的人物，伴随着各种假想的心理和行为，常沉浸于自己假想的游戏情境中，努力模仿该人物的言行进行游戏，游戏与现实不能分开。

（2）语言启发法，帮助幼儿排除障碍

语言启发法就是教师运用鼓励、设疑、反问等方式启发幼儿去探索和思考，从而激发幼儿自主学习的兴趣。小班幼儿在区域活动中持久性较差，有时是因为在活动中遇到认知障碍，心理上受挫而放弃活动；有时则因为对某些新材料感到困惑而失去活

动兴趣，从而放弃活动。

4）小班语言区活动中的教师观察

（1）细心观察，引导全体幼儿进入区域活动

想一想

在创设小班语言区活动过程中，除了以上两个介入方法，结合之前所学的内容，你觉得还有哪些介入方法？

在语言区活动过程中，教师应注意那些入区又出区的幼儿，了解其原因。有的幼儿兴趣比较单一，有的能力水平较低，有的无主见随群体而动等。因此，在幼儿入区前，教师不但要向幼儿介绍当天的活动内容和材料操作要求，以及在操作过程中所要思考的问题，还要从小班幼儿实际水平出发，进行分类指导。

①对于兴趣比较单一，经常只选择自己喜欢的活动而不愿意到其他活动的幼儿，教师应抓住幼儿的兴趣特点，扩大和培养幼儿的其他兴趣，使其兴趣更广泛。例如，幼儿喜欢绘画，常到美工区活动，教师可以引导幼儿将自己的作品带到语言区，拿着自己的作品作为语言区活动的材料进行讲述。在活动中，幼儿会慢慢地对语言区的活动产生新的兴趣。

②能力水平较低的幼儿，对区域活动易产生畏难心理。在区域活动中需要幼儿独立操作、单独完成学习和交往，能力水平较低的幼儿可能会遇到困难。这时教师要主动关心和引导幼儿，与他们一起入区，向他们介绍活动内容和材料的操作方法，并和他们一起玩耍，帮助他们树立信心，排除畏难情绪，从而积极投入活动。

③对于无主见随群体而动的幼儿，教师要主动了解他们已进入过的活动区域，以及虽已入过区域但评价目标未到位的情况，然后教师要有目的地引导他们进入未活动过的区域或目标未到位的区域进行活动。

（2）观察、了解在先，介入、指导在后

先进行观察，教师接着对幼儿的游戏水平做出正确的诊断，在此基础上，因势利导，帮助幼儿实现自己的构想，并促使幼儿在原有基础上有所提高。反之，就会产生负面效果。例如，在语言区中，幼儿正在翻看一本绘本，老师走过去却拿了另一本绘本并向幼儿说道："要不要我给你讲《小红帽》的故事？"无意间，教师打乱了幼儿的思路，同时对幼儿的阅读兴趣也产生了影响。这由于教师没有观察造成的。在活动中

教师应该避免出现皮亚杰所说的"当我们教授幼儿某种技能（或方法）时，我们正妨碍了幼儿的创造力的发挥"的情况。

（3）面向全体且注意个体差异，让不同基础的幼儿得到充分发展

在活动中，教师的指导不仅要面向全体幼儿，而且要细心观察，善于发现有困难的幼儿并及时给予鼓励和帮助，使全体幼儿达到"定位目标"的要求。例如，有些幼儿虽然对绘画很感兴趣，但很害怕拿蜡笔。经过调查教师发现，这些幼儿多数因为在家用蜡笔涂鸦而遭到了家长的严厉批评，因而产生了一种恐惧心理。针对这种情况，教师要进行个别辅导，一方面提高他们正确使用蜡笔的技能；另一方面帮助幼儿消除害怕心理，这样"懂得使用蜡笔"的定位目标就达到了。

（4）结合小班幼儿有着不同需求的特点，做出合理的指导

①结合幼儿"好模仿老师的行为"，增加反映幼儿园生活的内容。

②幼儿有了初步的合作愿望，教师应抓住机会强化合作意识。

③结合"幼儿角色定位不明确"的特点，巧妙转移幼儿的兴趣点。

由此可见，教师在小班区域活动中承担着引导者、支持者、合作者的角色。教师在与幼儿合作的同时可以更细致、更深入地了解每个幼儿的个性特点、兴趣爱好，有目的、有针对性地对幼儿进行教育和引导，使他们自身潜力得到最大限度的发挥，达到自主和谐发展的目的。

任务三　中班语言区活动的组织与指导

任务三 PPT　　　绘本分享《一起赶走
大病毒》

1.任务描述

区域活动开始了，语言区里一个读者也没有，三位管理员无所事事地摆弄着图书，张老师看到这种情况，灵机一动就扮演读者走进了语言区。"请问，这里有《孙悟空》这本书吗？"张老师问道。一听这话，三个管理员就一起忙开了。小花帮忙去找书，小贝忙着去为读者搬椅子，小凯也去帮忙找书。张老师拿着他们帮忙找到的书在看的时候，小花问道："张老师，你还需要其他书吗？我可以提前帮你找好！"张老师说："谢谢你！你们的服务那么好，为什么没有读者光顾呢？是不是大家不知道这里有什么好看的书呢？如果你们能跟小朋友们介绍一下好看的书就好了！"

"我们出去宣传一下吧。"小贝想了想又说："我们出去了，书店里就没有人了，有人来了怎么办？"他们想了想，最后决定由小凯出去做宣传工作，语言区留两个管理员。

（1）案例中，幼儿的前后状态发生了什么变化？结合案例说一说中班幼儿语言发展的特点。（完成工作表单1）

（2）请为中班语言区投放五种材料，并阐述操作方法和教育价值。（完成工作表单2）

2.工作表单

工作表单1~工作表单2分别见表6-9~表6-10。

表6-9　工作表单1

工作表单1	中班语言区的创设	姓　名		学　号	
		评分人		评　分	

1.案例中，幼儿的前后状态发生了什么变化？

2.结合案例说一说中班幼儿语言发展的特点。

（1）（　　　　　　　　　　　），喜欢与家人及同伴交流。

（2）（　　　　　　　　　　　　　　　　　　　　），但有时说话会断断续续，这是因为中班幼儿还不能记清事物现象和行为动作之间的联系。他们还会根据对不同对象的理解水平调整自己的语言，有时他们也能表述相当复杂的句子。

（3）中班幼儿不同于小班幼儿，他们更愿意表达，词汇量有了一定的增加，并且开始学着使用新词汇。但是中班幼儿又不同于大班幼儿，表述中虽然出现了复杂的词汇，但还不能表述准确或完整。

表6-10 工作表单2

工作表单2	中班语言区活动设计	姓 名		学 号	
		评分人		评 分	

请为中班语言区投放五种材料，并阐述操作方法和教育价值。

材料名称	操作方法	教育价值

3.反思评价

（1）通过本任务的学习，想一想中班语言区材料投放时应注意哪些事项？

（2）请你对自己在本任务学习中的表现进行评价。

课堂活动参与度　☆　☆　☆　☆　☆

小组活动贡献度　☆　☆　☆　☆　☆

学习内容接受度　☆　☆　☆　☆　☆

4.学习支持

中班幼儿的听说能力、语言表达能力、对诗歌和散文的理解能力，相比小班幼儿有了很大的提高。随着幼儿自主性的发展，中班幼儿在语言区活动中有了明显的自我探究意识，甚至有的时候能表现出初步的创造性行为。但是，这一年龄段的幼儿在倾听指令、用完整的语言讲述、与同伴友好合作等方面的意识还没有形成。基于这些原因，教师在设计语言区材料时不仅要考虑如何将中班语言教育的总目标落实到区域材料内容中，还应该思考怎样才能尊重幼儿的年龄特点、发展规律和个体需求。因此，中班的语言区材料应以认识各种词（名词、动词、形容词、人称代词、方位词、关联词等）来丰富幼儿的词汇量，以各种听说游戏（听音找方位，看一看、说一说，词语接龙游戏）来培养幼儿良好的倾听习惯，等等。这些形式多样的操作材料能够使幼儿的语言能力得到良好的发展。

1）中班幼儿语言发展的特点

中班幼儿主要在各种非正式的语言交往中自然地获得语言的发展。同时，幼儿的听觉和言语器官逐步趋向完善，具备了正确发出语音的条件，并且通过听、看、摸、尝、闻等感官的感知获得知识，继而发展其语言。语言的发展能提高幼儿的认识能力，而认识范围的扩大、生活经验的加深又丰富了幼儿的语言。中班幼儿已经具备了对事物的直观感知和说完整句等能力，还会通过模仿掌握和使用辩论性语言、问候性语言、叙述性语言、描述性语言等，同时能够比较连贯地表达自己的想法。

中班幼儿的语言发展的特点如下。

①能清晰地表达自己的想法，词汇开始丰富，喜欢与家人及同伴交流。

②能够独立地讲故事或叙述日常生活中的各种事物，但有时说话会断断续续，这是因为中班幼儿还不能记清事物现象和行为动作之间的联系。他们还会根据对不同对象的理解水平调整自己的语言，有时他们也能表述相当复杂的句子。

③中班幼儿不同于小班幼儿，他们更愿意表达，词汇量有了一定的增加，并且开始学着使用新词汇。但是中班幼儿又不同于大班，表述中虽然出现了复杂的词汇，但还不能表述准确或完整。

政策法规

《3~6岁儿童学习与发展指南》关于中班幼儿语言发展的目标（节选）

目标1
1.经常反复看自己喜欢的图书。
2.喜欢把听过的故事或看过的图书讲给别人听。
3.对生活中常见的标识、符号感兴趣，知道它们表示一定的意义。
目标2　具有初步的阅读理解能力
1.能大体讲出所听故事的主要内容。
2.能根据连续画面提供的信息，大致说出故事的情节。
3.能随着作品的展开产生喜悦、担忧等相应的情绪反应，能体会作品所要表达的情绪情感。
目标3
1.愿意用图画和符号表达自己的愿望和想法。
2.在成人提醒下，写写画画的姿势正确。

2）中班语言区的创设

《幼儿园教育指导纲要（试行）》指出，发展幼儿语言的关键是创设一个能使他们想说、敢说、喜欢说、有机会说并能得到积极应答的环境。因此，在语言区环境创设的过程中，教师应根据《幼儿园教育指导纲要（试行）》提出的要求，结合班级幼儿的年龄特征、整体发展需要及个体差异，合理地利用班级空间，为幼儿创设科学、适宜、宽松、和谐的语言学习环境，尽可能提供趣味性和操作性强、有目标指向的可操作的材料，让幼儿在动手操作和探索中进行学习，鼓励幼儿动脑、动嘴、动手，使他们在与材料的"对话"中成为语言加工的创造者，实现通过操作材料促进幼儿语言发展的目标。

（1）合理布局

中班幼儿的规则意识、任务意识已经逐步形成，学习的有意性增强，自控能力和注意力得到提高。当幼儿有了这些进步后，他们在语言区的探究时间较以前也延长了许多，他们能够专注地完成一些力所能及的任务。因此，教师在创设中班语言区环境时，可采用渐进的半开放的形式进行规划，用柜子等隔断物将活动区域围合成一个半开放的空间，这样既能体现教师对幼儿的尊重和信任，又能有效地抑制他们偶尔违反规则的行为，有助于其专心地完成对材料的操作。

（2）文具投放和物品摆放

幼儿到了中班，随着年龄的增长，其动手、动脑能力大幅度提高，再加上小班一年的区域活动经验积累，其区域规则意识、秩序感都有所增强。中班幼儿语言区活动会涉及笔画、描红等内容，教师一般会为幼儿提供比普通铅笔稍微粗一些的"三角形彩色铅笔"，这种铅笔能帮助幼儿较快地掌握握笔方法，养成良好的书写习惯。另外，在小班的基础上，中班的文具可以添加卷笔刀、橡皮及手工剪刀等。

（3）中班活动柜标识

中班时期是幼儿语言发展的迅猛期，也是学前阶段学习语言的关键期。在此期间，幼儿对周围的新鲜事物都很感兴趣，具备了一定的创造能力和探究能力，同时他们的规则意识也已经形成。基于这些特点，教师在设计中班活动柜标识时，会考虑让幼儿通过观察、触摸、记忆、对应、比较等方式来获得相关经验。例如，教师为中班幼儿设计了一系列象形文字的标识，让幼儿通过文字的外形特征猜出标识的含义，并且借助象形文字的标识记住材料所在的位置。对于每个标识，教师都要注意图形简练、线条清晰、标识唯一，从而有效地避免重复的图案和色彩对幼儿的干扰，这对语言区活动的正常开展、区域常规的建立、幼儿的自主探究活动都能够起到很好的促进作用。

3）中班语言区的材料投放及活动设计

中班幼儿认知活动表现出明显的具体形象性特点。认知活动中幼儿的思维从直觉行动思维向具体形象性思维过渡，主要依靠事物的具体形象和表象联想思维。抽象思维也开始萌芽，词汇量增加迅速，发音准确，语言表达能力发展迅速。幼儿在这个时期思维的自我中心特征十分突出，最喜欢听故事、看图画书等。他们的意志力逐渐增强，行动有了初步的目的性、组织性，能在集体生活中较好地遵守规则，能完成一些简单任务。

幼儿经过一年的小班生活，已经适应了幼儿园，开始把自己或别人的具体行为与行为规则相联系，并能对自己和他人进行肯定或否定的评价。还具有乐群感，非常喜欢与小朋友一起玩耍，出现了三五成群的现象，但群体并不固定。幼儿之间经常发生争吵和打闹，通过解决矛盾，幼儿逐渐掌握了游戏规则和交往方法。根据中班幼儿身心发展的特点，可以为幼儿提供桌面故事材料、视听材料、表演材料等。

（1）桌面故事材料

桌面故事即桌面上的故事，它具有以下几个特点：

a.幼儿的阅读兴趣和阅读能力明显提高；

b.有效促进幼儿口语表达能力的发展；

c.形式多样化，灵活机动，可以随时进行更换；

d.幼儿同时参加的人数较多，只要有桌子就可以进行，不受区域场地的限制。

以下是几种不同桌面故事材料示例。

①阅读绘本，丰富经验。

《3~6岁儿童学习与发展指南》指出，应为幼儿提供丰富、适宜的低幼读物，经常和幼儿一起看图书、讲故事，丰富其语言表达能力，培养阅读兴趣和良好的阅读习惯，进一步拓展学习经验。绘本通过图画和文字共同叙述一个完整的故事，在绘本里，图画不再是文字的附庸，而是一本好绘本的生命。从幼儿的发展特点来说，读图是他们的强项，图画就是他们进入故事的密码，单纯的文字难以激发他们的阅读兴趣；绘本是公认的最适合幼儿阅读的图书形式，通过绘本，他们用耳朵听故事，用眼睛看精美的图画，通过语言和画面的双重刺激促进幼儿语言、想象力和创造力及审美能力的全面发展。

② 阅读照片秀，进行经验阅读。

教师可以请幼儿将自己的照片带到幼儿园，在语言区开展照片秀活动，让幼儿根据照片拍摄的时间、地点及背景用一段话介绍照片。

③剪出故事，进行创编阅读。

在生活中，幼儿常见到废旧图书、图片、画报等材料，教师可以引导幼儿从这些无法修补的图书报刊上剪下各类图案，如剪下房屋、花草、蓝天和小鸭子等图案，让幼儿根据已有经验重新在桌面上进行组合。

④画出图书，进行阅读。

教师为幼儿提供作画工具，鼓励幼儿把自己听到或创编的故事画成一幅一幅的图画，把自己想说的事情画成一幅一幅的图画，按照顺序排在桌面上，讲给教师、同伴听，或供大家阅读、欣赏。家长和幼儿或者教师和幼儿所有图画装订成书。

⑤图片排排队。

图片排排队就是教师为幼儿提供一套打乱顺序的图片，鼓励幼儿在理解每幅图意的基础上，根据自己的理解、分析将图片进行排列。

（2）视听材料

①投放电视机、平板电脑、点读机等电子设备，播放生动形象、情节有趣、内容浅显、适合幼儿欣赏的视频。

②投放一些幼儿喜欢的图书，并用与幼儿翻阅图书相配的速度将图书的内容录音，引导幼儿边听边翻阅图书。

（3）表演材料

①头饰、故事背景图。

② 面具、手偶、指偶。

③服装道具等。

环境是幼儿的第三任老师，在语言区投放合适的材料不仅能锻炼幼儿的语言能力，还能促进幼儿其他领域的发展。中班幼儿语言区活动的材料投放与活动指引详细见表6-11。

表6-11　中班幼儿语言区活动材料投放与活动指引

区域材料	语言	科学	艺术	社会	数学
1.成品材料 各种图书、挂图、写字板、录音机、磁带、头饰、图片、儿歌海报、手偶、指偶等。 点读机、平板电脑、电子图书。 2.收集的材料 幼儿影集、幼儿日记、抱枕、各种阅读材料等。 3.自制的材料 自制的图书、识字卡片、文字拼图、图文匹配的讲述材料等	教师通过引导幼儿读故事、阅读其他内容的书籍，提高他们的语音意识。 教师可引导幼儿注意书籍中的各种符号。 教师在为幼儿读书时，可以引导他们了解读书的顺序。 教师可在与幼儿一起阅读有关故事时，向他们提一些开放性的问题。 教师可用一些道具帮助幼儿回忆、复述熟悉的故事。 教师可在幼儿阅读和重复阅读故事书时，鼓励幼儿讲述相关的情节。 教师可自己有感情地讲述故事以影响幼儿。 教师可引导幼儿用较完整的句子比较连贯地进行讲述。 教师可引导幼儿进行图文匹配。 教师可以引导幼儿朗诵、讲述、复述、仿编、续编熟悉的儿歌或故事	教师可引导幼儿观察图书中的信息，帮助他们了解关于动植物的知识，也可了解有关生命科学的知识。 教师可以将图书中的信息向幼儿做一些介绍，并做相关的小实验。 教师可让幼儿分享他们看到的某些工具书，以了解这些工具书是如何使用的。 教师可向幼儿了解某些信息，并鼓励他们学习关于环境保护的知识。	教师可以就图书的封面图向幼儿介绍相关知识。 教师在与幼儿阅读图书时，可以鼓励他们模仿故事情节进行打鼓、跳舞、表演等。 教师可以引导幼儿将主要形象画出来或制作相关物品	教师可引导幼儿通过阅读不同职业、角色人物的故事，了解他们及他们的生活。 教师可以利用幼儿自己制作的图书帮助他们理解空间的知识。 教师可以引导幼儿阅读一些关于地理的图书，通过这些书帮助幼儿了解地图的知识。 教师与幼儿分享图书，帮助幼儿了解一些简单的历史知识。 教师可以邀请幼儿的祖父母到幼儿园来给他们讲过去的事情。 教师引导幼儿注意倾听别人讲话	教师可以通过一些书名帮助幼儿理解数字的概念。 教师可在读故事时与幼儿谈论相关联的问题，如故事中相同句式的数量等。 教师在与幼儿一起读书、观看图片时，可以帮助幼儿理解有关形状、上面、下面、前面、后面、中间、里面、外面等概念。 教师可以通过一些词语引导幼儿理解时间的概念，如今天、明天等

4）中班语言区活动的组织与指导

（1）活动前

教师采用多种方式导入活动，激发幼儿的兴趣，幼儿根据自己的意愿自选区域与材料进行活动。以下介绍两种导入活动的方式。

①设疑法：教师可提前将投放的新材料放置到语言区并用布盖起来，在幼儿选区时可以着重引导幼儿关注。例如，"今天的区域活动时间，老师给小朋友们带来了新朋

友，它头顶盖着一块红色的布，到底是谁呢？小朋友们快去找一找吧！"

②延伸法：结合当月主题，让幼儿在语言区操作相关材料。例如，在语言区活动"十二生肖"结束后，教师可以引导幼儿在语言区找一找代表十二生肖的物品，并和小朋友说一说十二生肖的故事。

（2）活动中

幼儿在阅读区、讲述区、语言区中利用材料操作时，教师认真观察幼儿的活动和幼儿间的沟通交流，并结合有效的指导策略引导幼儿进行活动。介入幼儿活动的方法如下。

①角色介入法。

角色介入是指当幼儿有教师参与的需要或教师认为有指导的必要时，由幼儿邀请教师作为游戏中的某一角色或教师自己扮演一个角色进入幼儿的游戏，通过双方角色之间的互动，达到指导幼儿游戏的目的。当幼儿处于主动地位时，教师可扮演配角。例如，幼儿在玩"开商店"游戏时，"售货员"和"顾客"都能正常地进行业务往来，如果扮演"售货员"的幼儿说店里很忙，邀请教师来帮忙，教师可扮作服务人员进行介入，并巧妙引导幼儿提升游戏技巧。又例如，一幼儿用椅子排成一排，想玩开火车的游戏，但没有"旅客"，游戏无法进行，这时教师扮作"旅客"加入，并告诉幼儿："我要到××去，找谁买票？"这个幼儿赶紧找来伙伴，扮作售票员，开始玩了起来。当游戏进入正轨时，教师就隐退了，在一边静心观察，关键时刻再登场，当幼儿的游戏只是在一个层面上进行时，教师要引导幼儿向游戏的高级水平发展。

②强化介入法。

a.语言强化：当教师想了解幼儿游戏的现状及幼儿的具体想法或进行启发引导等，可应用语言强化的方式询问，以了解幼儿的真实想法。例如，"你想做什么呀？""你要做什么呀？"等，目的是引起幼儿思考，逐渐学会辨别是非，做出正确的行为判断。当幼儿遇到困难缺乏目的而不知所措时，教师可通过简单的建议性提示，帮助幼儿明确想法，促进游戏顺利开展。例如，一个幼儿在"娃娃家"里安装了电热毯，并给娃娃盖上了厚厚的被子，教师抓住时机，及时表扬这名幼儿肯动脑筋，并希望他想出更多冬天需要的物品。这样也提升了幼儿对冬天保暖的经验，同时对其他幼儿起到了暗示作用。

b.动作强化：教师在介入游戏时，可运用身体语言即利用动作、表情、眼神等对幼儿的游戏行为做出反馈。例如，对幼儿在游戏中所表现出的创造性行为，教师可采用点头、赞许的目光、欣喜的表情、拍手等身体语言表示肯定；对幼儿不遵守游戏规则，或一些需要制止的行为，教师可用手势、摇头或面部表情等表示否定。

（3）活动后

教师针对幼儿活动中的分享交流情况进行分析，对材料投放和幼儿活动情况进行反思，为下次更加有效地开展活动做准备。

> **想一想**
>
> 假如你是中班的一名幼儿教师，你会如何组织中班语言区活动？

任务四　大班语言区活动的组织与指导

任务四 PPT　　　绘本分享《小阿力的大学校》

1.任务描述

自从徐老师在活动室主题墙上张贴了以幼儿园为中心的简易地图以后，主题墙就成了小朋友们常常驻足的地方。徐老师发现小朋友们很喜欢针对小地图进行交流，她就将小地图转移到了班级的语言区，方便小朋友交流。这天，聪聪和洋洋兴冲冲地来到语言区。

洋洋：你家在哪里？离幼儿园远吗？

聪聪：我家在这里，旁边就是这个菜市场。（边说边指着地图）

洋洋：我家就在幼儿园后面，我们小区有个秋千，我玩过的。

聪聪：我家小区也有的，还有可以转的！

洋洋：我家到幼儿园很近的，你看从这里，转个弯就到了（边说边在地图上比画着从家到幼儿园的路径）。早上这里都是早餐店，有手抓饼店、饭团店，还有卖包子的，这个是玩具店，我买过迪加奥特曼的！（他一一指点着进行介绍）。

聪聪：我家旁边的菜市场里也有卖包子的。

（1）案例中的语言区活动是如何生成的？你认为这个语言区活动在材料投放方面存在什么问题？结合案例说一说大班语言区材料投放的原则。（完成工作表单1）

（2）请结合案例设计一个大班语言区活动。（完成工作表单2）

2.工作表单

工作表单1~工作表单2分别见表6-12~表6-13。

表6-12 工作表单1

工作表单1	大班语言区的创设	姓　名		学　号	
		评分人		评　分	

1.案例中的语言区活动是如何生成的？你认为这个语言区在材料投放方面存在什么问题？

2.结合案例说一说大班语言区材料投放的原则。

· 层次性_____

· 动态性_____

· _____

· _____

· _____

· _____

表6-13　工作表单2

工作表单2	大班语言区活动设计	姓　名		学　号	
		评分人		评　分	

请结合案例设计一个大班语言区活动。

活动目标

1.幼儿能大胆地讲述自己的名字及名字背后的小故事，学习用"我的名字在第几行、第几个，我叫××"的句式完整表述。

2.幼儿学习书写自己的名字，感受自己名字的独特性。

3.反思评价

（1）通过本任务的学习，你会如何投放大班语言区的材料？请列出明细。

（2）请你对自己在本任务中的学习表现进行评价。

课堂活动参与度　☆　☆　☆　☆　☆

小组活动贡献度　☆　☆　☆　☆　☆

学习内容接受度　☆　☆　☆　☆　☆

4.学习支持

幼儿进入大班后，其语言表达能力和对文学作品的理解能力有了质的飞跃，同时，其逻辑思维能力有了一定的发展。好学爱问与喜欢挑战性学习是大班幼儿的典型特征。基于大班幼儿的这些特征，教师将大班语言区的教育目标确定为提高幼儿对古今中外经典文学作品的理解能力，培养幼儿的前阅读和前书写技能。大班语言区提供的材料以知识性内容为主，包括让幼儿了解中国传统文化知识（如歇后语、成语、对联、谜语、寓言故事和童话故事等），初步了解有关汉字的起源、结构及笔画等。教师为幼儿创设各种语言学习的问题情境，提供多样化的挑战性学习材料，让幼儿在与材料反复互动的过程中，充分运用长期积累的知识和经验，在探索性学习中取得语言表达、前阅读和前书写方面的进步。

1）大班幼儿语言发展的特点

大班幼儿的年龄多为5~6岁，相对年龄较小的幼儿来说，大班幼儿具有更强的理解能力及观察能力，需要采用语言表达的内容变得更多。从目前的情况来看，大班幼儿所具有的语言发展特点主要包括以下三个方面。

①具备一定的语言学习综合能力。大班幼儿不但能够学习到不同的语言形式，同时还可以对语言的含义进行感性的思考；当幼儿通过思考了解语言的含义之后，会尝试对类似语言进行推测。例如，教师告诉幼儿橙子及梨是水果，则幼儿通常会问教师香蕉及柚子是否同样是水果。

②个性化特征明显。幼儿会变通及选择性地模仿日常生活或动画片中听到的词语，从而创造性使用学习到的语言，因此具有明显的个性特征。例如，国产动画《熊出没》当中的台词经常被大班幼儿模仿及使用。

③语言习得是一个循序渐进及不断积累的过程。大班幼儿能够独立探索和应用日常语言的规律，并能够在好奇心及表现欲望的驱使下不断积累词汇。例如，当幼儿听到一个有趣的故事时，就会尝试复述故事，或在复述故事时增加词汇或情节。

政策法规

《3~6岁儿童学习与发展指南》关于大班幼儿语言发展的目标（节选）

目标1 喜欢听故事、看图书

1.经常专注地阅读图书。

2.喜欢与他人一起谈论图书和故事的有关内容。

3.在阅读图书时和生活情境中对文字符号感兴趣，知道文字表示一定的意义。

目标2 具有初步的阅读理解能力

1.能说出所阅读的幼儿文学作品的主要内容。

2.能根据故事的部分情节或图书画面的线索猜想故事情节的发展，或续编、创编故事。

3.对看过的图书、听过的故事能说出自己的看法。

4.能初步感受文学语言的美。

目标3 具有书面表达的愿望和初步技能

1.愿意用图画和符号表现事物或故事。

2.会正确地写自己的名字。

3.写写画画时姿势正确。

2）大班语言区的创设

语言区活动是幼儿园语言教育活动的有机组成部分，是发展幼儿语言能力的优化模式，是教师依据教育目标、幼儿兴趣及年龄特点，有目的、有计划地创设多样化的语言区域，使得幼儿在与材料、环境、同伴充分互动中获得个性化语言学习与发展的区域。它在环境设置上，会涉及空间规划布局、材料摆放、规则设置、活动展示四个方面。

（1）空间规划布局

《幼儿园教育指导纲要（试行）》明确要求，创设一个自由、宽松的语言交往环境，支持、鼓励、吸引幼儿与教师、同伴或其他人交谈，体验语言交流的乐趣。教师在创设语言区时，应该选择靠窗或者有自然光线的区域，并保证一定的活动空间。尽量避免在午睡室、储藏室或远离窗户等光线不好的区域。良好的自然采光环境，有利于保护幼儿的视力，更有利于幼儿的健康，也能给幼儿以温馨舒适的感觉，有利于增强图书区的吸引力。语言区氛围应该是静谧、愉快的，大班则更多采用清新的绿色或静谧的蓝色作为主色调。在地板上铺设泡沫软垫，摆放柔软的沙发和靠垫，选择高度合适的桌椅，让幼儿可以舒适地阅读、书写；有条件的班级可在角落设置小帐篷，形成一定意义上的私密空间，让幼儿可以独自安静地阅读或与同伴交流；摆放一些毛绒玩具、绿色植物，营造出既富有童趣又清新自然的活动氛围。应有容纳5~6名幼儿同时活动的空间，并有多于幼儿人数的座位和足够的桌子；有满足集体、个体、结伴阅读和视听的空间和陈列架，书目标记明显；有多种呈现方式的放书空间，适合幼儿自主取用、自主整理；有呈现幼儿阅读痕迹的墙面空间或区域，有重点阅读书目的呈现和展示区域。

大班幼儿经过小、中班的学习能够较好地制订计划，自主地选择活动材料来满足自己的需要。大班幼儿的良好学习品质已经初步形成，求知欲和动手能力有了很大的提高，区域活动经验也丰富了很多。根据大班幼儿表现出来的诸多特征，教师在创设语言区环境时，可将语言区规划成一个全开放式的区域，为幼儿提供自由交往、共同学习的平台，支持幼儿在区域中自由、自主地探究，激发幼儿深层次地学习。全开放的学习环境，能够让幼儿学会自我管理、主动学习。

（2）材料摆放

语言区不是图书角，材料的投放不是简单地将图书堆砌在一起。在语言区环境创设和材料投放时，应坚持科学性、层次性和创造性的原则，吸引幼儿主动走进语言区。对于幼儿的发展水平、阅读兴趣、材料的学习价值都应给予充分的考量和关注。让幼儿在宽松的听说读写的氛围中自由操作，实现自身语言能力的提升和突破。除此之外，大班时期是幼儿学习习惯和任务意识养成的关键期。在幼儿进入大班后，随着其求知欲望、合作意识、规则意识的增强，语言区的大部分活动都配有相应的记录单，需要幼儿在写写画画中完成记录。大班幼儿动作灵活，手部的小肌肉快速发展，他们已经能够自如地控制手腕。教师在投放文具时，要充分考虑使用频率、具体数量、用途等因素。因此，在柜面上会出现与彩色铅笔有同样标记的笔筒，每个笔筒里装有一定数量的彩色铅笔，彩色铅笔同样是三角形铅笔，但是比中班的要小一些，与小学使用的铅笔大小一致。考虑到幼小衔接的重要性，在投放文具时，教师会配置相应的握笔器、橡皮、卷笔刀、学生剪刀、液体胶水和尺子等，并按照小学整理文具的要求，对幼儿进行文具整理的常规培养。

（3）规则设置

到了大班，随着幼小衔接活动的开展，幼儿的语言表达能力、文字理解能力都有了明显的提高。幼儿的抽象逻辑思维开始萌芽，他们喜欢用分类、比较、推理等不同方式探索事物的规律，对文字也表现出了极大的兴趣。因此，教师要选用简单的文字作为大班幼儿的活动柜标识。例如，教师选择一些简单易懂易记的汉字、单一的汉语拼音，用正规的字体打印出来，并配上不同颜色的背景，将不同的文字投放到语言区材料中作为标识，这些带有明显文字特征的标识，既能够帮助幼儿以较快的方式记住其所在的位置，又能够很好地帮助幼儿提升认读文字的能力。对于大班幼儿来说规则的建立有利于其良好学习习惯的养成，有助于语言区活动的顺利开展。语言区的规则主要包括以下几个方面。

①根据语言区范围的大小调控人数。

②语言区要求走路轻、说话轻、轻拿轻放图书及其他材料，保持安静。

想一想

请根据语言区的不同功能及特点，设置一个区域规则。

③两人同时选择同一本图书时，由两人协商解决，学习轮换阅读和分享阅读。

④物归原处。

（4）活动展示

区域中应将符合幼儿经验的阅读反思、感受、续编等相关经验记录展示出来，可以以展示墙面张贴的形式进行呈现；应制作体现幼儿阅读过程、感受、创作的相关海报和自制图书。在大班语言区活动中，空间是开放的，幼儿进行活动的区域是自选的，活动时间是充足的，幼儿可以有充分的时间进行操作、交流、讨论和分享；教师要为幼儿提供有序、温馨的环境，幼儿在这种有趣、生活化的情境中学到的知识和经验是具有生命力的，使幼儿的身心能得到更健康的发展。

3）大班语言区的材料投放

区域活动能满足兴趣、能力各异的幼儿的需要，为其提供丰富的、适合其发展的活动环境，这是区域活动最大的优势。无论是活泼好动还是沉默寡言的幼儿，在区域活动中都能找到适合的活动形式，自主地交往，充分发挥其积极主动性。这就要求教师在投放材料时能够注意材料的层次性和动态性，充分发挥活动材料的优势。

（1）材料的层次性

一方面，在活动区域中投放具有层次性的材料，在一定程度上能够为幼儿提供宽裕的探索的空间，满足个体能力有差异的幼儿获得不同的认知体验；另一方面，可根据幼儿能力的不同提供操作难易程度不同的活动材料，便于教师对不同能力的幼儿进行针对性的指导和帮助，更好地做到因材施教，促进幼儿在原有水平上不同程度的提高。以语言区为例，教师与幼儿一起读书、观察周围图片时，可以帮助幼儿理解有关形状、上面、下面、前面、后面、中间、里面、外面、左边、右边等概念。

（2）材料的动态性

材料的提供不能一成不变，而应根据教育目标和幼儿能力的不断提高及时地进行调整和补充。无论多么有趣的材料，如果总是一成不变，也会失去其原有的魅力。当幼儿对原先投放的材料兴趣减弱时，应该及时进行补充、调整，根据幼儿新的兴趣和需要，改进和摒弃不适合的材料，开发和挖掘新材料，使投放的材料更具有针对性，更符合幼儿的发展水平。以语言区为例，在与幼儿一起阅读图书时，教师可以向他们提出一些开放性的问题，还可以使用一些道具帮助幼儿回忆、复述熟悉的故事。教师可以投放一些句卡和对应的图画，以引导幼儿进行图文匹配。教师也可以引导幼儿朗诵、讲述、复述、仿编、续编熟悉的儿歌或故事。

（3）材料的目标性

区域活动中，材料的投放是有的放矢的，是和教育目标紧密相连的。材料投放应有目标性，教师在投放操作材料时，应该根据幼儿的年龄特点，考虑材料是否适合本年龄段的幼儿，同时，材料应该满足幼儿现阶段的实际发展需要。应有针对性地选择、投放那些对幼儿的发展有促进作用的操作材料。例如：幼儿喜欢数学，教师可以投放一些数学绘本，以帮助幼儿理解数学概念；可在读故事时与幼儿谈论有关数量问题，如故事中相同的句式的数量等。

（4）材料的针对性

活动区域中应根据不同年龄段幼儿的身心特点投放不同层次的活动材料。大班幼儿思维敏捷、动手能力强，在提供语言区材料时，可以是故事内容和情节复杂的图书及有一定难度的材料，同时要注重材料的多样性，以满足他们的探究和自主发展的需求。

（5）投放具有可探究性的材料

具有探究性和材料能够引发幼儿动手、动脑，支持幼儿与活动环境的积极互动。探究是幼儿在动脑思考基础上的动手操作，是幼儿动脑思考和动手操作交织进行的活动。所以，投放材料时应考虑到材料能否支持幼儿动手动脑、积极探索。而那些能留给幼儿更多操作空间和创造空间的"半成品"最具有探究性。这是因为，相对于"成品"来说，"半成品"能够给幼儿提供更多的探索空间，更多的动手、动脑的机会；而相对于"原材料"来说，"半成品"又蕴含了一定的线索，可以引导幼儿完成自己的作品。以大班语言区为例，教师可引导幼儿观察图书中的信息，帮助他们了解关于动植物的知识，也可了解有关生命科学的知识；可以将图书中一些信息介绍给幼儿，并做相关的小实验。例如，在某本书中读到了"美味的汤"，就可以和幼儿在烹饪时间尝试做这种汤。可让幼儿分享他们看到的某些工具书，以了解某些工具是如何使用的；教师还可向幼儿了解某些信息，并鼓励他们对环境保护的问题进行一些讨论。

（6）投放具有生活化的材料

很多教师为投放区域活动材料挖空心思，其实，我们周围有很多事物都是可以拿来当作材料的。这些材料可以是师生一起分享的书籍和作品，可以是家长与孩子共同阅读的故事书，可以是家长制作的精美书签，还可以是大家一起搜罗的各种纸张等。生活即教育，对于区域活动材料，要打破局限，发掘一切可利用的资源，真正做到生活化。这样不仅能使幼儿通过操作获得相关的知识经验，还能让幼儿学会大方热情待人，学会珍惜友情、亲情，还能让幼儿接触到在书本上学习不到的知识，感受语言的魅力，从而真正地乐于学习、乐于交流、乐于创造。

对于大班语言区活动材料的科学投放，随着区域活动的开展，教师还应边尝试边摸索，不断地改进，让幼儿在玩耍中不断地做出总结和修改，使之日趋完善，从而促进幼儿全面发展。

案例分享

桌面故事讲述

活动目标：

（1）能根据故事情节操作学具并进行讲述。

（2）增强与同伴合作的意识，体验合作讲述的快乐。

活动准备：

幼儿用纸杯自制教具、布置场景等。

操作要点：

（1）与同伴共同创设故事场景。

（2）同伴间协商并确定各自的故事角色。

（3）根据故事情节的发展，逐一出示角色并大胆讲述。

（4）重新分配角色，再次讲述。

指导建议：

（1）教师可引导幼儿在美术区或美术分组活动中，选用纸杯等材料自制桌面教具、布置场景，然后投放到语言区进行讲述。

（2）教师可引导幼儿根据不同的故事，从各种自制材料中选择相应的场景、角色进行创设和讲述。

4）大班语言区的活动指导

教师指导在区域活动中起到画龙点睛的作用，适宜的指导能够为幼儿的活动提供支持与帮助。教师的指导可分为隐性指导和显性指导。

（1）语言环境中的隐性指导

在语言区环境中，教师要注意挖掘其隐性教育功能，利用环境潜移默化地对幼儿进行指导。例如，教师可以采用实物标识、图示标识、角色标识等多种标识，对区域活动进行行为规范、规则提示、步骤示意、情节丰富等暗示作用，帮助幼儿在语言区活动中根据标识的暗示开展活动。

①语言环境的实物标识。

为了避免区域材料过多，导致环境杂乱无序，影响幼儿实际操作、阅读、讲述，教师利用实物，如桌、椅、区角柜、地垫等，按幼儿的发展需要将语言区划分成相对独立而又开放的区域，帮助幼儿更快地找到自己感兴趣的区域，营造良好的区域活动氛围。

②区域材料的图示标识。

教师利用照片、幼儿的绘画作品等制作各种各样形象具体的图示标识，如区域游戏的进区牌、进区规则、操作材料提示卡等，让幼儿在直观的教育环境中能更好地了解区域材料的摆放顺序、区域活动的内容、区域进出的规则等，培养幼儿的自我管理意识。

（2）区域活动中的显性指导

区域游戏是一种自主性的活动，所以在区域活动过程中，有目的地观察能促使教师更加深入地了解幼儿活动的兴趣和需要，有的放矢地指导幼儿开展区域游戏。但很多教师在区域游戏观察过程中经常会运用一些指令性的语言，如"不能这样玩！""你应该这样做！"等。这不仅给幼儿造成一定的心理压力，也剥夺了幼儿自由探索、自我发现、自我完善的机会。所以，在语言区活动观察的过程中教师应尊重幼儿，多运用开放性的指导策略，保护幼儿自主性，激发幼儿的创造性思维，推动其自主、自信、自如地运用语言。

①转让式语言的指导。

在语言区活动中，教师会发现班级中总有一部分幼儿每当遇到困难总是第一时间寻求教师的帮助，缺乏自主思考及解决问题的意识。针对这一情况，教师应"善退"，懂得将问题包装后重新抛给幼儿。例如，"有趣的皮影"这一大班语言操作材料，在材料投放之初，班级幼儿都争抢着玩，每次区域活动总能听到语言区传来争吵声，幼儿总向教师告状。教师听到后，没有直接帮助幼儿解决这个问题，而是将问题抛给幼儿："当遇到大家都想玩的时候，你们可以怎么做？"在教师"退后"的过程中，我们发现幼儿通过讨论加入了新规则，即要求每次游戏最多两个人进去玩，其他人可以坐在藤椅上当观众，等待这次游戏结束后再轮流交换着玩。问题是幼儿发展的催化剂，它能让幼儿在问题面前做出选择、进行思索，在解决问题的过程中一点一滴地进步，而教师在其中扮演的就是支持者、指导者与参与者的角色，要少干预、多观察，少指挥、多提醒，少命令、多商量，学会用转让式的语言不断提高幼儿的区域活动水平。

②暗示性语言的指导。

暗示性的语言指导其实是一种间接性的教育方式，当幼儿面对困难寻求教师帮助时，教师不是直接将游戏的玩法告诉幼儿，而是给予幼儿适当的语言提示或间接经验。例如，大班幼儿在语言区墙面操作"果蔬店"的过程中因为没有"小顾客"，急忙找到教师，希望教师帮忙。教师没有直接帮助幼儿寻找"小顾客"，而是引导幼儿学会观察游戏环境中的其他材料，如手偶、指偶等可以自由互动的材料。通过教师的间接引导，幼儿采用手偶游戏开展角色对话，玩得十分愉快。

③建议性语言的指导。

著名的教育家叶圣陶曾说过："不重在教，而重在引。"教师应思考如何成为幼儿成长过程中的引路人而不是指路人。这就要求教师要学会巧妙地引导、有效地推动。教师可以尝试运用建议性的语言指导幼儿的区域游戏，努力把自己当成幼儿的玩伴，学会与幼儿共同商量，征求幼儿的意见与想法，让幼儿成为真正意义上的游戏的主人，让他们自主调控游戏进程，创造游戏的玩法，而不是按照成人所预设或演示的方法，一成不变地开展游戏。所以，教师在指导区域活动的过程中要尽量减少不必要的介入，更不能包办代替或当作导演，应努力为幼儿创设一个自由、宽松的区域活动环境。例如，在投放大班语言区新材料前，教师都不会将材料的玩法告知幼儿，因为教师发现，当教师以一个参与者的身份进入游戏，与幼儿共同讨论游戏玩法时，这些操作材料会变得更加有趣和多样化。当教师退居为引路人时，可以通过观察、引导、鼓励、推进的方式帮助幼儿更好地自主游戏。同样地，当幼儿在游戏的过程中遇到困难了，教师的语言指导并不是告诉其解决方法，而是与幼儿一起质疑、一起否定，在质疑和否定的过程中根据幼儿对该困难的认知层次进行适当的引导与梳理。

5）教师支持与评价

大班幼儿对区域材料的探究，已经从基本的材料操作上升到了对材料进行深度学习与探索。教师选择区域活动支持策略时，在小班、中班支持策略的基础上，还要考虑到大班幼儿将进入小学，面临幼小衔接方面的任务，因此，教师应该特别注重幼儿学习品质的培养。

（1）教师要帮助幼儿建立起他们认同的、愿意遵守的区域活动规则

①教师及时肯定幼儿的正确行为，逐步共同建立区域活动的规则。

一个良好、有序的环境是幼儿能够在区域中自由活动的必要条件。这就需要幼儿有自觉遵守和维护区域活动规则的意识。区域活动中的取放材料、维护环境、安全操作等规则应当是在活动开展的过程中、在出现问题的时候引导幼儿讨论得出的，是所有幼儿认可和理解的规则。活动中教师要不断地赞赏幼儿遵守规则的各种行为，逐步建立区域活动的有序环境。

②用"谈话""讨论"等方式共同制定区域活动的规则

与幼儿共同讨论并制定区域活动规则，如进入活动区后要求幼儿不喧哗、打闹。讨论以不影响邻区活动为宜，教师的指导也不要干扰邻区幼儿的活动。为保持良好的区域环境，游戏结束时指导幼儿整理材料，以便下次开展活动。

（2）教师对区域的评价方式要灵活多样

① 提倡幼儿自主评价。

区域活动相对于其他活动来说更能体现幼儿的自主性。但在他们自由选择、自由探索、自由发表自己的想法时，也应当学着自主地评价和自我激励。因此，教师要给他们营造相对宽松、自主的氛围。先让幼儿自我评价，请幼儿讲出自己最高兴、印象最深的事情，并简单描述和评价自己的区域活动，要求能力较强的幼儿对区域活动进行整体评价，让不同发展水平的幼儿充分体验成功的快乐。

②教师评价。

在区域活动过程中，教师要自始至终发挥支持作用。根据各组情况给予鼓励，用微笑、点头等非言语评价形式，用提问、提示、总结等语言形式帮助幼儿正确地评价自己。教师的评价能使幼儿在以后的区域活动中更加投入。

四、课证融通

本模块对应的幼儿教师资格证考试——"保教知识与能力"模块的考试目标、内容与要求、真题见表6-14。

表6-14　幼儿教师资格证考试——"保教知识与能力"模块的考试目标、
内容与要求、真题

内容体系
一、考试目标
幼儿园环境创设的知识与能力。了解幼儿园环境创设的意义、功能和创设原则，并能结合幼儿园教育实际加以运用。
二、考试内容与要求
1.了解常见活动区域的功能，能运用有关知识对活动区域设置进行分析，并提出改进建议。
2.了解心理环境对幼儿发展的影响，理解教师的态度、言行在幼儿心理发展过程中的重要作用。
三、真题 材料分析题： 强强是4岁幼儿，他喜欢自言自语。搭积木时，他边搭边说："这块放在哪里呢……不对，应该这样……这是什么………就把它放在这里作门吧……"搭完一个机器人后，他会兴奋地对着它说："你不要乱动，等我下了命令后，你就去打仗！"请根据学前儿童言语功能发展的有关原理，对材料加以分析。

五、阅读思享

推荐理由：

这是一本全新的教学手册，旨在帮助学前教育工作者获得"区域材料设计与评价"这一实践技能，把握幼儿在各个区域的发展特点和内在需求，并据此激发幼儿的学习兴趣。本书的价值就在于它通过对具体区域活动案例的深度分析，阐了幼儿教师在不同领域对幼儿学习的支持作用，并给出了评价方式和方法，为区域活动的细化和分类指导提供了实践样本和教研空间。

推荐阅读：

王微丽、霍力岩. 幼儿园语言区材料设计与评价. 北京：中国轻工业出版社，2018年版。

模块七 公共区域活动的组织与指导

一、岗位能力模型

公共区域活动的组织与指导岗位能力模型见表7–1。

表 7–1 公共区域活动的组织与指导岗位能力模型

模块	岗位能力描述	《幼儿园工作规程》	《幼儿园教育指导纲要（试行）》
公共区域活动的组织与指导	在幼儿园的教育教学中，公共区域活动是幼儿最喜欢的活动。因此，如何创设一个充满生机且有益于幼儿成长与发展的公共区域环境及如何科学合理地组织与指导公共区域活动，成为学前教育专业学生必须学习与掌握的知识内容。除此之外，公共区域活动的管理作为区域活动顺利、有效开展的前提和保障，也是需要学生掌握的技能	第三十条 幼儿园应当将环境作为重要的教育资源，合理利用室内外环境，创设开放的、多样的区域活动空间，提供适合幼儿年龄特点的丰富的玩具、操作材料和幼儿读物，支持幼儿自主选择和主动学习，激发幼儿学习的兴趣与探究的愿望。幼儿园应当营造尊重、接纳和关爱的氛围，建立良好的同伴和师生关系。幼儿园应当充分利用家庭和社区的有利条件，丰富和拓展幼儿园的教育资源	八、环境是重要的教育资源，应通过环境的创设和利用，有效地促进幼儿的发展。 （一）幼儿园的空间、设施、活动材料和常规要求等应有利于引发、支持幼儿的游戏和各种探索活动，有利于引发、支持幼儿与周围环境之间积极的相互作用

二、知识点与技能点

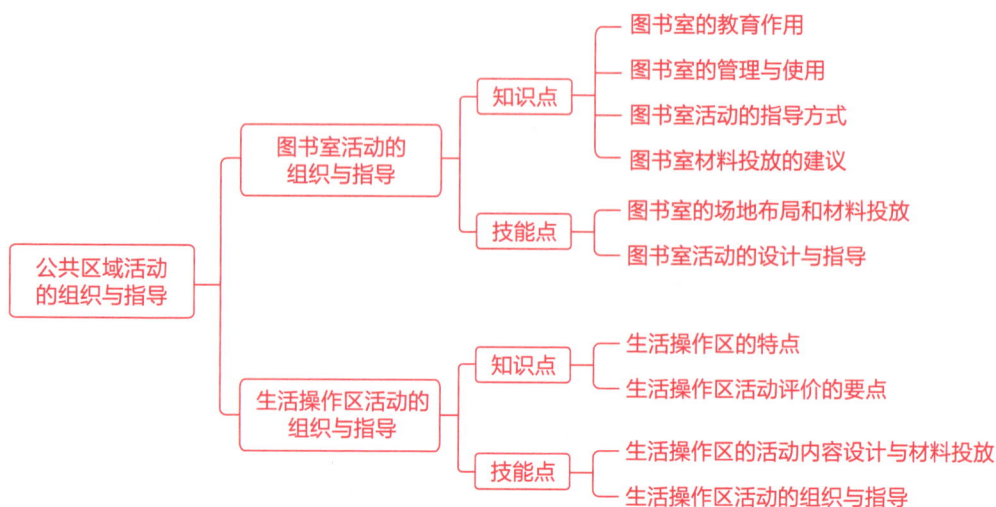

```
                                          ┌─ 图书室的教育作用
                              ┌─ 知识点 ─┼─ 图书室的管理与使用
                              │          ├─ 图书室活动的指导方式
             ┌─ 图书室活动的  │          └─ 图书室材料投放的建议
             │   组织与指导   │
             │              └─ 技能点 ─┬─ 图书室的场地布局和材料投放
公共区域活动 │                         └─ 图书室活动的设计与指导
的组织与指导 ┤
             │                         ┌─ 生活操作区的特点
             │              ┌─ 知识点 ─┴─ 生活操作区活动评价的要点
             └─ 生活操作区活动的
                 组织与指导  │
                            └─ 技能点 ─┬─ 生活操作区的活动内容设计与材料投放
                                       └─ 生活操作区活动的组织与指导
```

素养目标

1.通过本模块学习与实践，提高学生重视培养幼儿阅读习惯的意识。

2.通过本模块学习与实践，培养学生因材施教的教育观。

任务一 PPT

幼儿园图书室设置
图片展示

三、工作任务

任务一　图书室活动的组织与指导

1.任务描述

刚进入图书室，我就听见有小朋友在窃窃私语："今天，我和你一起看吧！"原来，这位小朋友在与小伙伴商量翻阅同一本书呢！

小朋友们开始分散阅读之后，王老师在图书室细心观察他们的表现。有的幼儿一个人安静地翻阅着图书，有的小朋友们则两两结对进行共同阅读。

新雨正与他最要好的小伙伴思妍共同阅读幼儿杂志《小聪仔》上的一个图画故事，王老师悄悄地走到他们身边，想听一听他们的对话。

新雨："这只猫好大哦！肯定是只大懒猫！"

思妍："嘻嘻，大懒猫连老鼠都抓不动吧！"

新雨："肯定抓不动，你看它躺着一动也不动，像加菲猫一样！"

思妍："这是什么故事呀？"

新雨："我觉得应该叫《猫咪的故事》！你看，就是讲的这只猫的故事吧！"

思妍："叫《大懒猫的故事》吧！"

新雨："《大懒猫的故事》，哈哈！真好玩！"

（1）结合案例，你觉得幼儿园图书室的教育价值是什么？你觉得图书室活动可以促进幼儿哪些方面能力的提升？（完成工作表单1）

（2）结合案例，你觉得幼儿园应该如何设置图书室？作为幼儿教师，你会如何为图书室分区？（完成工作表单2）

（3）小组讨论并为小班幼儿设计一个图书室使用方案。（完成工作表单3）

2.工作表单

工作表单1~工作表单3分别见表7-2~表7-4。

表 7-2 工作表单 1

工作表单1	图书室的教育价值	姓　名		学　号	
		评分人		评　分	

1.结合案例，你觉得幼儿园图书室的教育价值是什么？

图书室的教育价值：

图书室对促进＿＿＿＿起到重要影响。

图书室有助于拓展幼儿＿＿＿＿＿＿＿＿。

幼儿园图书室资源丰富，可从各方面调动幼儿的＿＿＿＿＿＿＿＿＿＿＿＿。

2.结合案例，你觉得图书室活动可以促进幼儿哪些方面能力的提升？

表 7-3　工作表单 2

工作表单2	图书室的管理与使用	姓　名		学　号	
		评分人		评　分	

1.结合案例，你觉得幼儿园应该如何设置图书室？

（1）对场地布局的要求。

应选择位置适中、通行方便、＿＿＿＿＿＿＿的区域。

空间设计形式自由，可以将图书室的一角设计成台阶形地面，铺上地毯，幼儿看得入迷时可席地而坐。

＿＿＿＿＿＿＿＿＿＿＿＿＿＿＿＿＿＿＿＿＿＿＿＿＿＿＿＿＿＿＿＿＿

＿＿＿＿＿＿＿＿＿＿＿＿＿＿＿＿＿＿＿＿＿＿＿＿＿＿＿＿＿＿＿＿＿

＿＿＿＿＿＿＿＿＿＿＿＿＿＿＿＿＿＿＿＿＿＿＿＿＿＿＿＿＿＿＿＿＿

（2）对材料投放的要求。

图书类：＿＿＿＿＿＿＿＿＿＿＿＿＿＿＿＿＿＿＿＿＿＿＿＿＿＿＿＿

电子类：＿＿＿＿＿＿＿＿＿＿＿＿＿＿＿＿＿＿＿＿＿＿＿＿＿＿＿＿

读写材料：＿＿＿＿＿＿＿＿＿＿＿＿＿＿＿＿＿＿＿＿＿＿＿＿＿＿

2.作为幼儿教师，你会如何为图书室分区？请你把设计方案画在下面方框中。

表 7–4　工作表单 3

工作表单3	图书室的活动设计	姓　名		学　号	
		评分人		评　分	

结合案例，请为小班幼儿设计一个图书室使用方案。

目标					
内容安排					
活动准备					
指导要点					
操作流程					
调整建议					

3.反思评价

（1）通过本任务的学习和入园实践，你对幼儿园图书室的设置与使用有什么建议？

_____

_____

_____

（2）请你对自己在本任务学习中的表现进行评价。

　　课堂活动参与度　☆　☆　☆　☆　☆

　　小组活动贡献度　☆　☆　☆　☆　☆

　　学习内容接受度　☆　☆　☆　☆　☆

4.学习支持

　　现代科学证明，一个人早期所受的教育，在很大的程度上会影响其一生。幼儿园应重视幼儿的早期教育，并在总结教育实践的基础上，积极创造条件，专门设立幼儿图书室。幼儿图书室是整个幼儿园的一个有机组成部分，它的建立与发展对于培养教育幼儿有着直接影响。

　　1）图书室的作用

　　联合国教科文组织在《公共图书馆宣言》中提出，"养成并强化儿童早期的阅读习惯""激发儿童和青年的想象力和创造力"。幼儿期是语言发展的关键期，除了发展口语能力，书面语言的教育也不容忽视。

　　首先，阅读区一般设置在班级的一角，其活动场所有限，每次只能为较少数幼儿提供阅读机会，更多幼儿在有阅读需要时却得不到满足，一定程度上降低了幼儿的阅读兴趣。而且阅读区拥有的图书是由幼儿园分配或幼儿从家里带来的，其数量有限，种类不多，即便是每班的图书数目较多，也会出现大量复本，造成不必要的浪费。

　　其次，营造一个自由、独立、宽松的阅读环境是创设阅读区的基本要求。创设阅读区的目的是保障幼儿在阅读过程中不受干扰，产生舒适、安全的心理感受。但班级阅读区是一个开放的地方，通常会与其他活动区连在一起，无法保证环境绝对安静，不利于幼儿的阅读，也不利于幼儿阅读习惯的养成；同时，幼儿活动时往返于各个活动区之间，也会造成图书的损坏和丢失，不利于图书的保管，更不利于幼儿安静地阅读。所以幼儿园建立图书室是非常有必要的。

（1）有利于促进幼儿身心健康成长

图书室的建立非常重要，它可以促进幼儿社会性和独立性的发展。因为幼儿在自主选择、使用、归还图书的过程中，能够增强责任感；图书室就像一个小图书馆，幼儿通过借书、还书等活动，可以了解图书馆的基本功能和使用规则；在与同伴一起参与图书室活动的过程中，幼儿也可以学会分享。

（2）有利发展幼儿的早期阅读教育

图书室在幼儿启蒙教育方面具有独特的优势，它可以促进幼儿的早期阅读能力和语言发展。另外，还可以培养幼儿早期必备的四种生成性阅读行为，即浏览（快速翻阅书籍）、安静研究（阅读书籍插图）、假装阅读（假装单独阅读、集体阅读或分享阅读）和传统阅读（识别书中的全部或部分字词和句子）。此外，幼儿在阅读的过程中可以自由交流，这种自由交流对幼儿的语言发展至关重要。

（3）有利于调动幼儿的阅读兴趣

幼儿园图书室在空间造型设计上有别于成人图书室，幼儿园图书室更倾向于空间情境化且主题多样；从幼儿的情感出发，可以设计出符合幼儿心理的图书室空间环境，再通过环境产生影响，使幼儿心情愉悦，满足幼儿对空间的情感与使用需求。

幼儿园图书室除了存放传统的印刷型资料，还可以设置不同的分区以吸引幼儿及其家长走进图书室，让他们在图书室中找到自己有所见、有所闻、有所惊、有所喜、有所问、有所知、有所想、有所盼的新天地。

（4）有利于幼儿各项能力的发展

通过图书室活动，可以培养幼儿安静阅读的习惯；幼儿在活动过程中会通过与他人交流，促进语言的发展，增强幼儿的自信心，使其感受到快乐；通过教师的引导，可以培养幼儿热爱阅读、爱惜图书、喜欢分享的优秀品质；利用图书和绘画，引发幼儿对阅读和书写的兴趣，帮助幼儿掌握前阅读和前书写技能。

2）图书室使用的注意事项

（1）图书室切勿一室多用

图书室是一个专为幼儿阅读而创设的场所，是不可以作为公共活动室使用的。事实上，很多幼儿园图书室都是一室多用，供幼儿阅读只是其中一种功能而已。平时，图书室会作为幼儿园各种会议的场所，摆几张桌子就可以开一场座谈会，拿几把小椅子就可以开园务会。桌椅的移动为前来阅读的幼儿带来许多不便，人员的来往也会干扰幼儿的阅读甚至取消幼儿阅读的机会。

（2）切勿使图书室成为摆设，要提高图书室的利用率

对于幼儿园图书室而言，只有幼儿进入其中，坐下来安静地阅读才是它的真正价值体现。而在幼儿园的实际运行中，很多图书室的真正价值并没有体现出来。不应将图书室作为迎接检查或参加评比的"加分点"、对外宣传的"漂亮风景线"，应切实在幼儿的教育与学习上发挥重要作用。

提高幼儿园图书室利用率的方法如下。

①合理安排幼儿阅读时间，放学后免费对幼儿开放图书室。

为确保小、中、大班的幼儿每周都有固定的时间去图书室阅读，幼儿园应将去图书室阅读纳入班级每周活动计划之中，让阅读成为幼儿园活动的一部分。幼儿园应根据现有班级总数，协调分配各班图书室活动的时间，避免因两班在时间上产生冲突而造成混乱，同时各班按时进出，形成秩序。依据幼儿的年龄特点与注意力持续的规律，合理安排小、中、大班幼儿阅读时间的长短。大班幼儿认知发展水平较高，对信息有较深的理解，有强烈的求知欲望，可安排较长时间；而对于小班幼儿则可以安排稍短时间。

②引进网络技术等现代技术手段。

幼儿在家长和社会的影响下从小就接触计算机、数字技术，对现代网络技术并不陌生。幼儿园图书室可以采购适合幼儿阅读的音像读物资源，利用先进的视频点播技术、网络技术等手段，将图书室传统的纸质书刊与音像读物有机地结合，形成具有现代特色的图书室。在内容上不断弥补纸质书籍更新不及时的缺陷，在形式上给幼儿以

新的感官刺激，激发幼儿的阅读兴趣，使他们更加喜欢阅读，更喜欢进入图书室阅读。

③在图书室内开展亲子阅读，完善图书借阅制度。

有的家长虽然有亲子阅读意识，但受自身知识水平的限制而力不从心，有的家长忙于工作从而忽视了亲子阅读的重要性，等等。所以，定期在图书室内开展亲子阅读活动是很有必要的。教师具有较丰富的幼儿教育经验，可在亲子阅读活动中给予指导和帮助。此外，图书室的书籍都是教师为幼儿精心挑选的，内容覆盖面广，体裁丰富，家长可以放心选择。定期开展亲子阅读活动，可以增加亲子之间的交流，能较好地促进亲子关系的发展。

知识拓展

幼儿园图书室借阅制度

一、图书室开放流程

1.家长与幼儿共同书写借阅申请后，到图书室办理借书证，需交幼儿一寸照片一张。

2.凭借书证在图书室开放时间内可以借阅图书。

二、图书借阅规则

1.每周五家长和幼儿凭借书证可进行绘本图书借阅，借书证仅限本人使用，不得转让。

2.借阅时由家长带领幼儿进入图书室，每次借阅，填写绘本借阅登记表并签字。借阅期限为一个月之内，每人每次可借阅1本，按期归还后下次方可再借阅。逾期未归还超过两次者，将取消借阅资格。

3.图书室开放时间：每周五下午16：00~16：30。

4.家长应教育幼儿爱护书本，严禁在图书上乱涂乱画、乱剪乱折。书借到后应当及时检查，如有画线、批注、破损、污染、缺页等情况，应立即告知图书管理员。因家长保管不善或者使用不当造成的图书非正常损坏，需要赔偿，赔偿金额以每本书的成本价为基础并根据损坏程度而确定。书籍轻度损坏（能修补且不影响再次借阅的视为轻度损坏）赔偿25%、书籍严重损坏（即使修补也影响再次借阅的视为重度损坏）或丢失，根据书的新旧程度赔偿80%~100%。

5.请保管好借书证，如有遗失，需在图书室开放时间内登记挂失进行补办。

（3）图书室的书籍应分批投放、及时更新

幼儿既需要接受幼儿经典读物的熏陶，也需要紧跟时代步伐，吸收现代化的元素，这样才能保持与时俱进。因此，图书室的书籍应及时进行更新。如果书籍较多，应分批进行投放。

3）图书室的场地布局和材料投放

（1）图书室的场地布局

①应选择位置适中、通行方便、环境安静的区域。

②空间设计形式自由，可以将图书室一角设计成台阶形地面，铺上地毯，幼儿看得入迷时可席地而坐。

③图书室桌椅宜成组布置，而书架却不宜集中布置，以免幼儿取书和放书时扎堆而造成拥挤。书架可以沿墙布置，也可以布置在室内中央，或者作为分组阅读的空间划分依据。

④图书室以朝南为宜，但要注意太强或太弱的光线都会损害幼儿的视力。

⑤书架组合高度：不宜高于1.30米。

（2）图书室材料投放的建议

当代幼儿园图书室要打破传统图书室"以藏书为主，以用为辅"的形式，功能内涵也应从单一的幼儿借阅扩展到丰富活动的场所，空间也逐渐发展成多功能渗透相互融合。幼儿园图书室可投放的材料如下。

①图书类。

a.故事书：内容包括家庭和幼儿园生活，动物故事、童话故事等，动植物生长变化和科学小常识，劳动模范和英雄人物事迹等。

b.儿歌书：说唱歌谣，句子既短又押韵，富有音调与韵律，谜语儿歌、绕口令，帮助幼儿练习发音的简短儿歌。

c.杂志画报：包含故事、儿歌、小常识综合内容的杂志或画报，如《娃娃画报》《小主人画册》等。

d.知识类图书：没有故事情节，只是介绍性的内容，如介绍各类工具与用具、社会习俗与文化。

e.自制图书：幼儿用绘画、剪贴等形式构思情节制作的图书，还可以运用相片制作图书。自制图书是大部分幼儿最热衷的一项活动。

②电子绘本：可供幼儿开展绘本阅读与朗诵。

③能够增强幼儿学习体验的智能点读笔，满足幼儿获得知识的需要。

除了上述物品，图书室中还可以配备一些辅助材料。下面列举出了一些在图书室中配备的辅助材料。

a.图书室登记册，可以记录幼儿进入图书室阅读的次数、时间及所阅读的图书等信息。

b.故事音频，可供幼儿听故事、儿歌。

c.手偶或毛绒玩具，可供幼儿进行故事表演。

d.纸笔，可供幼儿进行涂画、书写。

e.图书之外的其他文字材料，如书单、文字标识等。

4）图书室活动的设计与指导

（1）图书室的活动目标设计

根据幼儿园教育环境的评价标准，图书室的活动主题应该是多元化的，因为单一的活动主题无法满足幼儿的个性化需要。所以，教师们应提供一些与幼儿生活密切相关的内容作为图书室的活动主题。例如，在大班幼儿开始换牙的时候，教师应在图书室提供一些关于人类牙齿发育和健康的图书。

（2）图书室的环境创设

舒适有趣的阅读环境对培养幼儿的阅读兴趣非常重要，因为环境的舒适性和趣味性能让幼儿感受到阅读的乐趣，也能延长幼儿持续阅读的时间，增强师生间的互动。所以，幼儿园可以在图书室中创设以下几种区域或空间。

①自主阅读的区域。

教师可以在图书室的每个角落放置几个布艺沙发和小圆桌，供幼儿安静而自主地选择自己喜爱的图书并进行阅读。另外，教师还可以按照图书内容所涉及的领域、所对应的年龄段对图书进行分类，做好标记，便于幼儿进行选择、归类和整理。

②故事表演区。

在图书室中可以创设一个舞台，提供各式的服装、头饰、乐器，激发幼儿对故事情节再现的兴趣。通过故事表演区的相关活动不仅能发展幼儿的语言表达能力，还帮助其巩固对故事情节的理解和再现。

③电子互动区。

有条件的幼儿园可以购置电子互动桌、平板电脑、点读笔、耳机等产品，电子互动桌和平板电脑各配备阅读软件，便于幼儿在点点、读读的过程中提升对阅读的内容理解。

④涂鸦留白区。

在阅读室设置涂鸦留白区，对阅读室进行"留白"，提供丰富的DIY材料、具有一定面积的涂鸦墙，引导幼儿将阅读前后的所思所想在留白区展现出来。

（3）制定图书室的活动方案

图书室活动方案不同于集体教育活动的方案，制定思路相对比较自由。教师可以用文字和表格呈现活动方案，其中重点是明确活动时间、目标、方法。

①明确活动时间。

教师应根据幼儿园学期计划合理安排幼儿进入图书室的时间。活动时间最好是固定的，让幼儿形成习惯。

②制定图书室活动的目标。

以激发幼儿阅读兴趣、培养幼儿良好的阅读习惯为主要目标。

③开展图书室活动的方法。

幼儿园图书室是供全园师生使用的，所以保证幼儿阅读时间的关键在于幼儿园对图书室开放时间的统筹安排。幼儿进入图书室通常分为以下三种情况。

a.幼儿园对全园幼儿进入图书室时间进行固化安排，见表7-5，在固定的时间段进入图书室。

表7-5　图书室开放时间安排

	星期一	星期二	星期三	星期四	星期五
上午	小二	大一		大二	小一
下午		中二	中一		

b.班级阅读时间。

c.图书室面向全园开放的时段。

（4）科学指导幼儿阅读

一般采用间接方式指导幼儿阅读，即基于观察；以口头提问、提示和评论等语言表达方式，或者以示范、面部表情、眼部表情、动作、手势等非语言表达方式对幼儿阅读进行指导。这种指导方式是为了调动幼儿的主动性，不同于指示、直接教导、具体命令等直接指导方式。

在指导阅读时，教师要观察和了解幼儿的阅读行为和习惯，纠正不当或不良的阅读行为，帮助幼儿养成良好的阅读习惯。当发现幼儿随意翻书、频繁换书时，教师应给予适当的指导，帮助幼儿学会选书和读书。以下是针对不同年龄阶段幼儿的阅读活动指导。

①对小班幼儿的观察与指导。

小班幼儿阅读理解能力弱，有意注意时间短且容易受到外界环境的影响。因此，对于小班幼儿教师应主要培养其对阅读的兴趣，使其了解图书室的功能，掌握借阅图书的方法，了解图书室的阅读规则，掌握图书阅读的基本方法。

②对中班幼儿的观察与指导。

相对来说，中班幼儿已经了解了图书室的各项规章制度，能较好地完成图书借阅手续。他们也存在不足，即他们虽然有了与别人分享阅读的意愿，但是由于经验不够，分享效果不明显。因此，在阅读中教师应注意观察幼儿，让幼儿学会分享阅

聚焦职场

　　作为一名幼儿园老师，你会如何指导中班幼儿进入图书室进行阅读和借阅图书？

读，促进其社会性的发展，提升其阅读能力，并进一步培养阅读兴趣。

③对大班幼儿的观察与指导。

大班幼儿随着理解能力的提升，他们的阅读面更广，阅读习惯更稳定，对各种文化及科学知识都充满好奇。教师可以引导幼儿选择百科类、数学类、手工类图书，还可以让幼儿充当管理员，更深层次了解图书室的功能，进一步激发幼儿的阅读兴趣。

知识拓展

幼儿园图书管理员岗位职责

一、坚守岗位，工作耐心，服务周到。

二、做好新书的登记、分类、编目、上架工作，做到一书一卡，分类科学，确保账、卡、书三符合。

三、严格执行图书室制定的各项借阅制度，过期借阅的图书限期催还，当时收还的图书应当及时上架，提高图书周转率、使用率。

四、做好图书的宣传推荐工作，及时推荐、介绍图书室新到的优秀读物。

五、加强对归还图书的检查，认真做好书刊的修补、装订工作。

六、做好书籍的防火、防盗、防尘、防霉、防蛀工作，保持书库整洁。

七、了解教师借书情况，征求教师所需图书意见，为采购提供信息。

八、服从分配，完成领导交给的其他工作。

任务二　生活操作区活动的组织与指导

任务二 PPT　　　生活操作区设置图片
　　　　　　　　　　展示

1.任务描述

生活操作区有很多练习动作技能的材料，今天子墨选择了不锈钢夹子。只见子墨端着盘子来到桌前，盘子中有一个小笼屉、七个布制的包子、七个塑料小碗和一个不锈钢夹子，这是小班生活操作区中十分常见的材料。子墨刚刚拿到材料时，还不太会单手使用夹子，他用两只手握着夹子的顶部艰难地夹起包子。教师看到这种情况后，及时介入，通过示范教会了子墨使用夹子。学会使用夹子的子墨，开始不断地将包子夹到笼屉中，又将笼屉中的包子夹到小碗里。反复练习几次后，感到无聊的子墨开始尝试直接夹起装有包子的小碗。他把小碗夹到笼屉中，在第一层摆了四个小碗，然后又在四个小碗的中间摆上一个小碗，接着把剩下的两个小碗依次往上摆。成功后的子墨歪头看看老师，看起来非常渴望得到老师的表扬，可是老师正在指导其他小朋友，并没有注意到他这个小小的举动。过了一会儿，子墨又想出了新花样，他用夹子把小碗一个个地摆起来，虽然变化了玩法，但是可以感觉到他对这个活动有些厌倦了。只见他一会儿揉揉鼻子，一会儿环顾四周，甚至开始叹气、打哈欠，然而即使这样，子墨仍然坚持到游戏结束。

（1）结合案例，你觉得生活操作区是一个什么样的区域？在生活操作区中都有什么类型的材料？（完成工作表单1）

（2）结合案例，教师在观察和指导子墨时存在什么问题？如果你是案例中的教师，你会在活动中如何介入和指导？（完成工作表单2）

（3）请结合案例设计一个发展小班幼儿精细动作的活动方案。（完成工作表单3）

2.工作表单

工作表单1~工作表单3分别见表7-6~表7-8。

表7-6 工作表单1

工作表单1	生活操作区的特点	姓　名		学　号	
		评分人		评　分	

1.结合案例,你觉得生活操作区是一个什么样的区域?

2.请以连线的方式把以下材料与类型进行对应。

生活技能练习

精细动作发展

使用剪刀的练习

串珠子的练习

拧瓶盖的练习

编织的练习

抓乒乓球的练习

系鞋带的练习

剥种子的练习

扣扣子的练习

表 7-7　工作表单 2

工作表单2	生活操作区的设计	姓　名		学　号	
		评分人		评　分	

1.结合案例，教师在观察和指导子墨时出现什么问题？

2.如果你是案例中的教师，你会在活动中如何介入和指导？

表 7-8　工作表单 3

工作表单3	生活操作区活动的适宜指导	姓　名		学　号	
		评分人		评　分	
请结合案例设计一个发展小班幼儿精细动作的活动方案。					

活动名称：

活动目标：

活动准备：

操作要点：

观察要点：

指导建议：

3.反思评价

（1）通过本任务的学习，你觉得幼儿园如果不设置生活操作区，将会对幼儿有何影响？

_____

_____

_____

（2）请你对自己在本任务学习中的表现进行评价。

课堂活动参与度　☆　☆　☆　☆　☆

小组活动贡献度　☆　☆　☆　☆　☆

学习内容接受度　☆　☆　☆　☆　☆

4.学习支持

"生活即教育"是陶行知先生教育思想的核心，生活是教育的源泉，教育根植于幼儿的日常生活。安排幼儿开展生活操作区的活动是教师对幼儿进行观察的最直接、最有效的一种方式，也是一种最有效的教育手段，有利于各种能力发展不一致的幼儿在原来的基础上得到相应的提高。如何使区域活动与教育活动有机结合起来？教师在区域活动中怎样帮助幼儿发展？本任务将围绕这两个问题进行相关内容介绍。

1）生活操作区的概念

生活操作区是一个可以锻炼幼儿一些简单的、基本的生活技能，发展他们动手能力的区域。教师可以为幼儿提供练习剥、拧、抓、倒、绕、捏、夹、舀等动作的材料。通过这些练习活动，让幼儿尝试动手操作，获得感知与体验，以至在日常生活中不再依赖他人，甚至能帮大人做一些事情。在活动中，幼儿的生活技能得到提高，与人交往的意识初步形成。同时，除了培养幼儿的动手能力，教师还应注意培养幼儿良好的卫生习惯，如在倒豆子、抓花生时，不乱丢外壳和残渣，并能将掉下的材料放在指定位置。

知识拓展

生活操作区，就是提供各种与生活有关的材料供幼儿进行操作练习的区域。凡是能够锻炼幼儿的动手能力、手眼协调能力、生活自理能力的活动，都可以放在这个区域。尤其是对于入园初期，动手能力、自我服务能力相对较弱的幼儿，教师更需要提供一些适宜的材料和锻炼的机会，让他们进行充分的锻炼和学习。生活操作区活动对幼儿的手眼协调能力、手部小肌肉的发展，以及秩序感和专注力的培养等都有很高的价值。

2）生活操作区的活动内容设计及材料投放

生活操作区的活动内容主要包括生活技能练习和精细动作发展两大类。生活技能练习主要包括扣扣子、叠手绢、穿衣服、择菜、剥种子、使用工具、整理学习用品等与自己生存、生活相关的练习活动；精细动作发展主要包括抓、倒、夹、拧、编织等与手部精细动作发展密切相关的活动。

（1）生活技能练习的活动

①舀的练习：对于刚进入幼儿园的幼儿来说，使用勺子是一项必不可少的生活技能。有些幼儿在家里不能独立进食，因此在幼儿园的早期阶段就很难熟练地使用勺子。教师可以提供勺子、花生、豆子等材料，让幼儿进行专门的舀东西练习，锻炼其动手能力。

②扣扣子的练习：主要是为幼儿自主穿衣打下基础。一般，常见的扣子包括粘扣、按扣等，教师可以将这些类型的扣子从旧衣服上剪下来制作成有趣的材料供幼儿单独练习，熟练以后再过渡到自己穿衣服并扣好衣服上的扣子。

③叠衣服的练习：主要是培养幼儿自我服务意识，最初可以用长方形或正方形手绢让幼儿练习简单的折叠技能，熟练后让幼儿自己叠衣服、叠裤子等，锻炼幼儿的生活自理能力。

④系的练习：最初可以提供彩色丝带，让幼儿用打结的方式练习系蝴蝶结，接下来换成用纸板等材料制作的鞋面，让幼儿在上面练习穿鞋带、系鞋带，这样当幼儿需要系鞋带时，就可以比较轻松地自己解决了。

⑤剥种子的练习：对于中班的幼儿来说，剥葵花子、剥花生等练习是他们能够做到

又很乐意去做的事情。教师可以投放葵花子、花生、开心果、松子等平时常见的干果供幼儿，这种练习既可以锻炼幼儿手部的精细动作，又可以锻炼他们的专注性和坚持性。

⑥使用工具的练习：生活中人们会经常用到很多小工具，如剪刀、刀子、螺丝刀、锤子、镊子等。教师可以提供大小不一的螺丝和螺丝帽，让幼儿练习拧螺丝帽，同时做配对练习；然后，逐渐增加用安全的刀子切水果的练习、榨汁练习、用锤子钉钉子的练习、用螺丝刀拧紧螺丝的练习等；还可以将使用工具的练习与科学区的拆装活动相联系，增加活动的挑战性。

⑦整理学习用品的练习：大班末期，幼儿入学准备时很重要的一项就是学习整理自己的学习用品。教师可以让幼儿从学习整理文具盒开始，逐步让幼儿学会整理书包内的物品，养成有序收纳学习用品的习惯，为小学入学打下良好的基础。

（2）精细动作发展的活动

①抓的练习：活动时可由易到难将抓的练习进一步分为五指抓、三指抓、二指抓等。通常，幼儿最初抓握物品时是五指张开去抓，这时教师可以提供大一些的物品，如乒乓球、核桃等，让幼儿练习五指抓。随着幼儿手部精细动作的发展，可以逐渐让幼儿用小一些的物品练习三指抓、二指抓等。这些练习可以放在小班初期进行。

②倒的练习：幼儿用杯子倒物品是一种很好的手眼协调能力的练习。小班初期，可以让幼儿练习倒颗粒状的大米、小米等固体，随着能力的提高可以改为用杯子倒水、用茶壶往茶杯里倒水等，逐渐增加练习的难度。

③串的练习：串珠子是小班幼儿非常喜欢的活动，除了购买现成材料，生活中和活动区域中还有很多材料可以用来让幼儿进行串的技能练习。

④夹的练习：夹东西也是非常好的锻炼手眼协调能力、增强自我服务能力的活动。使用的夹子可以是大一些的夹馒头的不锈钢夹子，也可以是大小不一的各种塑料夹子，甚至是小一些的镊子等。随着幼儿精细动作的发展，还可以让幼儿练习使用筷子夹物品。

⑤拧的练习：最简单易行的办法是请家长帮助搜集各种化妆品的瓶子，让幼儿练习拧瓶盖。还可以将拧的练习与益智区的活动进行配对，提高练习的趣味性和持续性。

⑥编织的练习：编织活动又可以分为很多种，包括简单的上下交替穿梭的编织、编辫子、用织布机织布等。练习之初，教师可以提供衣服、小鱼等模型，然后在衣服

或小鱼模型上留出可以编织的空隙，让幼儿给小鱼"穿衣服"，为小朋友设计漂亮的衣服等；也可以提供毛线让幼儿练习编辫子，或者提供织布机，让幼儿在织布机上用编织的技能练习穿线。

各年龄段幼儿关键经验见表7-9。

表 7-9 各年龄段幼儿关键经验

关键经验	小班	中班	大班
手眼协调和精细动作的发展	能尝试手眼协调完成抓、倒、舀、串、扣等较粗大的动作	能手眼协调完成较复杂的剪、折、夹等精细操作	能完成穿衣、收拾玩具等较复杂的任务，手部精细动作发展良好
秩序感与专注力	能在短时间内集中精力完成一项任务，有外界干扰时能在老师的引导下坚持完成工作	能集中精力20分钟，较专注地完成较复杂的任务，不轻易被无关因素干扰	有较强的秩序感，能集中精力完成复杂的动作和任务
生活认知与自我服务	初步学习扣扣子等基本生活技能，树立初步的自我服务意识	学习自己穿脱衣服等生活技能，主动进行自我服务	学习自己整理衣物、文具等日常用品，会自己照顾自己
遵守规则与习惯养成	能遵守简单的游戏规则，不乱丢活动材料	能爱惜和合理使用材料，并有序地整理物品，能做到物归原位	能主动整理操作材料和场地，保持活动场所的整洁有序

知识拓展

生活操作区的规则

· 从哪里取的材料，用完后要放回哪里；

· 各种材料分类摆放，分别使用，不能弄混；

· 撒落的材料要及时收起来，防止丢失；

· 材料用完后要恢复原状，以方便别的小朋友使用（如珠子串完以后要一个一个解开放回原处，否则容易打结）；

· 使用刀子、剪刀等工具时要注意保护自己，同时不要乱晃以免伤到别人；

· 别人使用危险物品时不要在他身边跑动，以免出现危险；

· 递交危险物品时要动作轻缓，将危险的一端握在自己手中递交；

· 不能把颗粒小的操作材料往嘴巴、耳朵、鼻孔里塞。

3）生活操作区活动的组织与指导

教师组织幼儿在生活操作区进行活动时一般可以遵循以下流程。

（1）了解新材料

教师可以结合幼儿的年龄特点有选择地进行材料投放。教师可以在投放材料后及时向幼儿推介新材料，帮助幼儿认识、了解新材料，明确材料的性质、特点及玩法。例如，在编织的练习中，教师投放了织布机以后，应带领幼儿观察织布机的构造，一起研究怎样在机器上织出好看的布，或者适当采用简单示范的方法指导幼儿掌握基本的操作方法。例如，在舀的练习中，可以出示张着大嘴巴的小动物和豆子、小勺等材料，让幼儿猜猜看可以怎么玩，然后创设"我们要喂动物朋友吃饭"游戏情境，激发幼儿练习的兴趣，调动幼儿参与活动的积极性。

（2）选择材料

一般情况下，在教师推介完新材料之后，幼儿就可以进入生活操作区开始活动了，幼儿可以自主选择材料进行操作练习。当小班幼儿出现犹豫不决的情况时，教师可以为幼儿选择材料时适当提供建议，帮助幼儿确定操作材料。

（3）自主操作

幼儿自主操作时，教师首要的任务是做一名默默的观察者。耐心观察幼儿对材料的操作情况，观察幼儿的专注程度和秩序感，以确定是否需要对幼儿的操作活动进行介入或指导。当幼儿非常专注地投入活动并能熟练地操作材料时，教师可以不进行任何干预；当幼儿出现以下情况时，教师则应判断时机，及时做出回应或指导。

①当幼儿拿到材料后不知所措、迟迟不肯动手时，教师应思考是否因为幼儿对材料的玩法还不熟悉，可以考虑以同伴的身份介入活动，巧妙地通过示范帮助幼儿了解材料的玩法。

②当幼儿频繁更换材料、始终不能专心地投入活动时，教师要分析原因，判断是因为幼儿不熟悉材料还是因为对材料太熟悉而失去了兴趣，由此采取不同的干预策略。如果是因为幼儿还不会操作而导致频繁更换材料，教师可以陪伴幼儿先操作一种材料，将游戏引向深入；如果是因为材料对幼儿来说缺乏挑战性造成的，那么就要考虑对材料进行调整或更新，或者变换玩法提高材料操作的难度。

③当幼儿之间因为选择材料发生争执时，教师可以观察幼儿是否能够自主通过协商、轮换等方式进行解决，如果幼儿不能自主解决，那么教师应该介入，并通过现实情境帮助幼儿获得解决矛盾的经验。

（4）适时介入

幼儿根据自己的需要在生活操作区中自主活动，进行探索和尝试，然而在活动中不免会发生一些矛盾或遇到一些困难，这些都需要教师适时地给予指导。教师在活动中对幼儿进行细致的观察，通过观察准确地把握幼儿在活动中的实际情况，然后才能有针对性地更换材料，并在需要的时候提供适时的指导来提高幼儿的活动水平。例如，幼儿最喜欢的娃娃家，在娃娃家中幼儿能够扮演爸爸妈妈，学着成人的样子做饭、照顾宝宝，体验成人的生活。最初模仿成人做饭时，教师提供的是一些小的塑料容器，以及塑料食物，刚刚接触此类材料时幼儿感到十分新鲜，但是随着时间的推移和技能的不断提升，他们逐渐失去了兴趣。教师通过观察发现了这些情况以后，适时地更换了新材料，如将塑料食物换成了可操作的无纺布制作的饺子、包子、馅等，更加具有操作性和挑战性，使幼儿有更多的发挥空间。以下是教师介入与引导的方式。

①幼儿的操作出现问题时。

幼儿在活动中出现操作问题主要是受到动手能力的限制。例如，大班幼儿在制作寿司的过程中，对"卷"这个动作掌握得不好，常出现卷不成功的现象。这时教师给予适当的建议并强调操作的要领就能帮助幼儿渡过难关，激发幼儿下次再操作的欲望。

②幼儿出现玩不下去的情况。

生活操作区是幼儿最感兴趣的区域之一，由于受到空间和材料的限制，一个区域的人数必须进行限制。如大班"饮品吧"，饮品制作师三人、服务员一人、顾客四人。由于限制人数的原因，有时候会出现幼儿等待时间过长，甚至因此而引发矛盾，于是教师让幼儿一起想办法。经过讨论，大家认为可以增加一个洗水果和倒垃圾的岗位，问题得到了解决，使游戏可以顺利进行。

③同伴间出现纠纷。

完成生活操作区活动是建立在同伴之间相互合作的基础之上的，因而有合作必定会有分歧。教师要适时地引导幼儿及时化解矛盾，使活动顺利进行。例如，在"西餐厅"里，客人点的水果拼盘是沙拉口味，结果做成了番茄口味，导致服务员不愿意上餐，幼儿之间就此发生了分歧。教师建议服务员是否可以跟客人沟通一下，了解客人的想法，或者用什么方法使客人接受已经做好的番茄口味的水果拼盘，教师为幼儿打开了新的思路，于是厨师与服务员一起跟客人进行了沟通，结果问题很快就得到了解决。

④幼儿表现消极，无所适从时。

生活操作区中经常会看到有的幼儿在活动中会表现出消极的态度。例如，做服务员的幼儿，在没有客人需要服务时会出现这种状态，教师在活动之前可以做这样的准备：引导幼儿观看真实生活中服务员工作的过程，或者让幼儿思考，如何做好服务工作。

⑤幼儿创造性行为出现时。

当幼儿的创造性行为出现时，教师一定要及时发现并给予适当的鼓励。例如，在"饮品吧"，幼儿会试着将不同的水果进行组合，制作成不同的果汁，教师就鼓励他们宣传新品，还建议他们增设品尝区。

⑥针对幼儿的个体差异。

幼儿的个性和能力都存在着个体差异，生活操作区的活动要求幼儿具有一定的技能才能进行，但是对于不同的活动，技能的要求也是不同的。例如，幼儿在切寿司中包裹的黄瓜条时，教师发现这个工序要求是比较高的。为了降低难度，教师就建议幼儿制作长短不一的寿司。切熟练了短的黄瓜条，再逐步增加黄瓜条的长度，使幼儿的能力逐步得到提高。

教师应在幼儿生活操作区的活动中扮演不同的角色，不仅是指导者、引导者，还是幼儿的玩伴、调解员和旁观者。要正确地把握介入和退出的时机，只有这样才能彰显教师的教育艺术，最终使幼儿在活动中得到全面发展。

（5）整理材料

生活操作区材料的特点是数量多且种类杂，容易弄混或者丢失。因此教师尤其应该注意帮助幼儿养成良好的收纳整理的习惯，要求幼儿每次活动结束后将材料恢复原状并物归原位，以便于其他幼儿下一次操作。例如，串珠子的练习结束后，让幼儿将珠子拆下来放回篮子里，并将串珠子的线小心缠起来，避免线绳打结而无法继续使用。小班幼儿的自我服务能力较弱，教师可以在一段时间内集中训练幼儿的活动常规，在幼儿整理物品的能力较弱时提供适时的帮助；对中、大班幼儿可以提高要求，尽量让他们自主检查材料有无丢失或者混乱、整理材料、收拾场地、保持整洁。

（6）分享与交流

生活操作区的操作结束后，教师可以组织幼儿进行分享、交流，重点分享材料的新玩法、新经验。教师应表扬幼儿对材料的创新使用，从而发现材料更多的玩法，发挥材料最大的价值。

4）生活操作区活动评价的要点

对于生活操作区活动的评价，一般可以从环境、幼儿、教师三个方面入手。当然，针对不同的区域，这三个方面评价的要点又略有不同。对于生活操作区活动，教师具体可以参考表7-10进行评价。

聚焦职场

　　为了更好地锻炼幼儿精细动作发展及对各种工具的使用，教师在生活操作区投放了剪刀、镊子等工具。有些家长在接送孩子的过程中向老师提出安全问题。作为一名幼儿园老师，生活操作区经常会用到剪刀、刀子等工具，怎样在保证幼儿自由活动的基础上确保幼儿的安全呢？

表7-10　生活操作区活动评价表

幼儿园：　　　　　　　　班级：　　　　　　　　时间：

一级评价标准	二级评价标准		标准分	得分
区域环境的创设（30分）	区域的空间设置（10分）	区域的面积是否能够满足幼儿开展活动的需要	3	
		区域空间是否适度封闭，有利于幼儿专心操作	4	
		区域内是否根据活动需要配置桌椅等设施	3	
	区域的材料投放（20分）	材料是否有明确的目的性和层次性，适合不同发展水平的幼儿进行操作	8	
		材料是否符合幼儿的年龄特点，并根据幼儿的发展水平经常变换玩法或提高难度	8	
		材料是否分类明确或摆放整齐，有利于幼儿养成良好的取放习惯	4	

续表

一级评价标准	二级评价标准		标准分	得分
区域中的幼儿（40分）	幼儿的兴趣和参与度（10分）	幼儿是否对操作活动充满兴趣，积极参与活动	5	
		幼儿是否能持续一段时间进行操作	5	
	幼儿活动的专注程度（10分）	幼儿是否能够专注地投入活动	6	
		幼儿是否能够不受外界干扰专心活动	4	
	秩序感发展（10分）	幼儿是否能够按照一定顺序有条理地操作材料	5	
		幼儿使用完材料后是否能够将其收拾整齐并物归原位	5	
	手眼协调能力和动作发展（10分）	幼儿是否能够手眼协调一致地做动作	4	
		幼儿是否能够使用较细小的物品开展活动	4	
		在材料数量较多时是否能够正确操作而不经常散落	2	
区域中的教师（30分）	对幼儿的观察（6分）	能否在幼儿活动时进行耐心细致的观察	2	
		能否通过观察敏锐地发现幼儿活动中存在的问题	4	
	对幼儿的指导（10分）	能否适时地对幼儿在活动中遇到的困难提供帮助	6	
		能否对幼儿活动进行适宜、适时的指导	4	
	对活动的评价（6分）	评价是否具有针对性，对幼儿的活动是否有指导作用	6	
	对区域环境的反思和调整（8分）	能否根据幼儿互动情况对区域的空间和环境进行及时的调整	4	
		能否根据幼儿活动情况对材料进行更新或者调整	4	
总分				

评价者：

四、课证融通

本模块对应的幼儿教师资格证考试——"保教知识与能力"模块的考试目标、内容与要求、真题见表7-11。

表7-11 幼儿教师资格证考试——"保教知识与能力"模块的考试目标、内容与要求、真题

内容体系
一、考试目标 幼儿园环境创设的知识与能力。了解幼儿园区域创设的意义、功能和创设原则，并能结合幼儿园教育实际加以运用。 二、考试内容与要求 了解常见活动区域的功能，能运用有关知识对活动区设置进行分析，并提出改进建议。
三、真题 简答题： 什么叫幼儿园环境？

五、阅读思享

推荐理由：

环境创设是幼儿园的重要工作内容之一，环境创设能力也是《幼儿园教师专业标准（试行）》中规定的幼儿教师的七大专业能力之一。此书基于深圳市22所市属公办幼儿园近十年的实践研究和探索，汇集一线管理者和幼儿园教师的集体智慧和多年经验，通过图文结合的方式，介绍幼儿园环境的重要性、环境规划与创设的主要原则和策略、环境规划与创设的要点和注意事项，并提供幼儿园公共环境、户外环境和班级环境等的规划与创设形式和案例，直观性、可操作性、实用性强，可以作为幼儿园教师学习读本。

推荐阅读：

韩智，张敏. 图说：幼儿园环境规划与创设[M]. 北京：北京师范大学出版社，2019年.

模块八 特色区域活动的组织与指导

一、岗位能力模型

特色区域活动的组织与指导岗位能力模型见表8-1。

表 8-1 特色区域活动的组织与指导岗位能力模型

模块	岗位能力描述	《幼儿园工作规程》	《幼儿园教育指导纲要（试行）》
特色区域活动的组织与指导	幼儿教育工作者深挖本土资源及社会上的各种其他资源开展幼儿园区域活动，因此幼儿园可以巧用各种资源打造特色区域，致力于打造一个与自然相结合的幼儿学习发展空间与环境，促进幼儿的全面发展。幼儿园的教育环境是重要的引导环节，教师应利用自然环境，创造有效的区域活动，帮助幼儿全方位发展。幼儿教育工作者要因地制宜，深挖本土资源并合理利用，打造幼儿园特色区域活动。幼儿园活动区域的布置的过程中，要敢于打破传统的区域格局，扩展幼儿的活动范围和空间	第三条 幼儿园的任务是：贯彻国家的教育方针，按照保育与教育相结合的原则，遵循幼儿身心发展的特点和规律，实施德、智、体、美等方面全面发展的教育，促进幼儿身心和谐发展。 第五条（四）培养幼儿初步感受美和表现美的情趣和能力。 第三十条 幼儿园应当将环境作为重要的教育资源，合理利用室内外环境，创设开放的、多样的区域活动空间，提供符合幼儿年龄特点的丰富的玩具、操作材料和幼儿读物，支持幼儿自主选择和主动学习，激发幼儿学习的兴趣与探究的愿望	第二部分 教育内容与要求 四、科学（一）目标 5.爱护动植物，关心周围环境，亲近大自然，珍惜自然资源，有初步的环保意识。 五、艺术（三）指导要点 1. 艺术活动是实施美育的主要途径，应充分发挥艺术的情感教育功能，促进幼儿健全人格的形成。要避免仅仅重视表现技能或艺术活动的结果，而忽视幼儿在活动过程中的情感体验和态度倾向。 2. 幼儿的创作过程和作品是他们表达自己的认识和情感的重要方式，应支持幼儿富有个性和创造性的表达，克服过分强调技能技巧和标准化要求的偏向。 3. 幼儿艺术活动的能力是在大胆表现的过程中逐渐发展起来的，教师的作用应主要是激发幼儿感受美、表现美的情趣，丰富他们的审美经验，使之体验自由表达和创造的快乐。在此基础上，根据幼儿的发展状况和需要，对表现方式和技能技巧给予适时、适当的指导

二、知识点与技能点

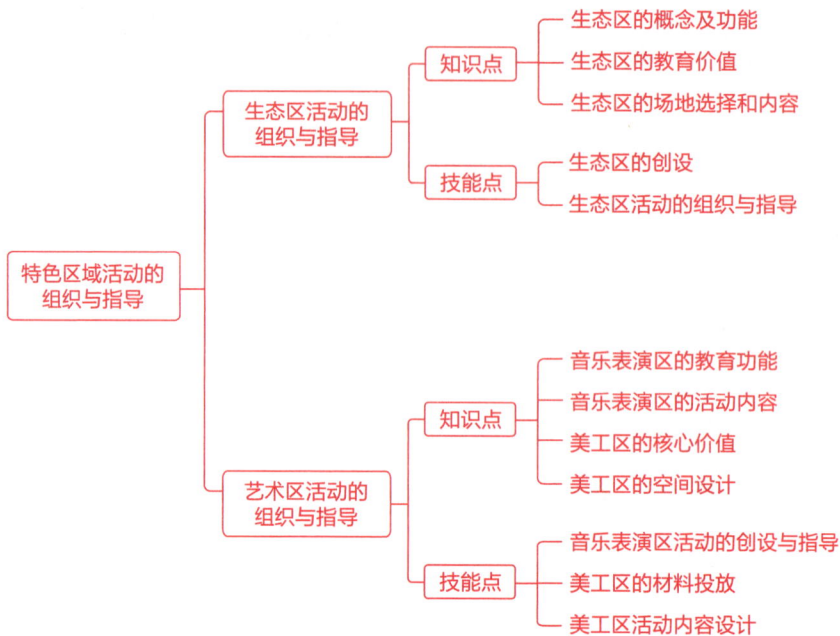

```
特色区域活动的          ┌─ 生态区活动的 ─┬─ 知识点 ─┬─ 生态区的概念及功能
组织与指导 ───────────┤   组织与指导    │          ├─ 生态区的教育价值
                      │                │          └─ 生态区的场地选择和内容
                      │                └─ 技能点 ─┬─ 生态区的创设
                      │                           └─ 生态区活动的组织与指导
                      │
                      └─ 艺术区活动的 ─┬─ 知识点 ─┬─ 音乐表演区的教育功能
                          组织与指导    │          ├─ 音乐表演区的活动内容
                                        │          ├─ 美工的核心价值
                                        │          └─ 美工区的空间设计
                                        └─ 技能点 ─┬─ 音乐表演区活动的创设与指导
                                                   ├─ 美工区的材料投放
                                                   └─ 美工区活动内容设计
```

素养目标

1.通过本模块的学习与训练，培养学生发展幼儿全面能力的教育观。

2.提升学生为幼儿教育的发展努力探索教育规律的职业素养。

三、工作任务

任务一 PPT

幼儿园生态区设置
图片展示

⭐ 任务一　生态区活动的组织与指导

1.任务描述

幼儿园区域活动开始啦，今天轮到中一班的小朋友在生态区进行活动，下面是活动过程中的两个场景。

场景一：小雨发现西红柿已经成熟，于是动手采摘却忘记了自己原本的活动任务。浩浩一边修剪枯萎的藤蔓，一边提醒小雨来帮忙，"你先完成任务，不能老摘西红柿""去拿剪刀，小雨""小雨，你快来帮我"。浩浩的连续提醒影响了小雨，她也一起加入劳动中，为葫芦浇水与除草，他们俩还相互配合，用线绳将葫芦藤蔓绑在木架上。

场景二：彤彤举着皮尺的外壳，贾贾拉着皮尺的尺条并认真观察尺条上的刻度。此时教师提醒："下面有没有对齐？有没有拉直？一个人在下面要固定住，不然是弯的。"彤彤逐渐失去测量的兴趣就离开了，剩下贾贾独自操作，他将尺钩插进泥土里，左手提起皮尺的外壳，从刻度1计量长度。教师再次介入并询问测量结果，贾贾回复："48。""（尺条）好像有点弯了。"教师将尺条拉直，与贾贾再次测量，并引导他从接近青菜花头部的双位数开始读数。之后，贾贾使用长形尺、立方块与皮尺多次测量青菜的高度与两棵青菜的距离并做了记录。

（1）你认为以上的生态区活动锻炼了幼儿哪方面的能力？幼儿园生态区应该如何创设？（完成工作表单1）

（2）案例中的幼儿园生态区目前只涉及植物，接下来准备投放一些动物，请帮助幼儿园设计动物区的布局，并帮幼儿园选择合适的投放内容。（完成工作表单2）

2. 工作表单

工作表单1~工作表单2分别见表8-2~表8-3。

表8-2 工作表单1

工作表单1	生态区的教育价值	姓 名		学 号	
		评分人		评 分	

你认为以上的生态区活动锻炼了幼儿哪方面的能力？请在正确选项前面的方框内画√。

☐ 丰富幼儿的植物科学经验。

☐ 培养幼儿的耐心和信心。

☐ 培养幼儿热爱大自然的情感。

☐ 培养幼儿的合作意识与能力。

☐ 培养幼儿使用工具的能力。

☐ 发展幼儿的测量技能。

幼儿园生态区应该如何创设？

生态区的创设策略：

联系主题教育，有计划地种植或饲养；内容创设须符合＿＿＿＿＿＿＿＿＿＿；让幼儿参与布置，激发＿＿＿＿＿＿＿＿＿＿；邀请幼儿制定规则，＿＿＿＿＿＿＿＿＿＿；＿＿＿＿＿＿＿＿＿＿，培养责任感。

生态区的创设基本要求：

依据幼儿园场地及生态环境的特点选择活动主题；充分利用＿＿＿＿＿＿＿＿＿＿，开展具有当地特色的区域活动：如＿＿＿＿＿＿＿＿资源的利用、＿＿＿＿＿＿＿＿＿＿资源的利用、＿＿＿＿＿＿＿＿物质的利用，做到因地制宜。

表8-3 工作表单2

工作表单2	生态区的设计与材料投放	姓 名		学 号	
		评分人		评 分	

　　案例中的幼儿园生态区目前只涉及植物，接下来准备投放一些动物，请帮幼儿园设计动物区的布局，并帮幼儿园选择合适的投放内容。

　动物区布局：

　你会投放：

3.反思评价

（1）通过本任务的学习，你觉得幼儿园设置和管理生态区过程中需要注意哪些事项？

（2）请你对自己在本任务学习中的表现进行评价。

课堂活动参与度　☆　☆　☆　☆　☆

小组活动贡献度　☆　☆　☆　☆　☆

学习内容接受度　☆　☆　☆　☆　☆

4.学习支持

幼儿阶段是幼儿成长的关键时期，在该时期，幼儿接受什么样的教育、受到什么样的熏陶，都对其以后的成长发展有着很大的影响。生态区活动对幼儿各方面能力的激发和培养有着很大的帮助。

1）生态区的概念及功能

生态区是幼儿园在合适的场地投放常见的动物、植物、动植物标本、沙、石和土等自然物体，供幼儿感知自然物体的特征和认识大自然的场所。

幼儿的成长与生态环境是密不可分的，在最直接的生态教育环境中，幼儿能够获得最深刻的教育印象，激发幼儿积极美好的情感。例如，幼儿亲手埋下一颗种子，给它浇水，看它发芽，再长成青翠的秧苗，这个过程中，幼儿能够感受到生命力的旺盛，启发幼儿尊重生命。

2）生态区的教育价值

（1）丰富幼儿的植物科学经验

种植区属于生态区的一部分，幼儿在种植区中可以探究生物，构建对生命的基本理解，如植物的外形特征、生命周期、栖息环境、变异性、差异性及相互依赖性等。从活动程序来看，播种时幼儿可了解不同类别的种子，了解点种、苗种等方法，知道种子萌发的条件等；管理时可了解植物的生命周期、不同生长阶段的需求、对比与分类，植物的不同部位和功能；采收时可交流果实成熟度的判定标准、收割方式、食用部位等。植物科学知识的掌握要求幼儿运用观察、预测、实验等方法。同时，引导幼儿对自然的亲近热爱、对现象的质疑及主动探索的科学精神始终贯穿于活动之中。

（2）培养幼儿使用工具的能力

种植活动需要幼儿利用多种工具参与具体劳动。种植工具包括锄头、镰刀等劳动工具，放大镜、手提吊秤等探究工具，抹布、刷子等保养工具等。当幼儿灵活运用工具对周围事物做出改变、操作与利用，也就表明了他们正在关注如何使用工具，体会工具给生活带来的便利，锻炼幼儿大肌肉运动与精细动作，同时幼儿也能逐渐认识到劳动与食物、人类生活的关系。

（3）发展幼儿的测量技能

在生态区活动中教师一般要求幼儿观察和记录植物的形态变化，如植物的高度、直径等。在这个过程中幼儿可以探究高度概念及卷尺的使用方法（尺条保持笔直），并且学习识读数字的技巧。在用长形尺测量植株的高度之前，幼儿可以先进行目测估计，然后操作验证；教师还可以提问"为什么卷尺和长形尺的测量结果不同"，引发幼儿思考原因并修正概念。除了长度属性，幼儿还可以用单位立方块覆盖、填充待测物的方法，测量面积与体积。

（4）培养幼儿的合作意识与能力

《3~6岁儿童学习与发展指南》要求："幼儿园应多为幼儿提供需要大家齐心协力才能完成的活动，让幼儿在具体活动中体会合作的重要性。"幼儿在生态区活动中会遇到诸多问题，当幼儿发现多人的合作效率与效果优于单人行动，他们由此而发展出合作意识，并且在共同行动的过程中提升合作能力。

（5）培养幼儿的耐心和信心

播种一粒种子，它不会马上发芽，而是需要一个过程。未成形的幼芽生长缓慢，逐渐长大，然后开花结果，这也需要一个过程。因此，在种植植物后，要想看到它发芽、开花、结果，就必须学会耐心等待。在这个过程中，幼儿给植物浇水、施肥，他们的辛勤劳动，可以让植物不断成长，由此幼儿产生成就感，获得心理满足。

（6）培养热爱大自然的情感

幼儿天生热爱生活，他们会与自己照顾的动植物产生一种情感上的联系。每种生命都是大自然的一部分，因此，养育生命也能自然地培养幼儿热爱大自然的情感。幼儿对生物的兴趣和对所有生物的信任是一种爱的形式，表明幼儿与自然融为一体。

3）生态区的创设

（1）生态区的创设策略

①联系主题教育，有计划地种植或饲养。

生态区动植物的选择可以根据开展的主题教育，有计划、有目的地精心挑选，加深幼儿对主题内容的认识，而不仅仅是为了丰富生态区而随意增添物种。例如，开展"鱼"主题活动时，可以请家长为幼儿准备各种品种的鱼带来幼儿园，供幼儿观察，了解鱼的名称、身体结构、生活习性及它们的相同点和不同点。再如，开展"春天来了"主题活动时，可以从幼儿对种子发芽的兴趣点出发，在生态区播撒一些发芽较快的种子，引导幼儿认真观察种子的发芽情况并做好记录。

②内容创设须符合幼儿的年龄特点。

幼儿在认知特点、情感、思维等方面都存在着年龄差异，所以生态区创设的内容应符合不同年龄阶段幼儿身心发展的特点，避免小、中、大班放置的动植物千篇一律。小班生态区内的物种不宜过多，且应多选择常见的、生长速度较快的动植物。等到了中、大班就可以适当增加动植物的品种，同时还可以让幼儿观察一些生长周期较长的动植物。其实，同样的物种在不同年龄班都是可以出现的，但是幼儿观察的要求及侧重点应有所区别。例如，小班幼儿可对植物的各个生长部分进行探究，中班幼儿适宜探究植物的多样性，大班幼儿可探究植物的生长条件及生长周期。

③让幼儿参与布置，培养管理意识。

陈鹤琴曾说："凡是幼儿自己能够做的，应当让他们自己做，凡是幼儿能自己想的，就让他们自己想，鼓励儿童发展自己的世界。"首先，教师应该放手让幼儿参与生态区的创设，如每学期开学初，教师可以和幼儿一起讨论生态区要种什么植物、养什么动物、将这些动植物如何归类和摆放才能让生态区比较美观且便于照顾等问题，广泛听取幼儿的意见及建议。其次，让幼儿与家长一起收集生态区需要的材料，利用收集材料的过程加深幼儿对动植物的认识，接着创造机会让幼儿向同伴展示和介绍自己所收集动植物的特点及照顾方法，激发幼儿对生态区的关注和管理意识。

④邀请幼儿制定规则，提高规则意识。

生态区布置完成后就应该充分利用、发挥其教育价值，但是在开展生态区活动时不应干扰常规活动的组织和开展，又得保证幼儿充足的观察时间，所以教师可以和幼儿一起讨论利用晨间来园时、午餐后、离园前等零散的时间对生态区中的动植物进行照顾、观察、记录。一旦规则制定完成，所有幼儿就必须按照规则进行活动，才能保证活动的有序开展。在幼儿参与生态区活动时，教师应扮演好支持者和指导者的角色，在幼儿遇到困难或疑惑时给予帮助，让幼儿顺利进行观察与学习。

⑤鼓励幼儿参与管理，培养责任感。

幼儿参与生态区布置的过程中，无意间也增加了他们对生态区的关注。教师要让幼儿意识到生态区的管理不仅是教师的事情，也是他们自己的职责。教师要多鼓励并指导幼儿参与一些力所能及的管理工作，让幼儿与生态区产生长期联系和互动。首先，可以在生态区设置多个岗位，如植物管理员、观察记录员等。教师可以先邀请责任心较强的幼儿担任这些角色，起到一个良好的示范作用，同时要求幼儿各尽其责、各司其职，如植物管理员要每天观察各种植物的状况，根据具体情况进行拔草、浇水等。观察记录员则需要每天早上进行观察，发现有新的情况就及时做好记录，如绿豆发芽了，绿豆开始长根了。接着，中、大班可以通过投票的方式，评选出优秀的管理员，可以多推选几名，主要表扬那些责任心强、认真履行职责的幼儿，同时让这些幼儿向班级其他小朋友分享他们是怎样管理这些动植物的。这样既能为其他幼儿树立榜样，又能增强这些幼儿的自信心，进而强化幼儿的责任意识，进一步发展幼儿的责任感。

（2）生态区的创设基本要求

①依据幼儿园场地及生活特点选择活动主题。

创设生态区应从幼儿园的实际情况出发，结合当地地理的环境特点，设计具体的区域活动内容。例如，农村幼儿园就可以利用农作物开办农作物展销会、农贸市场、农产品加工厂等活动。这些活动的开展不仅可以发展幼儿的交往能力、认知能力、动手能力，丰富幼儿的知识，还可以使他们在活动中产生愉快的情感体验。

②充分利用自然资源，开展具有当地特色的区域活动。

幼儿园可以从周围环境出发，充分利用自然资源，收集各种自然物和无毒无害、无污染、安全卫生的废旧物品，丰富区域活动内容。幼儿园可以利用的自然资源主要有以下几种。

a.植物资源。

幼儿园可以开辟种植区，种植一些简单易长的农作物，让幼儿了解农作物的生长特性，了解其生长环境及生长过程，引导幼儿做好观察和记录。秋天收获时，幼儿园可以把劳动成果陈列在生态区，让幼儿进行观察、比较、识别、分类。幼儿园可以将教师和幼儿共同收集的种子、野果、树叶、竹子、稻草等进行巧妙利用。如果场地有限，可以利用泡沫箱等材料种植植物。

b.动物资源。

对幼儿来讲，自然界中的小动物是具有探究性的。幼儿园可以把小蝌蚪、知了、蚯蚓、蛐蛐等放到生态区，引导幼儿对其进行观察，使幼儿产生好奇，提出问题，学会用自己的方式表达探索结果，与同伴分享喜悦。

c.自然物质。

教师可以将自然资源融入生态区活动。沙、水、石、木是幼儿最天然的玩具。幼儿园可以创设玩沙、玩泥、玩水区、木材制作区等。例如，玩泥区可以让幼儿用泥巴和色彩组合成各种生动有趣的动物、水果，幼儿可以在木材制作区进行多种探索活动。

③因地制宜。

有些幼儿园的场地较大，幼儿园就可以把园内的边角及院墙内外的场地利用起来。根据季节变化，幼儿园可以种植一些果树、四季植物提供给幼儿观察。这样可以丰富幼儿的科学知识，培养幼儿的观察能力，改变幼儿园环境，增加幼儿园绿化面积，美化环境，陶冶幼儿的情操。幼儿园根据四季的不同投放区域活动材料，能激发幼儿参与生态区活动的兴趣，使幼儿园的活动独具特色。

4）生态区的场地选择和内容

（1）生态区的选址

因为生态区主要是动植物生长的场所，选择场地时，首先要考虑是否有合适的阳光、温度、水等条件。

阳光是植物光合作用的必要条件，在植物生长中起着重要作用。此外，长期不均匀的光照强度也会影响植物的形态。如果植株两侧光照强度严重不均，植株就会因向光性而出现生长方向弯曲或枝叶密度明显不对称的现象。光照也会影响植物的开花时间和结果率；光照对动物的生理活动和行为也有较大的影响，如影响动物的体色、摄食量、生长速度、活动时间、换羽繁殖等。选择生态区时，应选择阳光充足的地方，以促进植物的生长；但应避免长期阳光直射，以免影响动物的生长发育和生理活动。

温度会影响所有生物的新陈代谢。过高或过低的温度都不利于生物的生长，甚至不利于动物的生存。例如，温带植物的种子，发芽的最适宜温度为15~20℃；金鱼等温水鱼类可适应15~30℃的温度范围，在18℃以上的环境中可产卵；昆虫能适应8~40℃的温度范围，如果温度超过适应温度范围，昆虫就会死亡。所以，选择生态区场地时，要选择便于保温的地方，环境温度应在0~30℃范围内，昼夜温差不宜过大。

水对生态区的影响主要表现在水质影响水生动物的生长，土壤水分影响植物和生活在土壤中的一些小动物，空气湿度影响植物标本的保存。因此，在选择生态区场地时，应选择空气对流、便于动物饮水、便于浇灌植物、排水通畅的水源地。

（2）生态区的内容

选择生态区中的自然物种时要从学前儿童科学教育活动的目标出发，根据幼儿的年龄特点、生活经验和兴趣及当时当地的地理条件和气候特点来选择。选择的内容主要包括常见的动物、植物、动植物标本和其他无生命自然物等。选择的自然物种应特征明显、典型，动植物应个体小，适于室内生长，便于幼儿观察和照顾，无毒、无刺、无攻击性，不会给幼儿带来危险。此外，生态区中的物种还应随季节变化而更换。生态区可投放的内容见表8-4。

表 8-4　生态区可投放的内容

生态区可投放的内容		
动物	水生动物	金鱼、热带鱼、虾、小乌龟、泥鳅、河蚌、小蝌蚪（青蛙）等
	陆生动物	蚯蚓、蜗牛、家蚕、兔子、羊、小鸟等
植物	观花植物	一品红、瓜叶菊、仙客来、三色堇、石竹、金盏菊、荷花、菊花、水仙、凤仙花、秋海棠等
	观叶植物	吊兰、文竹、万年青、滴水观音、落地生根（俗称宝石花）、含羞草、天门冬等
	观果植物	金橘、五色椒、石榴、苹果树、李子树等
植物标本	粮食作物	稻穗、麦穗、高粱穗、玉米棒、大豆荚、花生等
	蔬菜	萝卜、土豆、红薯、地瓜、葱、蒜、芹菜、白菜、菠菜、茄子、南瓜、丝瓜、辣椒等
	腊叶标本	海带、水绵、葫芦藓、肾蕨、铁线蕨、贝壳、马尾松、雪松、杉木、柳杉、银杏、枫树、梧桐、棉树、玉兰、榕树、合欢等
动物标本	干制标本	蝴蝶、蜻蜓、蝉、蜜蜂、各类甲虫等
其他材料	原始自然物	沙、石、土、水
	工具	放大镜、测量工具、记录工具、锄头、铁锹等

5）生态区活动的组织与指导

（1）活动计划

区域活动是幼儿园教育活动的重要组成部分，与集体教育活动互相补充。因此，制订自然区的活动计划时要与集体性科学活动的计划相联系，根据年龄段目标、单元目标来制订。此外，还要根据季节变化、动植物的生长规律来制订。例如，某中班的生态区活动计划见表8-5。

表 8-5　某中班的生态区活动计划

年龄段	中班	
年龄段目标	喜欢探索新事物，学会比较观察，感知动植物的生长变化	
时间	教育目标	生态区活动
9月	感知秋天里植物的生长变化	收集各种各样的落叶
10月	认识几种类型的石头	收集石头
11月	感知冬天里植物的生长变化	种植水仙花
12月	能区分几种不同的橘子	观察橘子，比较几种橘子的不同
1月	了解动物冬眠	观察乌龟和金鱼
3月	认识几种土壤的类型	观察土壤
4月	感知春天里植物的生长变化	种大豆
5月	感知春天里动物的生长变化	养蚕
6月	感知水的特性	给金鱼换水

（2）活动观察与指导

生态区的活动以观察为主，幼儿除了要获得关于自然物种的科学知识，还要学习观察方法，提高观察能力。

教师指导幼儿在生态区进行观察时，应与集体教学活动中的指导有所区别。在集体教学中教师主要是直接指导，而在生态区中教师往往是间接指导。在集体活动中幼儿学会了一些观察方法。在生态区中应引导幼儿将学会的方法迁移运用，教师创设环境，通过材料引发幼儿的观察活动，要让幼儿有充足的时间进行自主观察。在活动指导时，要根据不同年龄段幼儿的特点进行针对性指导。

①小班科学观察活动的目标是学习"个别观察"，感知动植物的主要特征，通常选择一些幼儿常见、具有代表性、特征明显、形态美观的物种，重点培养幼儿观察的全面性和细致性。

指导小班幼儿进行观察时，教师要引导幼儿运用多种感官按一定的顺序观察物体。例如，学会用眼看，认识动植物的外形、颜色等；用手摸，感觉粗糙还是滑腻；用鼻子闻，植物的花、果实是否有香味，等等。幼儿在长时间照料动植物的过程中，会逐渐养成自觉和不自觉的观察习惯，对周围事物的感知能力也会不断提升。除此之外，还要引导幼儿说出动植物的名称、典型的外部特征、生长环境、生活习性、饲养和护理的方式及用途等，同时要耐心地教育幼儿爱护动植物。

知识拓展

小班生态区活动方案

活动目标

1. 通过饲养和观察小乌龟，了解小乌龟的外形特征及其较为明显的生活习性。

2. 尝试用自己的方式（语言、动作）表达对小乌龟的认识和感受。

3. 有关心、爱护小动物的情感，愿意照料小乌龟。

活动准备

1. 生态区的乌龟。

2. 乌龟的食料：猪肝或少许肉泥。

3. 幼儿用书《小乌龟》。

活动过程

一、通过故事，教师向幼儿介绍乌龟的特点。

二、引导幼儿围绕"乌龟"话题开展讨论，引起幼儿对乌龟的关注。

教师：你饲养过小乌龟吗？你认识小乌龟吗？你喜欢小乌龟吗？

三、引导幼儿对乌龟的外形特征、生活习性进行自由观察和交流。

教师：请幼儿自己去观察，触摸小乌龟。

1. 教师：小乌龟长什么样？（注意引导幼儿学习有序的观察）

教师：小乌龟是怎么走路的？（引导幼儿用身体动作来表现乌龟慢慢爬行的样子）

2. 教师：小乌龟吃什么？（拿出准备好的食物喂养小乌龟）

教师：小乌龟是怎样保护自己的？（引导幼儿轻轻地去碰小乌龟）

四、教师总结。

现在冬天来了，我们可以观察小乌龟到了冬天会怎么样？

活动延伸

连续一周给小乌龟喂养食物，照顾小乌龟。

②中班科学观察活动的目标是练习"比较观察"，了解动植物的多样性。在选择内容时应侧重一些属于同一大类不同小类的物种，如不同种类的蝴蝶，重点培养幼儿观察的目的性和准确性。

指导中班幼儿进行观察时，教师要引导幼儿对每个物种进行全面细致的观察，找到该物种的典型特征，再对观察对象进行比较，找出它们之间的不同和相同。要指导幼儿运用符号、图画等方式来记录观察结果。幼儿每天到种植区观察，发现有变化就记录下来，只有让幼儿把观察到的现象用自己的语言描述出来，才能让理论知识在幼儿的头脑中生根发芽，进而指导幼儿进行实践活动。如果幼儿不会写字，由教师代笔记录，或画图记录。幼儿园中班幼儿生态区观察记录表可以以图文并茂的形式呈现，以便幼儿更好地理解，见表8-6。

表 8-6　幼儿园中班幼儿生态区观察记录表

观察人：　　　　　　　　　　　　　　　班级：

日期	2022年_月_日			2022年_月_日			2022年_月_日			2022年_月_日		
天气												
我做了												
生长情况												

③大班科学观察活动的目标是练习"系统观察"，感知动植物的生长变化与环境之间的关系。在选择内容时应侧重一些生长发育过程中形体结构、生活方式、生长环境等方面有明显变化的动植物，如蝌蚪、蚕、水稻苗等，让幼儿综合运用各种观察方法，从而全面提高幼儿的观察能力。

对于大班幼儿，教师应在动植物发生显著变化时组织幼儿进行观察，要引导幼儿综合运用各种观察方法，既要对观察对象进行全面细致的观察，又要引导幼儿进行比较和概括，找出观察对象的变化。在大班生态区观察活动中可加入一些简单的验证性的实验，让幼儿探究影响观察对象变化的因素，了解动植物的生长与环境因素的关系。还要采用多种多样的记录方式帮助幼儿积累科学知识。自然角观察记录单见表8-7。

表 8-7　自然角观察记录单

班级：＿＿＿＿＿＿＿

日期：＿＿＿　天气：＿＿＿　动物：＿＿＿　植物：＿＿＿＿＿
观察对象：   观察过程：   图片记载：   观察人：＿＿＿＿＿＿　记录人：＿＿＿＿＿＿

任务二　艺术区活动的组织与指导

任务二PPT　　　幼儿园艺术区设置
图片展示

1.任务描述

今天艺术区真是热闹非凡，米勒和花花在打鼓，娜娜和欣欣穿着少数民族服装站在门口迎宾："叔叔好！阿姨再见！"过了一会就没有客人到来了，她们在门口东瞧瞧西看看……李老师走过去对她们说："你们的衣服真好看，不过如果有个四角帽就更好了！"娜娜说："对对，反正也没客人，我们去制作一顶帽子吧。"胆小的小雪和小睿正站在小话筒前一起表演："秋风起来啦，秋风起来啦……"李老师慢慢走向小雪，想看看她的表演并给她鼓励，可是当她看到李老师走过去时，立刻停止了表演，安静地坐到椅子上了。当李老师离开了艺术区时，小雪发现她又悄悄地站到小话筒前表演起来……

（1）结合案例，说一说艺术区发挥了什么样的教育功能？请对案例中李老师的介入进行评价。（完成工作表单1）

（2）请结合小班幼儿的年龄特点，选择春、夏、秋、冬任一季节，拟定一份艺术区活动的设计方案。（完成工作表单2）

2.工作表单

工作表单1~工作表单2分别见表8-8~表8-9。

表 8-8　工作表单 1

工作表单1	艺术区的教育价值	姓　名		学　号	
		评分人		评　分	

1.结合案例，说一说艺术区发挥了什么样的教育功能？

　　音乐方面：

　　美术方面：

2.请对案例中李老师的介入进行评价。

　（1）是否进行了认真观察？请论述。

　（2）有无灵活地把握介入指导的不同身份？请论述。

表 8-9　工作表单 2

工作表单2	艺术区的活动设计	姓　名		学　号	
		评分人		评　分	

请结合小班幼儿的年龄特点，选择春、夏、秋、冬任一季节，拟定一份艺术区活动的设计方案。

3.反思评价

（1）通过本任务的学习，你认为艺术区的设置应该考虑哪些因素？

（2）请你对自己在本任务学习中的表现进行评价。

课堂活动参与度　　☆　☆　☆　☆　☆

小组活动贡献度　　☆　☆　☆　☆　☆

学习内容接受度　　☆　☆　☆　☆　☆

4.学习支持

每个幼儿都是天生的艺术家，在艺术活动中幼儿通常会真实地流露和表达自己的精神世界。《幼儿园教育指导纲要（试行）》中指出，艺术活动是幼儿"表现自己的认识和情感的重要方式"，是幼儿自己做主的活动。也就是说艺术活动要给予幼儿充分的自主性。自主自由的艺术区活动正是迎合幼儿的自我表达的需要，使幼儿能够按照自己的意愿，独立自主地进行艺术感受和创造表现，它为幼儿创造力的发展提供了有利的条件，能促进幼儿的学习与发展。那么，如何创设自主性艺术区域，让幼儿有更大的自由发展空间？如何巧思趣引，释放幼儿的创造力，让幼儿自主地"学"及教师有效地"引"？带着上述问题我们进行幼儿园艺术区活动的探索和实践。

《3~6岁儿童学习与发展指南》中将幼儿园艺术教育分为感受与欣赏、表现与创造两个部分。在幼儿园中通常通过音乐表演活动、美工活动作为艺术教育的主要呈现方式。

1）艺术区之音乐表演区

（1）音乐表演区的教育功能

①在演唱和表演过程中通过辨别声音的高低、强弱、快慢的变化，培养幼儿倾听和跟从节奏指令的能力。

②在学唱歌曲时，记忆与理解歌词、学习新的词语、练习准确发音与吐字。

③对音乐的理解和表现中，思维力、想象力、创造力得以充分发挥。

④在音乐的感染和熏陶下，有助于调动幼儿积极良好的情绪，以培养其活泼开朗的性格。

⑤满足幼儿表演和表现的欲望，培养其自信心和成功感。

⑥在表演过程中，促进幼儿肢体动作的协调。培养幼儿活泼乐观的情绪，陶冶他们的情操，以利于其感受力、理解力、表现力、审美力、创造力的发展。

⑦幼儿在熟记乐曲、唱准节拍、控制速度时，精神集中，形成高度的注意力，增强记忆力。

⑧内容丰富的歌词可以扩大幼儿的知识领域，并对其进行良好的思想品德教育。

⑨在使用乐器演奏的过程中，幼儿能够认识各种乐器的名称、材料，区别音色，掌握演奏方法。

⑩在活动中，幼儿共同商量、分配角色、合作表演，促进其交往技能的发展。

（2）音乐表演区的活动内容

在音乐表演区的活动中应选择内容健康、有教育意义、符合幼儿生活经验、容易被幼儿理解又适于他们表演的音乐、文学作品。音乐作品要节奏明快、曲调优美。文学作品的情节应生动活泼，角色的性格应鲜明、有特色，角色语言较简短。

音乐表演区活动的内容丰富，可以设计舞蹈表演、音乐游戏表演、打击乐演奏、时装表演、角色故事表演、操作玩具表演、桌面故事表演、木偶戏和皮影戏等。按照内容可将音乐表演区活动分为音乐类表演、形象装扮、语言类表演三种类型，详见表8-10。

表8-10　音乐表演区的活动类型及相应标准

活动类型	设备或场地	配置标准	管理操作标准	标准照片
音乐类表演	舞台	有舞台，舞台上铺设地垫； 话筒1个，音乐播放器1个，剧目相关音乐1套	舞台干净有序，方便幼儿游戏； 化妆区、乐器区和服装区要独立设置； 乐器分类整理，并与标签对应摆放有序	
		舞台背景色彩协调，不超过两种颜色，舞台标题醒目		
		舞台边角有与剧目相关的角色介绍		
	乐器	大小鼓各1个，沙锤、三角铁、碰铃、木鱼、响板、铃鼓、双响筒等每种乐器至少3个		
形象装扮	化妆区	发箍，3种；头花，3种；梳子，2把	服饰道具与主题相关，阶段性地更换，避免堆积 服饰应定时清洁，保证符合卫生要求	
	服装道具	与角色相关的服装若干		
		与剧目相关的道具若干		
语言类表演	棒偶剧场	与主题相关的棒偶若干，表演台1个	根据主题设置1~2个剧场； 设备配套整齐，材料完整，各类表演偶由幼儿参与制作	
	沙盘剧场	沙盘1个、角色偶若干		
	木偶剧场	与主题相关的手偶、指偶若干，表演台1个		
	围裙剧场	围裙、故事角色布偶		

（3）音乐表演区活动的创设与指导

①科学投放材料。

a.注重材料投放的目的性。

艺术区的教育目标隐性地体现在材料里。投放操作材料时应把握阶段培养目标，考虑幼儿的年龄特点和发展层次。例如，投放材料"劳动最光荣"音乐画册时，先给幼儿讲《小猫钓鱼》故事，再根据故事中的情节制作故事卡片，让幼儿在语言区自由讲述、表演，随着幼儿表演欲望的不断加强，教师可以在音乐表演区增添歌曲音频，帮助幼儿理解歌词内容、加深幼儿的记忆；教师还可以按照歌词内容制作场景卡片，供幼儿边看边唱，最后完成表演。

b.注重材料投放的吻合性。

材料投放的吻合性是指投放的材料与音乐表演区的活动主题相吻合。

c.注重材料投放的递进性。

应根据幼儿现有的游戏水平及游戏活动的需要，随着目标的递进，由浅入深、由易到难、由简到繁地逐步投放材料。为满足每个幼儿的个体差异，在选择投放材料时，就要注意难度的不同。

d.注重材料投放的丰富性。

幼儿在音乐表演区进行活动时，教师要注意观察幼儿的活动需求和意图，投放适合幼儿的年龄特点和兴趣发展的活动材料，促使其游戏水平在原有程度上有所提高。多投放一些半成品、废旧物品和自制材料。例如，教师带领幼儿用塑料瓶自制沙锤、利用纸巾盒自制竖琴、利用铁盒自制架子鼓等，教师还应注意充分利用家长资源。例如，教师可以请家长帮忙用废旧塑料袋设计演出服装，请家长同幼儿一块制作帽子、发卡等。

②艺术区活动的组织策略。

a.让每个幼儿学习和掌握操作音乐播放器的方法。

使用之前，教师可以组织全体幼儿认识和了解音乐播放器，将各个按键的标记放大画在黑板上，讲解各个标记所代表的功能，请每个幼儿试着亲自操作。同时，在每次使用音乐播放器时，教师可以邀请幼儿进行操作，并给予指导，让他们熟练掌握音乐播放器的操作方法。

b.让幼儿了解和掌握各种乐器演奏的方法。

教师在介绍各种乐器名称的同时，可以同时鼓励幼儿说出每件乐器声音的特色，如碰铃清脆、三角铁像钟声……让幼儿分辨出哪些声音好听，哪些声音不好听。接下来教授幼儿正确的演奏方法，一旦幼儿学会正确的演奏方法，自然会减少噪音。另外，一次投放乐器的数量不要太多，因为幼儿常常喜欢合奏，可选择重音、轻音配合协调的乐器同时投放。

c.选择幼儿熟悉的音乐、故事音频。

让幼儿学习或表演与活动有关的内容，会激发幼儿活动的兴趣和调动其积极性，也会提高他们的演唱与表演技巧。另外，还可根据幼儿的年龄特点选择关于小动物、日常生活和交通工具的音频让幼儿在听的过程中进行学习。

d.选择与表演内容相关的服装道具。

除了一些装饰性的服饰，在服装道具的选择和使用上可根据活动内容进行变换和丰富。例如，根据故事"三只蝴蝶"中的角色，便可提供蝴蝶头饰、做翅膀用的纱巾和三种不同颜色的花朵，动员幼儿利用服装道具进行活动。

e.进行适时适当的有效指导。

教师在音乐表演区要及时观察幼儿的活动情况，适时进行指导以促进活动开展。幼儿在主动探索、创作的过程中，体验到了表演的乐趣和成就感。虽然节目可能是稚拙的，但却充满了童趣，体现了幼儿自身表达的意愿。教师应注重观察、及时倾听、点拨帮助，引导幼儿在表演的过程中不断地去体验创造，获得快乐。

③引导幼儿遵守活动规则。

a.引导幼儿树立"挂牌进区"的意识。

有些幼儿园因为场次原因，音乐表演区的空间有限，不可能同时容纳很多幼儿参与活动，这时就可以为幼儿提供进区的"身份挂牌"。这样既可起到限定进区参与活动的人数，又可保证幼儿按先后顺序轮流进区活动。有了"身份挂牌"的提示，幼儿逐渐学会自己判断是否可以进区活动和何时进区活动，而无须教师告知或提醒。

　　b.引导幼儿通过"提示语"自我管理。

　　为了达到更好的活动效果，教师可以编辑制作音乐表演区的活动视频或音频，录制提示语。例如，活动一开始，幼儿可能听到这样的提示语："大家好，欢迎来到音乐长廊，让我们一起'快乐嘣嚓嚓'！请你们从材料筐中取出一块手绢，找地方站好，手绢舞的表演就要开始了！"这个节目结束，下一个节目开始前，幼儿会听到这样的提示语："小朋友跳得真好！现在，请你们将手绢放回到筐里吧。接下来，小乐器也想来演奏，请你们挑选自己喜欢的乐器，找地方坐好。让我们一起跟着音乐来演奏吧！"这类提示语可以向幼儿说明活动规则，帮助幼儿了解活动的具体要求，为幼儿的自主参与提供指引。有了这样的提示语，即使教师暂时不在音乐表演区，幼儿也可以有序、自主地参与活动。

　　c.引导幼儿学习轮流、合作、协商。

　　幼儿在活动中常常会因为个体不同的想法、需求和兴趣而产生分歧与争议。因此，教师应引导幼儿学习轮流、合作、协商。不仅要让幼儿知道遇到分歧时应进行协商，还应帮助他们了解并掌握一定的协商方法，如举手表决、少数服从多数等。提供这些策略是为了让幼儿在遇到问题时能够自发地运用相应的策略进行协商，达成共识。例如，学跳民族舞时，有的幼儿想跳蒙古舞，有的幼儿则提出想跳新疆舞，争执不下时，幼儿便主动采用举手表决的方式进行决定，矛盾便很快得以化解，活动也就顺利进行下去了。

　　d.支持幼儿自主学习。

　　在区域活动中，尽可能地将教师的指导隐含在环境中，鼓励幼儿自主学习。例如，教师可以通过制作节目单，引导幼儿自选节目；教师可以提供各类图谱，为幼儿的自主学习提供支持；教师还可以利用数字化手段，为幼儿的感知、表达和创造提供平台，使教师可以有更多的精力来观察幼儿，了解幼儿的发展水平，从而进一步提供适宜的支持。

　　尽管教师具有一定的艺术素养，但毕竟不是"全才"。因此，教师可以通过借助网络、邀请专业人员等方式为幼儿的学习提供"高级榜样"。

2）艺术区之美工区

美工区是教师根据教育目标和幼儿发展水平，为幼儿提供的一个自由欣赏和创作美术作品的个别化学习的场所。在美工区，教师可通过有目的的环境创设和材料投放，让幼儿按照自己的意愿和能力，选择感兴趣的工具和材料进行创作，选择喜爱的美术作品进行体验与欣赏，进而表达自己的所思所想。美工区活动是美术教育活动的重要形式，不仅能培养幼儿的审美能力，还可以促进幼儿感知和体验情感表达，特别是想象力、创造力的发展，从而促进幼儿健全人格的形成。

（1）美工区的核心价值

美工区活动集欣赏、配色、构图、制作等于一体，以游戏为基点，让幼儿通过与美术材料的交互作用，在观察、操作、发现、想象、表现、创作中激发对美术活动的兴趣，发现美、欣赏美、表现美、创造美并获得身心的愉悦。美工区的核心价值是让幼儿体验表现与创造的乐趣和成就感，体验色彩搭配、线条构建、立体造型等形式的活动，获得熟悉、运用并创造性综合使用美工材料的机会。

（2）美工区的空间设计

①物质环境：由于美工区的活动材料种类繁多、幼儿活动的人次较多，教师在创设美工区时应注意其空间大小，放置的工具、材料要方便幼儿取放。还可以在橱柜里贴上不同标签，使工具材料有固定的摆放位置，以保证活动的秩序和便于幼儿良好行为习惯的形成。

②心理环境：在美工区，幼儿可以自由选择画什么、捏什么、剪什么……每个幼儿都能愉快地选择自己所需和喜欢的内容进行活动。在活动中幼儿的心情是愉悦的，情绪是饱满的，与同伴、教师的关系是平等、互动、和谐的。

3）美工区的材料投放

①绘画活动材料。

a.纸类，年龄小的幼儿可在长方形或正方形纸上作画，纸张以白色为主。以后，可逐步为幼儿提供不同材质、颜色和形状的纸张。

b.笔类，如蜡笔、油画棒、记号笔、马克笔、彩色铅笔、彩色水笔、毛笔等。

在美工区投放材料时需要注意以下两点。

Ⅰ对于年龄小的幼儿，以油画棒、粗的记号笔等工具为宜，以单一工具为主，随着年龄的增长可选择彩色水笔、毛笔、马克笔等，逐渐地交替使用两样类型的笔，直至多种类型的笔的使用。

Ⅱ工具和材料的使用能够体现所要表现的内容和题材。若要表现形象的基本结构和内容，使用蜡笔、油画棒、水彩、广告颜料等；若要表现形象的细节部分，则需使用较细的马克笔、彩色铅笔或彩色水笔等。

②手工活动材料。

a.材料要丰富多变，如从植物、农作物到陶土、塑料等。

b.材料能激发幼儿进行手工制作活动的兴趣。为幼儿提供半成品类的、未加工的原材料和可供幼儿进行多种组合的材料。

c.材料的陈列应具开放性。

（4）美工区活动内容设计

①物体画。

a.小班幼儿：能够画出日常接触的、熟悉的和最感兴趣的、轮廓简单的物体，如皮球、饼干、手帕、太阳、花朵、树木、小鸡、小鸭、简单的房屋、汽车等。在幼儿学习画长方形、正方形、三角形、半圆形等基本图形的过程中，他们逐渐能够用图形与线条组合的方法创造图形。

b.中班幼儿：更精确地描绘出各种物体的主要部分和基本特征，如画人物时，要求画出人物正面的主要特征。

c.大班幼儿：学会画形体上更为复杂的物体，能描绘出物体的细节部分及各种动态。例如，人物、动物的不同姿势，学会画多种交通工具，学会画结构更为复杂、较大的建筑物等。

②情节画。

a.小班幼儿：对于小班幼儿没有情节画的要求。

b.中班幼儿：主要是在画面上进行简单的布局，也就是将景物都画在基底线上，并能画一些辅助物来表现简单的情节。例如，画小朋友时，在小朋友手中画上绳子、皮球等一些简单辅助物。

c.大班幼儿：主要是根据自己对生活的认识，以自己周围的实际事物作为表现题材，画出简单的情节画。例如，可根据故事、诗歌等内容简单画出情节，如"小熊过桥""龟兔赛跑"等。

③图案装饰画。

a.中班幼儿：主要学习画一些比较简单的图案花纹，如小花朵、小叶片、小圆圈等，同时能够用对比色涂出鲜艳、美观的画面。

b.大班幼儿：应侧重构图的变化，色彩在鲜艳中求和谐。

④泥工。

a.小班幼儿：最初任意玩泥，任意塑造一些简单的形体，使其在玩泥中体验泥工活动的快乐。经过一段时间后，设计如"苹果""汤圆""面条""饼干"等常见物品。

b.中班幼儿：会塑造物体的主要特征，会使用辅助材料表现简单情节，并能按意愿大胆塑造。

c.大班幼儿：能够运用辅助工具和材料细致、生动地表现物体的主要特征和细节。

⑤纸工。

a.小班幼儿：主要是玩纸、撕纸和粘贴，后期可使用剪刀，学习一些简单的剪纸技能。

b.中班幼儿：包括折纸、撕纸、粘贴和剪纸。学会简单的折叠方法，如对边折、对角折、集中一角折等。能剪出弧线，如"苹果""太阳"等。

c.大班幼儿：主要是折纸和剪贴。

折纸：能用两张或两张以上的纸折成简单的立体组合体，并会运用一些辅助手法。

剪贴：掌握三种剪法，即目测剪、按轮廓线剪和折叠剪。

⑥废旧材料制作。

a.中班幼儿：大多由教师画好图样，制作成半成品后再由幼儿粘贴。

b.大班幼儿：能够用纸、布、针、线等自然材料及无毒的废旧材料制作简单玩具。

⑦欣赏内容活动设计。

a.小班、中班幼儿：主要欣赏一些他们能理解的美术作品，如工艺美术作品、雕塑、自然景物、节日装饰、环境布饰等。在艺术表现手法上，选择的美术作品应突出主题、造型简单、想象鲜明、色彩明快，能引起幼儿某些联想。

b.大班幼儿：继续欣赏一些他们可理解的绘画、工艺美术作品，并学会评价自己和同伴的作品。欣赏的内容逐渐深刻化、复杂化，类型可以有油画、水彩画、泥塑、石雕等。

（5）活动的流程

一般来说，美工区活动的流程由六部分组成，即计划和预约；认识新材料，了解新内容；选择、准备工具和材料；自主创作；整理材料；展示作品，分享与交流。需要注意的是，并不是每次活动都必须包括这六部分。有时候幼儿不需要计划和预约，也可以自由地进入美工区；有时候活动的开展不需要教师介绍新材料；也有时候并不需要教师组织幼儿针对作品进行分享与交流。只有遵循幼儿的需求，适时、适当地组织活动，才能提高活动的效果。

①计划和预约。

此环节是指幼儿在活动开展前的计划和预备。对于幼儿来讲，这样的计划和预备常常是一种内心的活动，也有许多幼儿会用语言向同伴或老师进行表达。例如，"老师，今天我还想去做机器人。""今天我想去玩剪纸，你去吗？"等，教师在这一环节应关注幼儿的内心活动，尊重和支持其选择意愿和兴趣喜好。一方面，教师可借助活动区预约卡等形式支持幼儿对活动内容做好计划和安排；另一方面，教师也要根据幼儿的选择意愿帮助幼儿做好必要的材料准备，如补充颜料盒内的颜料、替换损坏的绘画工具、投放纸张等。需要强调的是，教师对材料的准备不能包办代替，对于幼儿能自主完成的部分，教师应尽量留给幼儿自己来做。计划和预约有助于幼儿良好习惯的培养和形成。

②认识新材料，了解新内容。

这个环节是指进区前幼儿对新材料、新内容的认识。教师可以利用一日流程中的零碎时间让幼儿自由进区，充分运用各种感官感知艺术品的线条、色彩、造型及材料的特征。除了幼儿的自主了解，教师还可以有针对性地进行活动前的新材料推介。例如，当把版画、水墨画等新画种引入美工区时，教师就需要做必要的介绍和方法演示。需要指出的是，教师在介绍新材料、新内容时，应适当把握新材料的"推介程度"，为幼儿留有足够的探究空间。只要幼儿能通过努力自主获得的，教师就不要急于进行示范和展示。

③选择、准备工具和材料。

这是幼儿进入美工区后首先要完成的一件事，即根据活动内容自主取用活动材料。随着幼儿经验的增长，幼儿对工具材料的选择和准备的水平会不断提高，有的幼儿会一次性取好材料，然后专心创作，有的幼儿则是需要什么才去取什么。教师应引导幼儿养成有条理地准备材料的经验和习惯，培养幼儿有序做事的能力。

④自主创作。

自主创作是美工区活动的核心部分，是幼儿在一段较完整的时间内，按照自己的意愿独立或自由组合从事美术活动的过程。这时，区域环境中的信息和材料成为支持幼儿创作的最好的"老师"。幼儿可以选用不同的工具和材料，用绘画或手工等形式来表达自己的体验和情感，施展自己的才能，享受创造的快乐，获得精神上的满足。

幼儿自主创作的过程，也是教师观察和指导幼儿、实现教育目标的过程。教师可以以游戏伙伴、旁观者等身份介入幼儿的创作中，适时、适度地发挥作用。

在美工区活动中，教师的指导常出现两个误区：其一，高度控制幼儿创作，追求统一的作品效果。这样的引导只会让幼儿的作品千篇一律，不能表现幼儿的真实想法。其二，对美工区活动放手不管，听之任之，追求所谓的"自由创作"，造成美工区活动毫无价值。在美工区活动中，教师既要为幼儿充分的自主创作、自由探索提供空间，又要恰如其分地进行指导。教师应从以下两个方面做起。

a.进行认真的观察。观察是教师指导幼儿创作的前提，教师要细致观察，了解幼儿的发展现状及活动中存在的问题，正确判断指导时机。例如，在小班手工活动"妈妈的长头发"中，一名幼儿想给妈妈做卷发，他在尝试将纸条弄弯，只见他一会儿用折叠的办法，一会儿又拿在手中团来团去，教师观察后判断，这样的探索对该幼儿非常有价值，就没有给予指导、帮助。

b.灵活地把握介入指导的不同身份。在介绍新画种、新材料时，教师常常需要以导师的身份直接演示。如果幼儿遇到困难，一时找不到解决的途径，教师可以以旁观者的身份，用简短的语言予以提示。例如，几个幼儿正在合作用塑料泡沫搭建机器人，试了几次都找不到连接机器人身体各个部位的办法。此时，教师可以出示牙签或者透明胶带示意幼儿："看看它们能不能帮忙？"更多的情况下，教师应以游戏伙伴的身份参与其中。

⑤整理材料。

整理材料是指幼儿在区域活动结束或者自己的创作结束时，将所用材料归位放置的过程。整理的过程，不仅有助于幼儿在区域活动中养成良好的习惯，更有益于培养幼儿良好的生活秩序，教师可以通过设置一些归位标记，帮助幼儿有序地整理材料。

⑥展示作品，分享与交流。

这一环节是指美工区活动进行了一个段落或即将结束时，幼儿自发地或者在教师的组织下展示、欣赏作品，分享创作经验的过程。这一过程有助于幼儿清楚地了解自己和同伴之间的活动情况，发现问题，总结经验，为下次活动的开展奠定良好的基础。

为了更好地发挥这一环节的教育功能，教师要注重分享与交流环节的组织策略，具体表现在以下三个方面。

a.有效的观察是做好分享与交流的前提。教师可以先对幼儿的活动兴趣、专注程度、自主性、情绪情感、合作水平、认知发展、规则意识、创造力等方面进行有针对性的观察，然后用拍照片的方式记录幼儿创作的经典镜头，在分享与交流环节予以呈现；也可以简单记录幼儿的活动，作为评价的要点。

b.结合目标进行分享与交流。教师在活动前应"吃透"目标，着眼于目标的分享与交流才是最有价值的。

c.分享与交流的核心是保护与激发幼儿对美工区活动的兴趣，调动他们的积极性。因此教师应多用鼓励的方法，发现和充分肯定他们的优点，看到他们的进步，使幼儿对自己的能力产生自信。

聚焦职场

想一想，教师应该如何评价幼儿的美工作品？

四、课证融通

本模块对应的幼儿教师资格证考试——"保教知识与能力"模块的考试目标、内容与要求、真题见表8-11。

表 8-11　幼儿教师资格证考试——"保教知识与能力"模块的考试目标、内容与要求、真题

内容体系
一、考试目标 　幼儿园环境创设的知识与能力。了解幼儿园环境创设的意义、功能和创设原则，并能结合幼儿园教育实际加以运用。 　二、考试内容与要求 　1.了解常见活动区的功能，能运用有关知识对活动区设置进行分析，并提出改进建议。 　2.了解心理环境对幼儿发展的影响，理解教师的态度、言行在幼儿心理环境形成中的重要作用。
三、真题 选择题： 下列有关幼儿园自然生态环境教育的观念中，错误的是（　　　）。 A.要向儿童展示自然环境的多样性 B.要让儿童认识到自然环境各组成部分之间广泛的、动态的联系 C.要培养儿童尊重自然、保护自然的精神 D.要告诉儿童人类必须不断地征服自然、改造自然才能维持自身的生存 简答题： 简述幼儿园美育的意义。

五、阅读思享

推荐理由：

本书经过30载的不懈努力和探索，经过了实践到理论，又从理论到实践，再开始新一轮理论指导实践的研究成果；囊括了系统的理论指导和清晰的案例分析；可读性和实践指导性强；是"共生课程探索与实践丛书"中的理论篇，详细地介绍区域活动的开展情况。"共享区域活动"是"共生课程"实施过程中一项非常重要的创新活动。本书介绍了"共享区域活动"的概念、价值追求和基本观点，也详细地分享了"共享区域活动"的演变过程（从传统区域、年级公共游戏区域、班级共享游戏区域到年级组共享区域）和实施路径。此为共享区域活动的理论篇，其为深入阅读共享区域活动中各馆的实施做了很好的铺垫。

推荐阅读：

刘红喜.共享区域活动[M].广州：广东教育出版社，2018.